LIGADAÇO

# 305 pegadinhas DE LÍNGUA PORTUGUESA

Gramática | Interpretação de Textos | Redação Oficial

LIGA DAÇO

Duda Nogueira
Lilian Furtado
Pablo Jamilk

# 305 pegadinhas DE LÍNGUA PORTUGUESA

Gramática | Interpretação de Textos | Redação Oficial

2018

EDITORA JusPODIVM
www.editorajuspodivm.com.br

EDITORA
*Jus*PODIVM
www.editorajuspodivm.com.br

Rua Mato Grosso, 164, Ed. Marfina, 1º Andar – Pituba, CEP: 41830-151 – Salvador – Bahia
Tel: (71) 3045.9051
• Contato: https://www.editorajuspodivm.com.br/sac



**Diagramação e Capa:** Maitê Coelho *(maitescoelho@yahoo.com.br)*

---

N778l Nogueira, Duda.
Ligadaço: 305 pegadinhas de língua portuguesa / Lilian Furtado, Pablo Jamilk – Salvador: Editora JusPodivm, 2018.
384 p.

Bibliografia.
ISBN 978-85-442-1355-1.

1. Língua Portuguesa. 2. Gramática. 3. Interpretação de Textos. 4. Redação I. Furtado, Lilian. II. Jamilk, Pablo. III. Título.

CDD 469

---

# Sobre os autores

## DUDA NOGUEIRA

Professora de Língua Portuguesa para concursos públicos. Pós-graduada em Linguística e Graduada em Letras. Autora de vários livros das Coleções Tribunais e MPU, Revisaço, Simulaço, Revisão Final e Sinopses para carreiras fiscais. Docente no Curso Ênfase.

- Grupo de estudos Facebook: *Duda Nogueira Língua Portuguesa para concursos*
- Twitter, Instagram e Periscope: *@DudaProfe*
- Contato: *professoraduda@gmail.com*

## PABLO JAMILK

Professor de Língua Portuguesa, Interpretação de Textos, Redação de Correspondências Oficiais e Redação Discursiva para concursos públicos. Graduado em Letras, Mestre em Letras e Doutor em Letras, tem sua carreira dedicada à preparação de candidatos para provas de concursos públicos. É especialista nas bancas CESPE, FCC e ESAF. Leciona ao longo do país em alguns dos principais cursos preparatórios: Casa do Concurseiro, Focus concursos, Startcon concursos, LM concursos, Grancursos on-line e Agora eu Passo.

- Twitter: *@pjamilk*
- Instagram: *@profpablojamilk*
- YouTube: *youtube.com/pablojamilkoficial*
- Contato: *pjamilk@gmail.com*

## LILIAN FURTADO

Doutora em Linguística Cognitiva - UFRJ. Mestre em Letras Vernáculas - UFRJ. Graduada em Língua Portuguesa – Literaturas - UFRJ. Autora dos livros "Técnicas de Redação para Concursos", "Questões Comentadas FCC", "Questões Comentadas ESAF"– editora Método, "Interpretação e Semântica para Concursos"– editora Impetus.

- Grupo de estudos Facebook: *Gabaritando Redação*
- Instagram e Periscope: *@lilian.furtado*
- Site: *www.gabaritandoredacao.com.br*
- Contato: *lilian.furtadolf@gmail.com*

# Apresentação

O encontro que ocorre nesta obra, de três professores de Língua Portuguesa especialistas em concursos públicos, contribui para a soma de conhecimentos e possibilita a abordagem de todos os assuntos cobrados em provas.

Por ser comum haver questões de gramática, interpretação de textos, redação oficial e redação discursiva, esmiuçamos as principais dúvidas de estudantes e as pegadinhas de bancas a fim de facilitar o aprendizado.

As 305 pegadinhas de **Gramática, Interpretação de textos e Redação oficial** possuem o seguinte padrão:

**APLICAÇÃO** DA REGRA

**PEGADINHA** DA BANCA

**EXEMPLO** DE QUESTÃO

Para complementar os estudos, há **50 dicas** de **Redação Discursiva** no Capítulo IV.

Agora, conheça melhor o livro:

| Assuntos | Pegadinhas | Autores |
|---|---|---|
| **PARTE I – GRAMÁTICA** | 246 | Duda Nogueira e Pablo Jamilk |
| Capítulo 1 – FONOLOGIA | | |
| 1 Ortografia | 15 | Duda Nogueira |
| 2. Acentuação | 10 | Duda Nogueira |
| Capítulo 2 – MORFOLOGIA | | |
| 1. Processos de formação das palavras | 5 | Pablo Jamilk |
| 2. Substantivo | 10 | Duda Nogueira |
| 3. Adjetivo | 10 | Duda Nogueira |
| 4. Artigo | 5 | Duda Nogueira |

| Assuntos | Pegadinhas | Autores |
|---|---|---|
| 5. Numeral | 3 | Pablo Jamilk |
| 6. Pronome | 10 | Pablo Jamilk |
| 7. Verbo | 15 | Pablo Jamilk |
| 8. Advérbio | 5 | Pablo Jamilk |
| 9. Conjunção | 14 | Pablo Jamilk |
| 10. Preposição | 5 | Duda Nogueira |
| 11. Interjeição | 2 | Pablo Jamilk |
| Capítulo 3 – SINTAXE | | |
| 1. Análise sintática | 17 | Duda Nogueira |
| 2. Período composto | 23 | Pablo Jamilk |
| 3. Concordância | 20 | Pablo Jamilk |
| 4. Regência | 10 | Pablo Jamilk |
| 5. Crase | 10 | Pablo Jamilk |
| 6. Pontuação | 10 | Pablo Jamilk |
| Capítulo 4 – QUE, SE e COMO | | |
| As palavras QUE, SE e COMO | 15 | Pablo Jamilk |
| Capítulo 5 – ESTILÍSTICA | | |
| 1. Figuras de linguagem | 32 | Duda Nogueira |
| **PARTE II – INTERPRETAÇÃO DE TEXTOS** | 8 | Pablo Jamilk |
| **PARTE III – REDAÇÃO OFICIAL** | 51 | Pablo Jamilk |
| **PARTE IV – REDAÇÃO DISCURSIVA** | 50 | Lilian Furtado |

# Sumário

## PARTE I GRAMÁTICA

## PARTE II
## INTERPRETAÇÃO DE TEXTOS



## PARTE III
## REDAÇÃO OFICIAL

## PARTE IV
## REDAÇÃO DISCURSIVA

# PARTE I

# Gramática

CAPÍTULO

1

Gramática

# Fonologia

## 1. ORTOGRAFIA

### 1.1. A cerca de, acerca de, há cerca de

APLICAÇÃO DA REGRA

- **Acerca de → *a respeito de*** ou ***sobre.***
  - *Exemplo:* **Acerca do** fato, não darei minha opinião.
- **A cerca de →** perto de, aproximadamente, próximo de.
  - *Exemplo:* O mar fica **a cerca de** 50 metros da pousada.
- **Há cerca de →** tempo decorrido.
  - *Exemplo:* **Há cerca de** 10 anos, foi aprovado.

PEGADINHA DA BANCA

- Em ESAF: *A eficiência no uso dos recursos públicos é, cada vez mais, uma exigência da sociedade. Esta espera que a prestação de serviços governamentais ocorra com qualidade, utilizando racionalmente os recursos dos contribuintes. Nesse sentido, diversos estudos têm surgido* ***afim de*** *discutir a qualidade das administrações públicas.*

  *Correção:* **a fim de** discutir. Equivale a "**para** discutir".

- Em CESGRANRIO: *A última paralizassão ocorreu acerca de dois anos.*

  Há dois erros de ortografia:

  ❶ Paralisação: *interrupção; suspensão de uma atividade ou de alguma coisa.*

  ❷ Há cerca de: tempo decorrido.

## EXEMPLO DE QUESTÃO

- **(FGV)** "A questão acerca da aposentadoria das mulheres...".

  Assinale a opção que indica a expressão sublinhada que está corretamente grafada.

  a) Há cerca de dez dias todos os políticos defendiam a aposentadoria.
  b) As mulheres trabalham acerca de cinco anos menos que os homens.
  c) A discussão na Câmara era a cerca da lei de aposentadoria.
  d) Nada se discutiu a cerca da nova lei.
  e) Estamos acerca de dez dias do final do ano.

  *Resposta:* "a"

  Há cerca de = por apresentar o verbo "haver", indica tempo decorrido. Refere-se ao passado.

- **(ALTERNATIVE CONCURSOS 2017)** Complete as sentenças:

  1. Falamos.........................dos problemas de nossa cidade.
  2. O ônibus parou..........................trinta centímetros da ponte.
  3. O trabalhador parou.......................meia hora.
  4. Corremos....................dez quilômetros para chegar no vilarejo.

  a) há cerca dos – a cerca de – cerca de – acerca de.
  b) cerca dos – há cerca de – acerca de – a cerca de.
  c) acerca dos – a cerca de – há cerca de – cerca de.
  d) a cerca dos – cerca de – acerca de – há cerca de.
  e) a cerca dos – há cerca de – cerca de – acerca de.

  *Resposta:* "c"

  ❶ Falamos sobre, falamos a respeito de;

  ❷ Parou aproximadamente, preto de;

  ❸ Há cerca de meia hora: tempo decorrido;

  ❹ Corremos aproximadamente.

## 1.2. A fim e afim

### APLICAÇÃO DA REGRA

- **A fim** → locução de finalidade, equivale a ***para.***

  ✦ *Exemplo:* Estudou **a fim de** ter salário fixo.

- **Afim** → **semelhante**, que tem afinidade.

  ✦ *Exemplo:* Nossos valores sempre foram **afins.**

### PEGADINHA DA BANCA

- Em CESGRANRIO: *É melhor começar a exercitar a linguagem,* ***caso não*** *o seu relacionamento pode acabar mal. A pesquisa recentemente realizada pela empresa foi* ***a cerca*** *do estresse emocional do trabalhador. Expliquei-lhe as exigências do atual mercado* ***afim de que*** *ele se adaptasse melhor.*

  Três análises devem ser feitas:

  ➊ **Senão**: caso contrário; *se não*: caso não.

  > **DICA**
  >
  > Quando o "não" não puder ser retirado da frase, usa-se *senão.* Se puder ser retirado e não alterar o sentido, usa-se *se nao.*
  >
  > *Exemplos:*
  >
  > Não gaste todo o dinheiro, **senão** passaremos por dificuldades. (não pode ser retirado).
  >
  > **Se não** esclarecermos as dúvidas, não chegaremos a um acordo. (pode ser retirado: se esclarecermos as dúvidas).

  ➋ **Acerca: a respeito de** ou **sobre;** *a cerca:* perto de, aproximadamente, próximo de.

  ➌ **A fim de que: para que;** *afim:* **afinidade, semelhança.**

- Em CESPE

  A fim de solucionar o litígio, atos sucessivos e concatenados são praticados pelo escrivão. Entre eles, estão os atos de comunicação, os quais são indispensáveis para que os sujeitos do processo tomem conhecimento dos atos acontecidos no correr do procedimento e se habilitem a exercer os direitos que lhes cabem e a suportar os ônus que a lei lhes impõe.

  Internet:<http://jus.com.br> (com adaptações).

Não haveria prejuízo para a correção gramatical do texto nem para seu sentido caso o trecho "A fim de solucionar o litígio" (l.1) fosse substituído por **Afim de dar solução à demanda.**

*Resposta:* Atos sucessivos e concatenados são praticados **para** solucionar o litígio. Indica finalidade e a substituição é indevida.

## EXEMPLOS DE QUESTÕES

**(FCC)** Reciclar os dejetos oriundos das criações animais e dos refugos das plantações deve ser encarado não como custo **ou** gasto "a mais", **mas sim** como uma excelente oportunidade de gerar toda ou parte da energia necessária **para** executar as atividades econômicas (...)

Os termos em negrito podem ser substituídos, sem prejuízo do sentido e da correção, respectivamente, por:

a) e - porém - a fim de

b) mas - todavia - a fim de

c) mas - porém - afim de

d) e - entretanto - afim de

e) porém - entretanto - a fim de

*Resposta:* **"a"**

Custo **ou** gasto = custo **e** gasto: adição;

Mas sim = porém: adversidade;

Para executar = a fim de executar: finalidade.

**DICA**

***Mas sim*** equivale a ***mas, porém.***

Pode haver intercalação: mas**, sim,** como uma excelente oportunidade.

**(FGV)** O trabalho humano se apresentou sob diferentes formas no decorrer da história da humanidade. Ao longo dos anos, os trabalhadores foram submetidos a condições subumanas, sem proteção alguma, fato este que exigiu atitude por parte do Estado______ de tutelar a classe proletária. O ápice para_________ melhoras foi com o advento da Revolução Industrial. A partir de então, diversos países________ inúmeros direitos à classe trabalhadora, e elevou-se o Princípio da Dignidade da Pessoa Humana como fundamento do ordenamento jurídico pátrio.

(www.ambito-juridico.com.br. Adaptado)

Em conformidade com a norma-padrão da língua portuguesa, as lacunas do texto devem ser preenchidas, respectivamente, com:

a) afim ... revindicar ... ratificaram

b) a fim ... reivindicar ... ratificaram

c) afim ... reinvindicar ... retificaram

d) a fim ... revindicar ... retificaram

e) a fim ... reinvindicar ... retificaram

*Resposta:* "b"

**DICA**

Trabalhe as questões através de eliminação.

❶ **a fim** de tutelar a classe proletária = **para** que exigiu atitude por parte do Estado?

Eliminadas as alternativas A e C;

❷ **reivindicar** melhoras. Não existe a palavra *rein̲vindicar*.

Eliminada E;

Uma palavra pode possuir vários significados, por isso é importante procurar no dicionário e ver qual o sentido do vocábulo no contexto. Quando a palavra for desconhecida, anote o significado para aumentar o vocabulário.

**Significados de reivindicar:**

– Demandar esforços para recuperar algo que pertence a (ou está na posse de) outra pessoa.

– Empenhar-se para reaver; recuperar.

– Fazer uma solicitação acerca daquilo que se possui por direito; solicitar.

– Requerer melhores condições de trabalho ou de vida; buscar exercer um direito (político ou social).

– Pedir (alguma coisa) veementemente.

– Chamar a responsabilidade para si mesmo; assumir.

❸ **Ratificaram inúmeros direitos =** confirmaram ou autenticaram.

**DICA**

ratificar = confirmar.

re̲tificar = deixar re̲to, corrigir.

## 1.3. Cessão, sessão e seção (ou secção)

### APLICAÇÃO DA REGRA

- **Cessão → Ato de ceder.**
  - *Exemplo:* A **cessão** de terras não será feita pelo governo.
- **Sessão** → Reunião.
  - *Exemplo:* A **sessão** de cinema começará às oito horas.
- **Seção ou secção** → Parte, divisão (dividir em partes).
  - *Exemplo:* Li a notícia na **seção** (ou **secção**) de esportes.

### PEGADINHA DA BANCA

- Em MPE RS 2017

  1. **Sessão** legislativa: *tempo em que uma assembleia, um congresso, um corpo deliberativo ou consultivo se mantém em reunião, estudando, discutindo e resolvendo questões;*
  2. **Seção** pertinente da Constituição Federal: *Ato ou efeito de cortar ou seccionar; parcela, porção, parte, divisão de um todo. Ponto ou local em que algo foi cortado ou dividido;*

- Em CETRO

  Para obter a **cessão** dos direitos autorais, teve que recorrer ao tribunal.

  Equivale ao *ato de ceder, doar.*

### EXEMPLO DE QUESTÃO

- **FUNRIO** - Assinale o item em que se encontram as respectivas palavras para preencher corretamente as lacunas da seguinte frase:

  *"Na __________ plenária, estudou-se a urgente imposição da __________ das salas à Ação Comunitária""*

  a) cessão – sessão.
  b) secção – sessão.
  c) seção – sessão.
  d) sessão – cessão
  e) sessão – secção.

*Resposta:* "d"

❶ Sessão plenária = várias pessoas (reunião).
Eliminadas A, B e C;

❷ Cessão das salas = ceder as salas.
Eliminada E.

## 1.4. De encontro a e ao encontro de

### APLICAÇÃO DA REGRA

- **De encontro a** → contra, em oposição a, para chocar-se com.
  - *Exemplo:* A decisão foi **de encontro a** nossos ideais.
- **Ao encontro de** → estar de acordo com, em direção a, favorável a, para junto de.
  - *Exemplo:* Minha nota veio **ao encontro do** que desejava.

### PEGADINHA DA BANCA

Várias bancas utilizam os vocábulos em enunciados de questões de interpretação de texto para confundir o candidato. Assunto também exigido em questões de ortografia, conforme veremos a seguir.

> **DICA**
>
> Se você for **de encontro ao** muro, certamente baterá nele = chocar-se-á com (oposição)

### EXEMPLO DE QUESTÃO

- **(MPE SC)** Existem certas expressões usadas de forma inadequada na Língua Portuguesa, que de tão frequentes, passam a soar como corretas. Assinale a(s) frase(s) que está(ão) devidamente corrigida(s):

  I. Será promovido **haja visto** seus esforços. / Será promovido **haja vista** seus esforços.

  II. A audiência teve início às **8 hrs.** / A audiência teve início às **8 h.**

  III. O processo deu entrada **junto ao** STF. / O processo deu entrada **no** STF.

  IV. A promoção veio **de encontro a**os seus desejos. / A promoção veio **ao encontro de** seus desejos.

  V. São infundados os boatos de desavenças entre **eu e tu**. / São infundados os boatos de desavenças entre **mim e ti.**

a) Apenas as assertivas II e IV estão corretas.
b) Apenas as assertivas II, III e IV estão corretas.
c) Apenas a assertiva V está correta.
d) Apenas as assertivas II e III estão corretas.
e) Todas as assertivas estão corretas.

**Resposta: "e"**

I. Certo. A forma correta da expressão é "haja vista". A palavra "vista" é invariável por fazer referência à *vista*, no sentido de "olho".

II. Certo. **Em se tratando da abreviação de "horas", essa deve ser com letra minúscula e expressa no singular. Não há necessidade de acrescentar-lhe um "s".**

III. Certo. *Junto a* possui sentido de *adido* – anexo, agregado, junto – e não cabe no contexto. Correção: deu entrada em algum lugar: no STF.

IV. Certo. A promoção foi favorável: veio ao encontro de seus desejos.

V. Certo. Usa-se a forma reta do pronome pessoal (eu) se possuir função de sujeito. Caso contrário, usa-se a forma oblíqua *mim.*

▸ **(IBFC)** Assinale a alternativa que completa, correta e respectivamente, as lacunas.

I. Há um conflito, pois as ideias dele vão ________ minhas.
II. O doutor não estava __________ do caso.

a) de encontro às – a par
b) de encontro às – ao par
c) ao encontro das – a par
d) ao encontro das – ao par

**Resposta: "a"**

❶ Se há um **conflito**, as ideias são distintas, chocam-se: **de encontro às** minhas.

Eliminadas C e D;

❷ Não estava **a par**: tomar conhecimento de algo.

Eliminada B.

**DICA**

a par de = se você está a par de algo, você está informado.

ao par de = valor igual, expressão utilizada em assuntos econômicos: O real não está ao par do dólar.

## 1.5. Em vez de e ao invés de

### APLICAÇÃO DA REGRA

- **Em vez de** → em lugar de.
  - *Exemplo:* **Em vez de** estudar, foi ao cinema.
- **Ao invés de → ao contrário de, lado oposto**. Utilizada para indicar ideias opostas, ideias contrárias.
  - *Exemplo:* **Ao invés de** rir, chorou muito.

**DICA**

Ao invés de = ideias opostas, palavras antônimas.

### PEGADINHA DA BANCA

- Em CESGRANRIO

A expressão destacada em "**Em vez de** nos deixarmos levar pelos resultados da pesquisa da felicidade" pode ser substituída, alterando o sentido mas sem alterar a estrutura do período, por **"se"**.

Sem alterar a estrutura do período, equivale à condição: **Se** nos deixarmos levar. **Em lugar de** nos deixarmos levar.

### EXEMPLO DE QUESTÃO

- **(ACAFE)** Complete **corretamente** as lacunas com uma das opções colocadas entre parênteses.
  - O poder público brasileiro, ______ de ser econômico, é perdulário, (ao invés de – em vez de)
  - O ______ de prisão foi expedido pelo juiz de plantão ainda de madrugada, (mandado – mandato)
  - Esse procedimento está ______ a lei eleitoral. (infrígindo - infringindo)
  - Quanto mais detalhes forem incluídos na obra, mais ______ será a quantia de dinheiro, (vultuosa – vultosa)
  - Ao analisar o recurso, o parecerista ______ todas as peças do processo, (dissecou - dessecou)

A sequência **correta**, de cima para baixo, é:

a) ao invés de - mandado - infringindo - vultosa - dessecou

b) ao invés de - mandado - infringindo - vultosa - dissecou

c) ao vez de - mandato - infrigindo - vultuosa - dessecou

d) ao invés de - mandato - infringindo - vultuosa - dissecou

e) em vez de - mandado - infrigindo - vultosa - dessecou

Resposta: "b"

❶ **Ao invés de** = econômico e perdulário são palavras antônimas: um evita gastar - prefere poupar - e o outro é gastador - desperdiçador.

Eliminadas C e E;

❷ **Mandado** = ordem ou despacho; prescrição escrita por uma autoridade judicial ou administrativa.

Eliminada D.

**DICA**

Manda_t_o = _t_empo de exercício de um cargo político.

❸ **Infringindo** = violando, transgredindo a lei. A outra palavra mencionada na questão nem existe.

❹ **Vultosa** = considerável; de tamanho exagerado; em excesso.

**DICA**

Vult**_u_**osa = possui os olhos salientes, os lábios e o rosto avermelhados e inchados. Perceba que a palavra aumenta (incha) com o acréscimo do "u".

❺ **Dissecou** = separou de maneira metódica e organizada.

Eliminada A.

**DICA**

Dessecou = ficou completamente seco.

## 1.6. Mal e mau

**APLICAÇÃO** DA REGRA

▸ **Mal**

→ **substantivo** (nomeia).

✦ *Exemplo:* O **mal** que a televisão me fez.

→ **advérbio** (indica circunstância).

✦ *Exemplo:* Dormi **mal** a semana toda.

- **Mau** → é um **adjetivo** (qualifica).
  - *Exemplo:* Ele é um **mau** aluno.

## PEGADINHA DA BANCA

Substituindo os vocábulos por antônimos, facilita.

**Mau** x **bom**

**Mal** x **bem**

- Em IF-CE

- **Mal** chegou ao apartamento, começou a telefonar para os parentes. = **Bem** chegou (advérbio).
- O chefe está muito estressado. Creio que ele esteja de **mal** com a vida. = de **bem** (advérbio).
- Os documentos estavam **mal** dispostos sobre a mesa, então ninguém sabia por onde o processo se iniciava. = **bem** dispostos (advérbio).
- Deve-se evitar fazer o **mal** às pessoas. = o **bem** dispostos (substantivo).
- Seu **mau** humor ultrapassa todos os limites. = seu **bom** humor (adjetivo).

## EXEMPLO DE QUESTÃO

- **(VUNESP)** Leia a tira.

(Dik Browne. *Folha de S.Paulo*, 15.11.2014. Adaptado)

Considerando as relações de sentido e de coesão no contexto, complete, correta e respectivamente, as lacunas, de acordo com a norma-padrão da língua portuguesa, em uma situação formal de comunicação.

a) os inspira ... mau
b) lhes inspiram ... mau
c) lhes inspira ... mau
d) os inspiram ... mal
e) lhes inspira ... mal

**Resposta:** "a"

Questão de ortografia e emprego do pronome pessoal oblíquo (regência). Esta é uma novidade das bancas: exigir dois ou mais assuntos na mesma questão. Fundação Carlos Chagas tem feito muito isso nas últimas provas.

❶ O verbo *inspirar* no contexto é transitivo direto e indireto: inspira alguém a algo = você os (O.D.) inspira a melhorar (O.I.).

Eliminadas B, C e E;

❷ Ele não é um bom perdedor; ele é mau perdedor = adjetivo e antônimo de bom.

Eliminada D.

## 1.7. Mas e mais

### APLICAÇÃO DAS REGRAS

- **Mas**
  - → **substantivo comum** = um defeito, um senão.
  - → **conjunção** = adversativa tem sentido de uma oposição ou limitação, podendo ser substituído por *porém, todavia, contudo.*
  - → **advérbio** = enfatiza uma afirmação.
- **Mais** → Pode ser **substantivo, conjunção, advérbio de intensidade, preposição, pronome indefinido** indicando noção de maior quantidade ou intensidade. Significa também ***ainda os outros, os demais, os restantes***.

### PEGADINHA DA BANCA

Normalmente o "mas" é usado em provas como conjunção adversativa e equivale a **porém, todavia, contudo, no entanto, entretanto, não obstante**.

- Em FAPEU

O fato é que me assombro, **mas** talvez eu seja anacrônico, antiquado, passado, meus conceitos superados.

Conjunção coordenada adversativa.

- Em FCC

A locução conjuntiva "**não só... mas também**" indica adição.

"**Mas também**" pode indicar adição ou oposição.

## EXEMPLO DE QUESTÃO

- **INSTITUTO CIDADES** - "A razão _____ a sustentabilidade do planeta seja um tema tanto polêmico quanto difícil de ser efetivado está no fato deste _____ à atual cultura de consumo _____ na qual estamos inseridos. Reciclar é importante, _____ diminuir o consumo deve ser prioritário". O conjunto de palavras ortograficamente adequado que preenche as lacunas do trecho acima é:

a) por que – ir ao encontro – excessivo – mas
b) porque – ir de encontro – excessivo – mais
c) porque – ir ao encontro – exssessivo – mas
d) por que – ir de encontro – exssecivo – mais
e) por que – ir de encontro – excessivo – mas

**Resposta: "e"**

1. A razão por que = a razão **pela qual** (pronome relativo). Aprofundaremos a explicação em dúvida posterior.

   Eliminadas B e C;

2. Ir de encontro = indica oposição (como já foi visto).

   Eliminada A.

3. Excessivo: **exagerado; em que há abundância.** Lembre-se de excesso para facilitar. Aliás, escreva para se certificar da grafia correta, ajuda bastante.

   Eliminada D e encontrada a resposta.

4. Mas = pode ser substituído por ***porém***:

   Reciclar é importante, **porém** diminuir o consumo deve ser prioritário.

## 1.8. Onde e aonde

### APLICAÇÃO DA REGRA

- **Onde** → Significa **no lugar** e equivale a **em que, no(a) qual.**
  - *Exemplo:* O bairro **onde** fica a editora. = A editora fica **no** bairro.
- **Aonde** → Significa **ao lugar.**
  - *Exemplo:* A casa **aonde** iremos. = Iremos a casa.

### PEGADINHA DA BANCA

**Onde** é exigido em questão de pronome relativo e **aonde** em questão de regência e, também, de pronome relativo.

- A casa **onde** eles moram.
  1. O relativo retoma "casa";
  2. Ordem direta com os termos posteriores: Eles moram **na** casa = a preposição "em" foi exigida. Significa que equivale a **em que** ou **na qual**.
  3. Opções: A casa em que eles moram; a casa onde eles moram; a casa na qual eles moram.
- A casa **aonde** eles vão.
  1. O relativo retoma "casa";
  2. Ordem direta com os termos posteriores: Eles vão **a** casa = a preposição "a" foi exigida. Significa que deverá estar ao lado do pronome relativo.
  3. Opção: A casa **aonde** eles vão. Outros pronomes relativos poderiam ser usados, mas estudaremos nos próximos capítulos.

- Em CESPE

  A frase ***Lugares onde tinha amigos*** está correta e não admite a substituição por "aonde", já que nenhum termo exigiu a preposição "a".

  O pronome relativo retoma o substantivo *lugares.* Na ordem direta: Tinha amigos **nos** lugares. A preposição "em" foi pedida = onde.

### EXEMPLO DE QUESTÃO

- Assinale a sequência que completa corretamente as sentenças:

  Os turistas foram ao Cristo Redentor, ________ puderam observar a bela paisagem da cidade.

Gramática

________ você vai depois do expediente?

Nas metrópoles brasileiras, ________ o trânsito é congestionado, um simples trajeto pode demorar horas.

Ele conquistou um lugar na empresa ________ ninguém mais chegou.

a) aonde, aonde, onde e aonde.
b) onde, aonde, onde e aonde.
c) aonde, onde, aonde e onde.
d) onde, onde, onde e aonde.

**Resposta: "b"**

❶ **Puderam observar** a bela paisagem da cidade <u>**no**</u> Cristo Redentor. A preposição "em" foi exigida e devemos usar **onde**.

Eliminadas A e C.

❷ Você vai <u>**a**</u> algum lugar = **aonde.**

Eliminada B; resposta encontrada.

❸ O trânsito é congestionado <u>**nas**</u> metrópoles brasileiras = **onde.**

❹ Ninguém chegou <u>**ao**</u> lugar na empresa = **aonde.**

## 1.9. Os porquês

### APLICAÇÃO DA REGRA

- **Por que**
  - → equivale a **pelo qual**.
    - *Exemplo:* Este é o caminho **por que** passo.
  - → vem acompanhado pela palavra **razão** *(mesmo que subentendida).*
    - *Exemplo:* **Por que** você foi embora logo? = Por que razão você foi embora logo?
- **Porque** → é uma explicação - equivale a *pois* – ou causa.
  - *Exemplo:* Fui embora logo **porque** estava muito cansada.
- **Porquê** → é um substantivo, ou seja, nomeia. Admite PLURAL.
  - *Exemplo:* O estudo da palavra **porquê**. = das palavras porquês.
- **Por quê** → Segue a regra da palavra **que**: quando utilizada no fim de uma frase, será sempre acentuada.
  - *Exemplo:* Ele faltou, mas não sei **por quê.**

## PEGADINHA DA BANCA

As regras são básicas, mas a pegadinha pode surgir assim:

- Parou de estudar mais cedo e não sei **por quê**. = final de frase.
- Parou de estudar mais cedo e não sei o **porquê**. = substantivou e admite plural: não sei os porquês.

Cuidado!

▶ Em VUNESP

*Outro dia me meti numa encrenca* ***porque (1)*** *resolvi falar que "amanhã" seria aniversário dele e ele iria ganhar presente. Ele abriu um sorriso, pediu o presente. Eu disse "amanhã". Ele pediu de novo, educadamente, mas já sem o sorriso. Não entendia* ***por que (2)*** *eu não lhe dava o presente. Repeti, educadamente (e sorrindo muitíssimo), que o presente seria dado "amanhã". Foi aquela choradeira. Claro.*

(Antonio Prata, "Eu não quero ficar velhinha". *Folha de S. Paulo*, 19.02.2017. Adaptado)

❶ Porque resolvi falar: **pois** resolvi falar - causa.

❷ Não entendia por que (**razão**) eu não dava o presente.

## EXEMPLO DE QUESTÃO

▶ **(IESES 2017 – adaptada)** Assinale a alternativa que contenha as palavras que completem corretamente os espaços nas proposições a seguir:

I. O caminho _______ venho é mais longo.
II. Não há nenhum ________ que não tenha resposta.
III. As razões _________ falou não ficaram claras.
IV. Ninguém falou, não se sabe ___________.

a) I. porque; II. por que; III. porque; IV. por que.
b) I. porque; II. porquê; III. por que; IV. porque.
c) I. por que; II. por quê; III. porque; IV. porquê.
d) I. por que; II. porquê; III. por que; IV. por quê.

**Resposta: "d"**

❶ Caminho **por que** venho = pelo qual.

❷ Não há nenhum **porquê** que não tenha resposta = substantivo (admite plural).

❸ As razões **por que** falou = pelas quais.

❹ Não se sabe **por quê** = final de frase

- **(FUNCAB)** "A internet, mesmo sendo plural, não tem **por que** se tornar um monopólio." Na frase acima, o termo em destaque está corretamente grafado, com os elementos separados. Considerando-se que, de acordo com o contexto, o referido termo pode apresentar diferentes formas de grafia, pode-se afirmar que, das frases abaixo, a única correta é:

  a) A imprensa condenou o político por que este teria agido de forma antiética.

  b) Já se sabe porquê a imprensa condenou o político.

  c) Por quê a imprensa condenou o político?

  d) As razões por que a imprensa condenou o político não foram esclarecidas.

  e) É importante saber porque a imprensa condenou

  **Resposta: "d"**

  **As razões pelas quais** a imprensa condenou o político não foram esclarecidas.

  Para fixar, vamos às correções comentadas.

  a) ...**porque** este teria agido = explicação.

  b) Já se sabe **por que** a imprensa condenou o político = por que (razão).

  c) **Por que** a imprensa condenou o político? = por que (razão).

  d) Correta.

  e) É importante saber **por que** a imprensa condenou. = por que (razão).

## 1.10. Se quer e sequer

### APLICAÇÃO DA REGRA

- **Se quer** → Conjunção **se** + verbo **querer** = se desejar.
  - *Exemplo:* **Se quer** ter sucesso, trabalhe. = caso queira ter sucesso.
- **Sequer** → Ao menos = advérbio.
  - *Exemplo:* Estava doente e **sequer** tinha remédio em casa.

### PEGADINHA DA BANCA

**Se quer** equivale a **caso** = condição.

Nem sempre o advérbio **sequer** indica **negação**.

EXEMPLO DE QUESTÃO

- **(Questão inédita - Duda Nogueira – Fonte: SIMULAÇO Língua Portuguesa)** Julgue os itens abaixo.

  I. Nos piores meses, eles não se lembravam sequer do início do relacionamento.

  II. Nos piores dias, ela nem se quer se lembrava do início da frase

  III. Teria dado certo se ela tivesse se quer um pouco de calma.

  IV. Se quer aprovação, memorize as regras através de treino intensivo.

  Estão corretos:

  a) I e II
  b) I e IV
  c) II e III
  d) III e IV
  e) I e III

  **Resposta: "b"**

  I. Certo: é advérbio e possui negação anteposta ao verbo.

  II. Errado: ela nem sequer = é advérbio e vem acompanhado por palavra negativa (nem).

  III. Errado: se ela tivesse sequer um pouco de paciência = ao menos e não indica negação. Não é preciso indicar negação sempre (pegadinha).

  IV. Certo: indica condição = caso queira aprovação.

## 1.11. Senão e se não

APLICAÇÃO DA REGRA

- **Se não**
  - → Equivale a **caso não, quando não.**
    - *Exemplo:* **Se não** fossem meus amigos, não seria quem sou.
  - → O **se** pode ser conjunção integrante (caberá o pronome catafórico *isto* antes).
    - *Exemplo:* Perguntei aos alunos **se não** gostariam de estudar.
- **Senão** → Equivale a **caso contrário, do contrário, de outro modo, a não ser, mas sim**.
  - *Exemplo:* Estude bastante, **senão** não conseguirá aprender o suficiente.

## PEGADINHA DA BANCA

Importante fixar isto:

**Se não** = o vocábulo **não** pode ser retirado.

✦ **Se não** fossem meus amigos. = Se fossem meus amigos.

- Em FGV
  - Se você espera pelo amanhã, o amanhã chega; se não espera pelo amanhã, o amanhã chega.
  - Ambição não é nada senão a sombra maligna da aspiração.
  - O que é uma erva daninha senão uma planta cujas virtudes ainda não foram descobertas?
  - Liberdade não é nada senão a distância entre a caça e o caçador.
  - A civilização nada mais é senão uma camada de pintura que qualquer chuvinha lava.

## EXEMPLO DE QUESTÃO

- **(MAKIYAMA)** Está de acordo com a norma culta da língua portuguesa apenas o exposto em:

  a) Eu não sei o porque dele estar triste hoje.
  b) Ela só tinha um senão: falava muito.
  c) A cidade mais próxima fica há dez quilômetros de distância daqui.
  d) Os atletas jogaram muito mau a partida.
  e) Eu posso saber onde você foi ontem à noite?

  **Resposta: "b"**

  Perceba que todas as dúvidas mencionadas até aqui vão se juntando.
  Ela só tinha um **senão**: pequena imperfeição; falha, defeito, mácula.
  **Facilitando:** não indica condição, certo? É junto!
  a) o **porquê** = substantivo.
  c) **a** = preposição que pode indicar tempo ou distância.

> **DICA**
>
> **Há** = indica tempo decorrido, ou possui sentido de *existir*, *ocorrer*. Nesses casos, o verbo é invariável, o seja, não admite pluralização.
>
> Admitirá variação (plural), caso seja verbo auxiliar = Haviam estudado demais para o concurso.

  d) Jogaram **mal** = advérbio de modo (jogaram bem).
  e) Você vai a algum lugar = **aonde** você vai.

## 1.12. Tão pouco e tampouco

### APLICAÇÃO DA REGRA

- **Tão pouco** → Equivale a **muito pouco, curto, pouca coisa, algo pequeno, escasso.**

  *Exemplo:* Estudei **tão pouco** que nem vou fazer a prova.

- **Tampouco** → Equivale **também não** ou **nem.**

  *Exemplo:* Não estudou, **tampouco** trabalhou.

### PEGADINHA DA BANCA

**Tão = muito**. Refere-se à medida de tempo, de valor, de quantidade etc.

- Em CETRO

  Não compareceu à reunião, **tampouco** seu chefe compareceu. = *também não* seu chefe.

- Em IBFC

  Não quero vê-lo, **tampouco (1)** ouvir sua voz.

  Nunca vi **tão pouco (2)** interesse por um assunto.

  1. **Também não** ouvir sua voz.
  2. Nunca vi **muito** interesse.

### EXEMPLO DE QUESTÃO

- **(FCC -** Trecho para a questão) (...) Rodolfo produziu muito, mas não é sua atividade pessoal como autor e comerciante de folhetos que o torna tão importante para o movimento cordelista. Tampouco seu trabalho na indústria do cordel, que já estava bem firmada quando ele apareceu. Nunca, aliás, possuiu impressora própria. Sempre mandou fazer seus folhetos. (...)

  (Adaptado de Eno Theodoro Wanke. Introdução. Rodolfo Coelho Cavalcante. S. Paulo: Hedra, 2000. p. 34-5)

  Os elementos sublinhados acima têm, respectivamente, o sentido de:

  a) também não - a propósito
  b) não mais que - porém
  c) muito menos - qual seja
  d) tal e qual - portanto
  e) ainda assim - por sinal

**Resposta: "a"**

❶ Tampouco = também não.

❷ Aliás (advérbio) = introduz uma retificação, equivalendo a isto é, ou melhor, ou por outra, ou antes.



## 1.13. Viagem e viajem

### APLICAÇÃO DA REGRA

- **Viagem** → **substantivo** (nomeia).
  - *Exemplo:* A **viagem** que farão.
- **Viajem** → **verbo**.
  - *Exemplo:* Que eles **viajem** bem.

### PEGADINHA DA BANCA

Usa-se a forma **viajem** quando o verbo estiver conjugado no presente do subjuntivo:

| que eu | viaje |
|---|---|
| que tu | viajes |
| que ele | viaje |
| que nós | viajemos |
| que vós | viajeis |
| que eles | viajem |

### EXEMPLO DE QUESTÃO

- **(AERONÁUTICA)** Assinale a alternativa em que o termo em destaque apresenta erro de ortografia.
  - a) Não é bom que vocês viajem à noite.
  - b) Os recursos não foram concedidos para a viagem.
  - c) Obrigado pelo elogio, fico lisonjeado com a sua atenção.
  - d) Durante a primavera, os pássaros gorgeavam anunciando a nova florada.

**Resposta: "d"**

**Gorjear** significa emitir sons melodiosos, trilar, cantar = **gorjeavam.**

Quanto ao emprego dos vocábulos viajem e viagem:

a) Verbo conjugado no presente do subjuntivo: que vocês viajem.

b) Substantivo (nomeia): a viagem.

A alternativa "c" está também correta. Lisonjeado significa *que se conseguiu lisonjear (elogiar); que foi elogiado.*

## 1.14. Vocábulos muito exigidos em concursos

**APLICAÇÃO DA REGRA**

Transposição de verbo para substantivo

| Verbo | → | Substantivo |
|---|---|---|
| abster | → | abstenção |
| admitir | → | admissão |
| agredir | → | agressão |
| apreender | → | apreensão |
| ascender | → | ascensão |
| ater | → | atenção |
| ceder | → | cessão |
| compreender | → | compreensão |
| conceder | → | concessão |
| contorcer | → | contorção |
| converter | → | conversão |
| demitir | → | demissão |
| deter | → | detenção |
| discutir | → | discussão |
| distender | → | distensão |
| distorcer | → | distorção |
| estender | → | extensão |
| exceder | → | excesso, excessivo |
| expelir | → | expulsão |

| Verbo | → | Substantivo |
|---|---|---|
| manter | → | manutenção |
| omitir | → | omissão |
| percutir | → | percussão |
| permitir | → | permissão |
| pretender | → | pretensão |
| progredir | → | progressão |
| regredir | → | regressão |
| repelir | → | repulsão |
| repercutir | → | repercussão |
| reter | → | retenção |
| reverter | → | reversão |
| subverter | → | subversão |
| suceder | → | sucessão |
| suspender | → | suspensão |
| tender | → | tensão |
| torcer | → | torção |
| transgredir | → | transgressão |
| transmitir | → | transmissão |
| verter | → | versão |

## PEGADINHA DA BANCA

- Em FUNCAB

Vocábulos que são escritos com SS: posse**ss**ão, compre**ss**ão, obse**ss**ão.

| Verbo apresenta | Terminação do substantivo | Exemplos |
|---|---|---|
| nd | s (-são) | pretender = pretensão; escandir = escansão; repreender = repreensão |
| ter | ç (-ção) | reter = retenção; manter = manutenção; deter = detenção |
| prim, ced ou gred | ss (-são) | conceder = concessão; regredir = regressão; comprimir = compressão |

## EXEMPLO DE QUESTÃO

- **CESGRANRIO -** Em qual das frases abaixo todas as palavras são adequadas à ortografia oficial da língua portuguesa?

a) A discução sobre o português mais correto rerpercutiu bastante da mídia.

b) A discussão sobre o português mais correto repecutiu bastante na mídia.

c) A discussão sobre o português mais correto repercutiu bastante na mídia.

d) A discusão sobre o português mais correto respercutiu bastante na mídia.

e) A discursão sobre o português mais correto respercutiu bastante na mídia.

**Resposta: "c"**

Discutir = discussão e repercutiu – do verbo repercutir (impressionar; causar impressão, comentários generalizados).

- **(NC-UFPR 2017)** Na Espanha, após seis meses de trabalho parlamentar intenso e com 66 especialistas discutindo com a subcomissão do Congresso criada com este objetivo, as forças políticas chegaram finalmente a um pacto de Estado contra a violência de gênero. O acordo deve dar um novo impulso a uma luta que corria o risco de ficar __________ pela impotência ou conformismo. [...]

O conjunto de medidas inclui mudanças legais e de reorganização dos dispositivos, _________ de assegurar uma resposta rápida, eficaz e homogênea em todo o país. Uma das medidas mais importantes é a mudança de critérios na definição de vítima. Até agora, para que as mulheres pudessem ter acesso aos serviços de ajuda e proteção, era preciso que tivessem feito antes a denúncia. Este requisito _________ o pedido de assistência, pois muitas mulheres ameaçadas não se sentem suficientemente fortes para enfrentar o abusador. A partir de agora, poderão ter acesso a proteção e ajuda através de uma acreditação como vítima que pode ser emitida tanto por órgãos judiciais como policiais e sociais específicos. Outros acordos importantes são a proteção específica dos menores, a supressão do atenuante de confissão, restrições na aplicação da guarda compartilhada e compromisso de estudar uma fórmula para evitar que a _________ da obrigação de declarar por parte da vítima favoreça a impunidade do abusador.

Do ponto de vista organizativo, é preciso destacar a recuperação de competências dos municípios. Por estar a administração mais próxima, é mais capaz de detectar os casos e, portanto, pode ser mais eficaz. A falta de coordenação entre instituições e a pouca especialização de alguns serviços é a causa da desigualdade nos resultados. O pacto prevê medidas para garantir que, quando um caso é detectado, seja ativado de forma rápida um sistema de acompanhamento da vítima, para evitar sua desproteção. A casuística demonstra que o momento de maior perigo é a fase posterior à ruptura ou à denúncia. A existência de unidades multidisciplinares treinadas especificamente para esse tipo de problema certamente vai melhorar a resposta. [...]

(*El País*, julho 2017. Disponível em: <https://brasil.elpais.com/brasil/2017/07/24/opinion/1500919987_655643.html>.)

Assinale a alternativa que preenche corretamente as lacunas deixadas no texto.

a) paralizada – afim – freava – dispensa.
b) paralisada – a fim – freiava – despensa.
c) paralizada – afim – freiava – dispensa.
d) paralisada – a fim – freava – dispensa.
e) paralizada – a fim – freiava – despensa.

**Resposta: "d"**

**Paralisada**: interrompida, parada, suspensa.

**A fim**: para.

**Freava**: do verbo *frear* – conjugação no pretérito imperfeito do indicativo = freava, freavas, freava, freávamos, freáveis, freavam.

**Dispensa**: permissão para não cumprir uma obrigação ou um dever.

Observação: ***despensa*** é parte da casa, geralmente separada, em que se guardam os mantimentos, os alimentos ou os objetos de utilização doméstica.

## 1.15. Ortografia e a reforma ortográfica

Quanto à ortografia, foram alterados:

- emprego do hífen;
- acréscimo de letras no alfabeto.

### APLICAÇÃO DA REGRA

▶ **Hífen após a reforma ortográfica**
**USO DO HÍFEN COM COMPOSTOS**

| | ✓ Usa-se hífen | Exemplos | Exceções |
|---|---|---|---|
| 1 | nas palavras compostas que não apresentam elementos de ligação. | guarda-chuva, arco-íris, boa-fé, segunda-feira, mesa-redonda, vaga-lume, joão-ninguém, porta-malas, porta-bandeira, pão-duro, bate-boca | Não se usa o hífen em certas palavras que perderam a noção de composição, como girassol, madressilva, mandachuva, pontapé, paraquedas, paraquedista, paraquedismo. |
| 2 | em compostos que têm palavras iguais ou quase iguais, sem elementos de ligação. | reco-reco, blá-blá-blá, zum-zum, tico-tico, tique-taque, cri-cri, glu-glu, rom-rom, pingue-pongue, zigue-zague, esconde-esconde, pega-pega, corre-corre | |
| 3 | nos compostos entre cujos elementos há o emprego do apóstrofo. | gota-d'água, pé-d'agua | |
| 4 | nas palavras compostas derivadas de topônimos (nomes próprios de lugares), com ou sem elementos de ligação. | belo-horizontino, porto-alegrense, mato-grossense-do-sul, rio-grandense-do-norte, sul-africano | |
| 5 | nos compostos que designam espécies animais e botânicas (nomes de plantas, flores, frutos, raízes, sementes), tenham ou não elementos de ligação. | bem-te-vi, peixe-espada, peixe-do-paraíso, mico-leão-dourado, andorinha-da-serra, lebre-da-patagônia, erva-doce, ervilha-de-cheiro, pimenta-do-reino, peroba-do-campo, cravo-da-índia. | Não se usa o hífen, quando os compostos que designam espécies botânicas e zoológicas são empregados fora de seu sentido original. Observe a diferença de sentido entre os pares:<br>a) **bico-de-papagaio** (espécie de planta ornamental) / **bico de papagaio** (deformação nas vértebras).<br>b) **olho-de-boi** (espécie de peixe) / **olho de boi** (espécie de selo postal). |

| ✗ Não se usa hífen | Exemplos | Exceções |
|---|---|---|
| em compostos que apresentam elementos de ligação. | pé de moleque, pé de vento, pai de todos, dia a dia, fim de semana, cor de vinho, ponto e vírgula, camisa de força, cara de pau, olho de sogra. | água-de-colônia, arco-da-velha, cor-de-rosa, mais-que-perfeito, pé-de-meia, ao deus-dará, à queima-roupa. |
| Complemento: incluem-se nesse caso os compostos de base oracional. | maria vai com as outras, leva e traz, diz que diz que, deus me livre, deus nos acuda, cor de burro quando foge, bicho de sete cabeças, faz de conta. | |

## USO DO HÍFEN COM PREFIXOS

As observações a seguir referem-se ao uso do hífen em palavras formadas por prefixos (anti, super, ultra, sub etc.) ou por elementos que podem funcionar como prefixos (aero, agro, auto, eletro, geo, hidro, macro, micro, mini, multi, neo etc.).

| | Casos gerais | Exemplos | Exceções |
|---|---|---|---|
| 1 | ✓ Usa-se o hífen diante de palavra iniciada por **h**. | anti-higiênico, anti-histórico, macro-história, mini-hotel, proto-história, sobre-humano, super-homem, ultra-humano | Quando o segundo elemento perdeu o H inicial: desumano, desumidificar, inábil. |
| 2 | ✓ Usa-se o hífen se o prefixo terminar com a mesma letra com que se inicia a outra palavra. | micro-ondas, anti-inflacionário, sub-bibliotecário, inter-regional | Prefixo CO-: coordenar, cooperar, cooperação, cooptar, coocupante. Prefixo RE-: reeleger, reenviar, reescrever |
| 3 | ✗ Não se usa o hífen se o prefixo terminar com letra diferente daquela com que se inicia a outra palavra. | autoescola, antiaéreo, intermunicipal, supersônico, superinteressante, agroindustrial, aeroespacial, semicírculo | Prefixos que sempre levam hífen: sota-, soto-, vice-, vizo-. **Observação**: Se o prefixo terminar por vogal e a outra palavra começar por *r* ou *s*, dobram-se essas letras: minissaia, antirracismo, ultrassom, semirreta |

| | Casos particulares | Exemplos |
|---|---|---|
| 1 | ✔ Com os prefixos **sub** e **sob**, usa-se o hífen também diante de palavra iniciada por **r**. | sub-região, sub-reitor, sub-regional, sob-roda |
| 2 | ✔ Com os prefixos **circum** e **pan**, usa-se o hífen diante de palavra iniciada por **m**, **n** e **vogal**. | circum-murado, circum-navegação, pan-americano |
| 3 | ✔ Usa-se o hífen com os prefixos **ex**, **sem**, **além**, **aquém**, **recém**, **vice**. | além-mar, além-túmulo, aquém-mar, ex-aluno, ex-diretor, ex-hospedeiro, ex-prefeito, ex-presidente, recém-casado, recém-nascido, sem-terra, vice-rei |
| 4 | ✔ Usa-se o hífen com os prefixos **pós**, **pré**, **pró**. | pós-graduação, pré-história, pré-vestibular, pró-europeu. **Observação**: Se os prefixos não forem autônomos, não haverá hífen: predeterminado, pressupor, pospor, propor. |
| 5 | ✖ O prefixo **co** junta-se com o segundo elemento, mesmo quando este se inicia por **o** ou **h**. Neste último caso, corta-se o **h**. Se a palavra seguinte começar com **r** ou **s**, dobram-se essas letras. | coobrigação, coedição, coeducar, cofundador, coabitação, coerdeiro, corréu, corresponsável, cosseno |
| 6 | ✖ Com o prefixo **re**, não se usa o hífen, mesmo diante de palavras começadas por **e**. | reescrever, reedição |
| 7 | ✔ Na formação de palavras com **ab**, **ob** e **ad**, usa-se o hífen diante de palavra começada por **b**, **d** ou **r**. | ad-digital, ad-renal, ob-rogar, ab-rogar |

| | Outros casos do uso do hífen | Exemplos |
|---|---|---|
| 1 | ✖ Não se usa o hífen na formação de palavras com **não** e **quase**. | (acordo de) **não agressão**, (isto é um) **quase delito** |
| 2 | ✔ Com **mal***, usa-se o hífen quando a palavra seguinte começar por vogal, **h** ou **l**. | mal-entendido, mal-estar, mal-humorado, mal-limpo **Observação:** Quando **mal** significa doença, usa-se o hífen se não houver elemento de ligação. *Exemplo:* mal-francês. Se houver elemento de ligação, escreve-se sem o hífen. *Exemplos:* **mal de lázaro, mal de sete dias.** |
| 3 | ✔ Usa-se o hífen com sufixos de origem tupi-guarani que representam formas adjetivas, como açu, guaçu, mirim. | capim-açu, amoré-guaçu, anajá-mirim |

| | Outros casos do uso do hífen | Exemplos |
|---|---|---|
| 4 | Usa-se o hífen para ligar duas ou mais palavras que ocasionalmente se combinam, formando não propriamente vocábulos, mas encadeamentos vocabulares. | ponte Rio-Niterói, eixo Rio-São Paulo |
| 5 | Para clareza gráfica, se no final da linha a partição de uma palavra ou combinação de palavras coincidir com o hífen, ele deve ser repetido na linha seguinte. | Na cidade, conta--se que ele foi viajar. O diretor foi receber os ex--alunos. |

Pesquisa realizada em: Guia Nova Ortografia Michaelis e umportugues.com.

## ALFABETO

A – B – C – D – E – F – G – H – I – J – K – L – M –
N – O – P – Q – R – S – T – U – V – W – X – Y – Z

O alfabeto possuía 23 letras, a partir de janeiro de 2009 passou a possuir 26 letras.

As letras **"K", "W" e "Y"**, usadas em apenas alguns casos, oficialmente, são tidas como elementos constituintes do alfabeto pertencente à língua materna. Quanto à função, esta continua a reger os seguintes casos:

- Utilizadas na grafia de nomes próprios, topônimos e seus respectivos derivados.
- Na grafia relacionada a unidades de medida.
- Na grafia de palavras de origem estrangeira.

## PEGADINHA DA BANCA

**(NR 2017)** *Corresponsabilidade*

- o prefixo ***co*** **sempre** se acopla à palavra seguinte diretamente, sem intermediação de hífen;
- não se abre exceção nem mesmo para a hipótese de ser o elemento seguinte iniciado por vogal;
- para a hipótese de ser o segundo elemento iniciado por *r* ou *s*, dobram-se tais consoantes para permanência do som do vocábulo original;

– se o segundo elemento tiver *h*, perde-se esse *h* e juntam-se os elementos sem hífen;

– haverá hífen mesmo que o segundo elemento inicie com a vogal que encerra o prefixo: cooperar, coordenação.

▶ **(UPENET/IAUPE 2017)** *Socioeconômico* (1) e *autorretrato* (2)

❶ Não tem hífen, pois o prefixo termina em vogal e o segundo elemento começa com vogal diferente;

❷ Não tem hífen, pois o prefixo termina em vogal e o segundo elemento começa com R, portanto deve-se dobrar a consoante.

## EXEMPLO DE QUESTÃO

▶ **(NC-UFPR 2017)** Considere o trecho abaixo:

Com o plano de reestruturação ______________ pela diretoria, as empresas do grupo vão poder dispor de recursos tanto para aquisição de ______________ quanto para contratação de ______________ especializada.

Assinale a alternativa que preenche corretamente as lacunas acima.

a) recém aprovado – matéria prima – mão de obra.

b) recém-aprovado – matéria-prima – mão-de-obra.

c) recém-aprovado – matéria prima – mão de obra.

d) recém-aprovado – matéria-prima – mão de obra.

e) recém aprovado – matéria prima – mão-de-obra.

**Resposta: "d"**

– **recém-aprovado** = usa-se hífen em vocábulos formados por elementos e **prefixos** que possuem **acentuação própria (tônicos): além, aquém, pós, pré, pró, recém.**

– **matéria-prima** (substância principal que se utiliza no fabrico de alguma coisa; qualidade do que está em estado bruto, que precisa ser trabalhado, lapidado; base, fundamento) = usa-se hífen em palavras compostas cujos elementos conservam sua autonomia fonética e acentuação própria, mas **perderam sua significação individual** para constituir uma unidade semântica, **um conceito único.**

– **mão de obra** = não se usa hífen em locuções substantivas, adjetivas, pronominais, adverbiais, prepositivas ou conjuncionais.

# 2. ACENTUAÇÃO

## 2.1. Proparoxítonas

### APLICAÇÃO DA REGRA

- Sílaba tônica: antepenúltima.

As proparoxítonas são **todas** acentuadas graficamente: **trá**gico, pa**té**tico, **ár**vore.

### PEGADINHA DA BANCA

**PROPAROXÍTONA EVENTUAL ou ACIDENTAL**: são as paroxítonas terminadas em ditongo crescente (semivogal + vogal). Podem ser separadas de duas maneiras.

| Paroxítona | Proparoxítona eventual |
|---|---|
| se-cre-tá-ria | se-cre-tá-ri-a |
| gló-ria | gló-ri-a |

Sugiro que insira as palavras dentro de uma tabelinha para facilitar. A sílaba acentuada mostra qual é regra da palavra.

| x | Proparoxítona | Paroxítona | Oxítona |
|---|---|---|---|
| | **TRÁ** | gi | co |
| pa | **TÉ** | ti | co |
| | **ÁR** | vo | re |

### EXEMPLO DE QUESTÃO

- **(COPESE – UFT)** As palavras "água", "prática" e "físicas", negritadas no texto, recebem acento gráfico por serem, respectivamente:
  a) paroxítona, proparoxítona, proparoxítona
  b) proparoxítona, proparoxítona, paroxítona
  c) oxítona, proparoxítona, paroxítona
  d) paroxítona, oxítona, proparoxítona

*Resposta:* "a"

**DICA**

Para que a tabela dê certo, nunca deixe a última coluna vazia, a última sílaba deve estar na última coluna.

| Proparoxítona | Paroxítona | Oxítona |
|---|---|---|
| | Á | gua |
| PRÁ | ti | ca |
| FÍ | si | cas |

- **prá-ti-ca** e **fí-si-ca** são proparoxítonas;
- **á-gua** é paroxítona.

## 2.2. Paroxítonas

### APLICAÇÃO DA REGRA

- Sílaba tônica: penúltima

| Acentuam-se as PAROXÍTONAS terminadas em | EXEMPLO |
|---|---|
| l | **fácil** |
| n | **pólen** |
| r | cad**á**ver |
| ps | **bíceps** |
| x | **tórax** |
| us | **vírus** |
| i, is | **jú**ri, **lá**pis |
| om, ons | **iân**dom, **íons** |
| um, uns | **álbum, álbuns** |
| ã(s), ão(s) | **órfã, órfãs, órfão, órfãos** |
| ditongo oral (seguido ou não de s) | **jó**quei, **tú**neis |

## PEGADINHA DA BANCA

Exceções e observações são assuntos que as bancas mais exigem.

1. As paroxítonas terminadas em *n* são acentuadas (hífen), mas as que terminam em *ens*, não: hifens, jovens;
2. Não são acentuados os prefixos terminados em *i* e *r:* semi, super
3. Acentuam-se as paroxítonas terminadas em ditongos crescentes: *ea(s), oa(s), eo(s), ua(s), ia(s), ue(s), ie(s), uo(s),io(s).*

   - *Exemplos:* várzea, mágoa, óleo, régua, férias, tênue, cárie, ingênuo, início.

## EXEMPLO DE QUESTÃO

**(FUNDEP)** Leia com atenção as seguintes palavras: até – desânimo – título – saúde.

Assinale a alternativa que apresenta, respectivamente, a sua classificação tônica.

a) Oxítona – paroxítona – proparoxítona – oxítona
b) Proparoxítona – oxítona – paroxítona – paroxítona
c) Paroxítona – paroxítona – proparoxítona – oxítona
d) Oxítona – proparoxítona – proparoxítona – paroxítona

**Resposta: "d"** (gabarito preliminar)

A **questão** deveria ter sido **anulada**, mas infelizmente não foi.

| Proparoxítona | Paroxítona | Oxítona |
|---|---|---|
| | a | TÉ |

Eliminadas B e C.

| x | Proparoxítona | Paroxítona | Oxítona |
|---|---|---|---|
| de | SÂ | ni | mo |

Eliminada A. Encontrada a resposta, se não houvesse erro posterior. Sigamos!

| Proparoxítona | Paroxítona | Oxítona |
|---|---|---|
| TÍ | tu | lo |

A palavra **sa-ú-de** é acentuada por ser hiato (duas vogais estão juntas na mesma palavra, mas em sílabas diferentes, já que em cada sílaba há uma vogal).

**DICA**

Não insira hiato na tabela!

Não existe resposta correta para a questão, por isso deveria ter sido anulada.

## 2.3. Oxítonas

**APLICAÇÃO** DA REGRA

- Sílaba tônica: última

| Acentuam-se as OXÍTONAS terminadas em | Exemplo |
|---|---|
| a(s) | sof**á**, sof**ás** |
| e(s) | jacar**é**, voc**ês** |
| o(s) | palet**ó**, av**ós** |
| em, ens | ningu**ém**, armaz**éns** |

**PEGADINHA** DA BANCA

- **(CS-UFG 2017) PAÍS =** trata-se de hiato (vogal A + vogal I) e não de oxítona.

  Há regras especiais de acentuação, nas quais não se encaixam as proparoxítonas, paroxítonas e oxítonas.

**EXEMPLO** DE QUESTÃO

Façamos, juntos, duas questões, porque uma depende da outra.

- **01. (MS CONCURSOS)** Assinale a alternativa cuja sequência apresenta uma palavra que não tem a sílaba tônica na mesma posição das demais do grupo:

  a) Província, exigências, indomável.

  b) Difícil, impassível, conveniência.

  c) Ninguém, fêmea, José.

  d) Francês, inglês, porém.

*Resposta:* **"c"**

As sílabas tônicas não podem estar na mesma coluna. Simples assim!

| Proparoxítona | Paroxítona | Oxítona |
|---|---|---|
| | nin | GUÉM |
| | FÊ | mea |
| | Jo | SÉ |

– **Nin-guém** e **Jo-sé** são oxítonas;
– **Fê-mea** é paroxítona (terminada em ditongo).

a) Todas paroxítonas.
b) Todas paroxítonas.
d) Todas oxítonas.

**02. (MS CONCURSOS)** Predominam, nas alternativas do exercício anterior, palavras:

a) Paroxítonas e oxítonas.
b) Proparoxítonas e paroxítonas.
c) Oxítonas e proparoxítonas.
d) Somente proparoxítonas.

*Resposta:* "c"

As questões foram retiradas da prova do Tribunal Regional Eleitoral de Santa Catarina e se errar a primeira questão, errará a segunda: dois pontos a menos.

Basta voltar às respostas para encontrar o gabarito. Predominam **paroxítonas** - alternativas A, B e C - e **oxítonas** - alternativas A e D.

## 2.4. Monossílabos

### APLICAÇÃO DA REGRA

**Monossílabos tônicos** - possuem **uma sílaba** e são pronunciados fortemente.

| Acentuam-se os MONOSSÍLABOS terminados em | Exemplo |
|---|---|
| a(s) | lá, cá |
| e(s) | pé, mês |
| o(s) | só, pó, nós, pôs |

- **Monossílabos átonos** - não possuem autonomia fonética, sendo proferidos **fracamente,** como se fossem sílabas átonas do vocábulo a que se apoiam: o(s), a(s), um, uns, me, te, se, lhe nos, de, em, e, que, etc.

## PEGADINHA DA BANCA

Os monossílabos átonos são palavras vazias de sentido, vindos representados por **artigos**, **pronomes oblíquos**, **elementos de ligação** (preposições, conjunções). Há monossílabos que são tônicos numa frase e átonos em outras:

- Você trouxe sua mochila para *quê*? (tônico)
- *Que* tem dentro da sua mochila? (átono)

Muitos verbos, ao se combinarem com pronomes oblíquos, produzem formas oxítonas ou monossilábicas que devem ser acentuadas por acabarem assumindo alguma das terminações contidas nas regras: beijar + a = beijá-la; fez + o = fê-lo; dar + as = dá-las; fazer + o = fazê-lo

## EXEMPLO DE QUESTÃO

- **(MS CONCURSOS)** A respeito dos termos "próprias" e "mãos" está correto afirmar que:

a) a palavra "próprias" é acentuada por ser uma oxítona terminada em ditongo, já "mãos" é um monossílabo tônico que não recebe acento, mas sim sinal gráfico.

b) a palavra "próprias" é acentuada por ser uma paroxítona terminada em ditongo aberto, já "mãos" é um monossílabo tônico que não recebe acento, mas sim sinal gráfico.

c) a palavra "próprias" é acentuada por ser uma paroxítona terminada em ditongo crescente, já "mãos" é um monossílabo átono e por isso, não recebe acento, mas sim sinal gráfico.

d) a palavra "próprias" é acentuada por ser uma paroxítona terminada em ditongo, já "mãos" é um monossílabo tônico que não recebe acento, mas sim sinal gráfico.

*Resposta:* "d"

| Proparoxítona | Paroxítona | Oxítona |
|---|---|---|
| | PRÓ | prias |

**Eliminadas A** e **B** (não se trata de ditongo aberto – eu, oi, ei).

**Mãos** = monossílabo (possui uma sílaba) tônico (sílaba pronunciada fortemente) e **não** recebe acento.

– *Não?*

– *Não!* "O **til** não é um acento, é um **sinal gráfico de nasalação**; mas vale como acento quando recai sobre a sílaba tônica. Assim, escrevemos **irmão, sabão, sacristão** – palavras cuja sílaba tônica é **ão**.

Se a sílaba tônica for outra, é obrigatório acentuá-la graficamente e colocar o **til** sobre a sílaba nasal átona. É o caso de **órfão, órgão, pedrógão**, onde a sílaba tônica é **or-** e **-dro-** e a sílaba nasal é átona. Não é, pois, verdade o que para aí se diz: que estas palavras têm dois acentos. Têm um só - o acento agudo."

Fonte: https://ciberduvidas.iscte-iul.pt

## 2.5. Ditongos abertos – regra especial

### APLICAÇÃO DA REGRA

Os ditongos **éi, éu** e **ói** (seguidos ou não se "s"), sempre que tiverem pronúncia aberta em palavras **oxítonas** são acentuados:

- **anéis, fiéis, papéis, troféu, céus, herói, constrói, caubóis.**

Os ditongos abertos ocorridos em palavras **paroxítonas** NÃO são acentuados:

- assembleia, boia, colmeia, Coreia, estreia, heroico, ideia, jiboia, joia, paranoia, plateia etc.

### PEGADINHA DA BANCA

A palavra *destróier* é acentuada por ser uma paroxítona terminada em "r" (e não por possuir ditongo aberto **oi).**

### EXEMPLO DE QUESTÃO

- **MPE – SC** - O novo acordo ortográfico (2009) prevê que palavras paroxítonas com ditongos abertos "éi" e "ói" não são mais acentuadas. Servem de exemplo: **paranoia, decibéis, ideia, asteroide, Coreia, Hanói, carreteis, Troia, anzóis, verborreia.**

  ( ) certo ( ) errado

  *Resposta:* "errado"

  **Regra após o acordo ortográfico:** Acentuam-se apenas os ditongos de pronúncia aberta (éi, ói, éu), quando oxítonos ou monossílabos, seguidos ou não de "S".

  – pa-ra-noi-a = paroxítona + ditongo aberto

  – de-ci-béis: **oxítona + ditongo aberto = com acento**

- i-d<u>ei</u>-a = paroxítona + ditongo aberto
- as-te-r<u>oi</u>-de = paroxítona + ditongo aberto
- Co-r<u>ei</u>-a = paroxítona + ditongo aberto
- Ha-n<u>ói</u>: **oxítona + ditongo aberto = com acento**
- car-re-t<u>éis</u>: **oxítona + ditongo aberto = com acento**
- Tr<u>oi</u>-a = paroxítona + ditongo aberto
- an-z<u>óis</u>: **oxítona + ditongo aberto = com acento**
- ver-bor-r<u>ei</u>-a = paroxítona + ditongo aberto

## 2.6. Hiato – regra especial

**APLICAÇÃO DA REGRA**

Acentuam-se o **i** e **u** tônicos quando formam hiato com a vogal anterior, estando eles sozinhos na sílaba ou acompanhados apenas de **"s"**, desde que não sejam seguidos por **-nh:**

sa - í - da, e - go - ís - mo, sa - ú - de.

**PEGADINHA DA BANCA**

Não se acentuam, portanto, hiatos como os destas palavras:

Ju -**iz**, ra – **iz**, ru – **im**, ca – **ir**.

Motivo: **-i** ou **-u** não estão sozinhos nem acompanhados de **-s** .na sílaba

Importante esclarecer que existem hiatos acentuados não por serem hiatos, mas por outras razões: po-é-ti-co: proparoxítona; bo-ê-mio: paroxítona terminada em ditongo crescente; ja ó: oxítona terminada em "o".

**EXEMPLO DE QUESTÃO**

**(FUMARC)** Há hiato em:

a) conseguirão
b) pouco
c) países
d) primeira

*Resposta:* "c"

P<u>a</u>- <u>í</u> - sés.

## 2.7. Verbos – Acento diferencial

### APLICAÇÃO DA REGRA

▸ **Verbos TER e VIR**

Acentua-se com circunflexo a 3ª pessoa do plural do presente do indicativo dos verbos **ter** e **vir**, bem como nos seus compostos (*deter, conter, reter, advir, convir, intervir* etc.): ele tem – eles têm; ele vem – eles vêm; ele retém – eles retêm; Ele intervém – Eles intervêm.

Nos verbos compostos de ter e vir, o acento ocorre obrigatoriamente, mesmo no singular. Distingue-se o plural do singular mudando o acento de agudo para circunflexo: ele *detém* -eles *detêm;* ele *advém* -eles *advêm.*

### PEGADINHA DA BANCA

– Inserem um prefixo para tentar confundir o candidato: advir, reter etc.

– Como os verbos **crer, dar, ler** e **ver** dobram o "e" no plural, são muito exigidos também.

– O acento diferencial dos verbos "pôr" e "poder" foi mantido:

- Ela pode: presente do indicativo
- Ela pôde: pretérito perfeito do indicativo
- Ele vai pôr os livros no lugar: verbo
- Ele vai por ali sempre: preposição

### EXEMPLO DE QUESTÃO

▸ **(CESGRANRIO)** O acento diferencial é aquele utilizado para distinguir certas palavras homógrafas, ou seja, que têm a mesma grafia. Ocorre esse tipo de acento em:

a) é
b) está
c) fórmula
d) pôr
e) análise

*Resposta:* "d"

Duas palavras obrigatoriamente continuarão recebendo o acento diferencial:

- **pôr** (verbo) mantém o circunflexo para que não seja confundido com a preposição **por**;

- **pôde** (o verbo conjugado no passado) também mantém o circunflexo para que não haja confusão com **pode** (o mesmo verbo conjugado no presente).

## 2.8. Diferença entre ditongo e hiato

**APLICAÇÃO** DA REGRA

**Ditongo** é o **encontro de duas vogais** que pertencem à mesma sílaba e são **pronunciadas numa só emissão de voz**: b**ei**jo, c**au**sa, p**ai**xão.

1. **Ditongo Crescente**: a semivogal (sv) surge antes da vogal (V) na mesma sílaba, isto é, a segunda vogal é a mais forte: aquário (a-**quá**-rio) (u=sv, a=V), linguiça (lin-g**ui**-ça) (u=sv, i=V)
2. **Ditongo Decrescente**: a vogal surge antes da semivogal na mesma sílaba, ou seja, a primeira vogal é a mais forte: deixa (**dei**-xa) (e=V, i=sv), **céu** (e=V, u=sv)
3. **Ditongo Oral**: há o encontro de duas vogais orais na mesma sílaba. Os sons das vogais orais são pronunciados exclusivamente pela boca (a, é, ê, i, ó, ô, u): **dois**, min**ei**ros (mi-**nei**-ros)
4. **Ditongo Nasal**: na mesma sílaba, há uma junção de duas vogais nasais ou de uma vogal nasal e uma oral. As vogais nasais ao serem pronunciadas deixam os sons passarem também pelo nariz: balão (ba-**lão**), **mãe**.

**Hiato** é o encontro de dois sons vocálicos cujas vogais são separadas na divisão de sílabas. São necessários dois esforços de voz para pronunciá-las, ao contrário do ditongo em que há um único esforço de voz e as vogais permanecem na mesma sílaba: hiato (**hi-a**-to), país (**pa-ís**), noel (**no-e**l), dia (**di-a**).

**PEGADINHA** DA BANCA

Em palavras terminadas em ditongos crescentes:

- sem acento na penúltima sílaba: hiato = se-cre-ta-r<u>i</u>-<u>a</u>, me-lan-c<u>i</u>-<u>a</u>.
- com acento na penúltima sílaba: ditongo = se-cre-<u>tá</u>-r<u>ia</u>, <u>gló</u>-r<u>ia</u>.

▶ *Cuidado!* CESPE/CEBRASPE às vezes menciona a proparoxítona eventual ou acidental.

**EXEMPLO** DE QUESTÃO

▶ **(CONSULPLAN – TJMG 2017)** A sequência de vocábulos: "*Islâmico, vitória, até, público*" pode ser empregada para demonstrar exemplos de três regras de acentuação gráfica diferentes. Indique a seguir o grupo de palavras que apresenta palavras cuja acentuação tenha as mesmas justificativas das palavras do grupo anteriormente apresentado (considere a mesma ordem da sequência apresentada).

a) atípica, aparência, é, vítimas
b) típico, província, será, Nínive
c) famílias, público, diários, várias
d) violência, próprios, já, violência

*Resposta:* "b"

Observe que em "vi-tó-ria" e "pro-vín-cia" há ditongos crescentes, respectivamente;

Is-lâ-mi-co e tí-pi-co: proparoxítonas;

A-té e se-rá: oxítonas;

Pú-bli-co e ní-ni-ve: proparoxítonas.

## 2.9. Divisão silábica

**APLICAÇÃO DA REGRA**

| Separam-se | | Não se separam | |
|---|---|---|---|
| hiatos | sa-í-da, en-jo-o | ditongos e tritongos | au-ro-ra, U-ru-guai |
| encontros consonantais imperfeitos | in-dig-no, ap-to | encontros consonantais perfeitos | li-vrei-ro, a-plau-so |
| dígrafos | ex-ce-ção, des-ça | dígrafos **ch, lh, nh, gu, qu** | fi-lho, e-qui-va-ler |

**Fixando as regras de separação de sílabas:**

| Au-las | au | ditongo decrescente oral |
|---|---|---|
| Guar-da | ua | ditongo crescente oral |
| A-guei | uei | tritongo oral |
| Pi-a-da | ia | hiato |
| Ca-ir | ai | |
| Ci-ú-me | iú | |
| Com-pre-en-der | ee | |

| Cho-ca-lho | ch, lh | dígrafos inseparáveis |
|---|---|---|
| Qui-nhão | qu, nh | |
| Gui-sa-do | gu | |
| Ex-ces-so | xc, ss | dígrafos separáveis |
| Flo-res-cer | sc | |
| Car-ro-ça | rr | |
| Des-ço | sç | |

Gramática

## PEGADINHA DA BANCA

Palavras formadas com prefixo são exceções.

1. Se o prefixo termina em **consoante** e o radical inicia com **vogal**, ficam juntas
   - = SU – BEN – TEN – DER
2. Se o prefixo termina em **consoante** e o radical inicia, também, com **consoante**, ficam separadas
   - = SUB – LI – NHAR
3. Palavras como teia, maio, praia, meia e balaio são assim separadas:
   - TEI-A, MAI-O, PRAI-A, MEI-A, BA-LAI-O.

## EXEMPLO DE QUESTÃO

**(CONSULPLAN – TJ MJ 2017 – Oficial de Apoio Judicial)** "Lamiya e Nadia Murad são algumas das poucas vítimas do terror sexual que se apresentam em público, de rosto aberto, pois a violência sexual estigmatiza as vítimas e suas famílias. Lamiya contou que era submetida a estupros seguidos e diários, passada entre incontáveis militantes. Muitas vezes desmaiava."
Considere o trecho anteriormente destacado e assinale a alternativa em que todas as palavras apresentam divisão silábica correta:

a) pas – sa – da, sub – me – ti – da, pou - cas
b) ter – ror, po – is, es - ti – gma – ti – za – va
c) se- gui – dos, di – á – rios, in – con – tá – ve – is
d) ví – ti – mas, fa – mí – li – as, des- ma – i – a – va

*Resposta:* "a"

Cuidado! O vocábulo "submetida" é formado por derivação prefixal e exige recordar esta regra: prefixo terminado em consoante e radical iniciado por consoante = sílabas separadas (suB-Me-tidas). Caso o prefixo terminasse em consoante e o radical iniciasse com vogal, a sílaba seria grafada junta (bi-SA-vó).

**Correções:**

b) pois: vogal + semivogal (monossílabo); es-tig-ma-ti-za-va.

c) con-tá-veis: ditongo decrescente na mesma sílaba = vogal (e) + semivogal (i).

d) fa-mí-lias: ditongo crescente na mesma sílaba = semivogal (i) + vogal (a); des-mai-a-va: ditongo decrescente na mesma sílaba = vogal (a) + semivogal (i).

▶ **(FGV 2017)** Assinale a opção que indica a separação silábica ***errada***.

a) Meados = me-a-dos.

b) Passado = pas-sa-do.

c) Esmagamento = es-ma-ga-men-to.

d) Desesperadamente = des-es-pe-ra-da-men-te.

e) Fantasma = fan-tas-ma.

**Resposta: "a"** - de- ses-pe-ra-da-men-te.

## 2.10. Reforma Ortográfica

**APLICAÇÃO** DA REGRA

| **Tipo de palavra ou sílaba** | **Quando acentuar** | **Exemplos** (como eram) | **Observações** (como ficaram) |
|---|---|---|---|
| Proparoxítonas | sempre | simpática, lúcido, sólido, cômodo | **Continua tudo igual** ao que era antes da nova ortografia.<br>Observe: Pode-se usar acento agudo ou circunflexo de acordo com a pronúncia da região: acadêmico, fenômeno (Brasil) acadómico, fenómeno (Portugal). |
| Paroxítonas | Se terminadas em: R, X, N, L, I, IS, UM, UNS, US, PS, Ã, ÃS, ÃO, ÃOS; ditongo oral, seguido ou não de S | fácil, táxi, tênis, hífen, próton, álbum(ns), vírus, caráter, látex, bíceps, ímã, órfãs, bênção, órfãos, cárie, árduos, pólen, éden. | **Continua tudo igual.**<br>Observe:<br>1) Terminadas em ENS não levam acento: hifens, polens.<br>2) Usa-se indiferentemente agudo ou circunflexo se houver variação de pronúncia: sêmen, fêmur (Brasil) ou sémen, fémur (Portugal).<br>3) Não ponha acento nos prefixos paroxítonos que terminam em R nem nos que terminam em I: inter-helênico, super-homem, anti-herói, semi-internato. |

| Tipo de palavra ou sílaba | Quando acentuar | Exemplos (como eram) | Observações (como ficaram) |
|---|---|---|---|
| Oxítonas | Se terminadas em: A, AS, E, ES, O, OS, EM, ENS | vatapá, igarapé, avô, avós, refém, parabéns | **Continua tudo igual.** Observe: 1. terminadas em I, IS, U, US não levam acento: tatu, Morumbi, abacaxi. 2. Usa-se indiferentemente agudo ou circunflexo se houver variação de pronúncia: bebê, purê (Brasil); bebé, puré (Portugal). |
| Monossílabos tônicos | terminados em A, AS, E, ES, O,OS | vá, pás, pé, mês, pó, pôs | **Continua tudo igual.** Atente para os acentos nos verbos com formas oxítonas: adorá-lo, debatê-lo, etc. |
| Í e Ú em palavras oxítonas e paroxítonas | Í e Ú levam acento se estiverem sozinhos na sílaba (hiato) | saída, saúde, miúdo, aí, Araújo, Esaú, Luís, Itaú, baús, Piauí | 1. Se o i e u forem seguidos de s, a regra se mantém: balaústre, egoísmo, baús, jacuís. 2. Não se acentuam i e u se depois vier 'nh': rainha, tainha, moinho. 3. Esta regra é nova: nas paroxítonas, o i e u não serão mais acentuados se vierem depois de um ditongo: baiuca, bocaiuva, feiura, saiinha (saia pequena), cheiinho (cheio). 4. Mas, se, nas oxítonas, mesmo com ditongo, o i e u estiverem no final, haverá acento: tuiuiú, Piauí, teiú. |
| Ditongos abertos em palavras paroxítonas | EI, OI | idéia, colméia, bóia | **Esta regra desapareceu** (para palavras paroxítonas). Escreve-se agora: ideia, colmeia, celuloide, boia. Observe: há casos em que a palavra se enquadrará em outra regra de acentuação. Por exemplo: contêiner, Méier, destróier serão acentuados porque terminam em R. |
| Ditongos abertos em palavras oxítonas | ÉIS, ÉU(S), ÓI(S) | papéis, herói, heróis, troféu, céu, mói (moer) | **Continua tudo igual** (mas, cuidado: somente para palavras oxítonas com uma ou mais sílabas). |
| Verbos arguir e redarguir (agora sem trema) | arguir e redarguir usavam acento agudo em algumas pessoas do indicativo, do subjuntivo e do imperativo afirmativo. | | **Esta regra desapareceu.** Os verbos arguir e redarguir perderam o acento agudo em várias formas (rizotônicas): eu arguo (fale: ar-gú-o, mas não acentue); ele argui (fale: ar-gúi), mas não acentue. |

| Tipo de palavra ou sílaba | Quando acentuar | Exemplos (como eram) | Observações (como ficaram) |
|---|---|---|---|
| Verbos terminados em guar, quar e quir | aguar enxaguar, averiguar, apaziguar, delinquir, obliquar usavam acento agudo em algumas pessoas do indicativo, do subjuntivo e do imperativo afirmativo. | | **Esta regra sofreu alteração.** Observe: Quando o verbo admitir duas pronúncias diferentes, usando a ou i tônicos, aí acentuamos estas vogais: eu águo, eles águam e enxáguam a roupa (a tônico); eu delínquo, eles delínquem (í tônico). Se a tônica, na pronúncia, cair sobre o u, ele não será acentuado: Eu averiguo (diga averi-gú-o, mas não acentue) o caso. |
| ôo, êe | vôo, zôo, enjôo, vêem | | **Esta regra desapareceu.** Agora se escreve: zoo, perdoo veem, magoo, voo. |
| Verbos ter e vir | na terceira pessoa do plural do presente do indicativo | eles têm, eles vêm | **Continua tudo igual.** Ele vem aqui; eles vêm aqui. Eles têm sede; ela tem sede. |
| Derivados de ter e vir (obter, manter, intervir) | na terceira pessoa do singular leva acento agudo; na terceira pessoa do plural do presente levam circunflexo | ele obtém, detém, mantém; eles obtêm, detêm, mantêm | Continua tudo igual. |
| Acento diferencial | | | **Esta regra desapareceu**, exceto para os verbos: PODER (diferença entre passado e presente. Ele não pôde ir ontem, mas pode ir hoje. PÔR (diferença com a preposição por): Vamos por um caminho novo, então vamos pôr casacos; TER e VIR e seus compostos (ver acima). Observe: 1) Perdem o acento as palavras compostas com o verbo PARAR: Para-raios, para-choque. 2) FÔRMA (de bolo): O acento será opcional; se possível, deve-se evitá-lo: Eis aqui a forma para pudim, cuja forma de pagamento é parcelada. |

**IMPORTANTE!**

- **Trema** (O trema não é acento gráfico.)

**Desapareceu o trema** sobre o U em todas as palavras do português:

- Linguiça, averiguei, delinquente, tranquilo, linguístico.

Exceto as de língua estrangeira:

- Günter, Gisele Bündchen, müleriano.

## PEGADINHA DA BANCA

- **(FAEPESUL )**

I. "Rua" é uma palavra paroxítona, não acentuada porque termina em vogal A. - **certo**

II. "Países" é uma paroxítona, mas sua **acentuação justifica-se pelo hiato** formado no interior dessa palavra. - **certo**

III. "Vêem" é uma palavra paroxítona que também concentra um **hiato**. Com a Reforma Ortográfica em vigor a partir de 2016, **esse acento será abolido**. - **certo**

IV. "Saúdo" é uma palavra paroxítona, cuja **acentuação está explicada pela presença do hiato**. - **certo**

## EXEMPLO DE QUESTÃO

- **(COMVEST 2016)** Assinale a alternativa que apresenta palavra em que a acentuação está **CORRETA**, de acordo com a Reforma Ortográfica em vigor:

a) gratuito
b) rúbricas
c) baiúca
d) Perú
e) ônus

**Resposta: "e"** – ônus: paroxítona terminada em "us."

**DICA**

Todas as terminações que não são acentuadas nas oxítonas, são acentuadas na paroxítonas.

a) Gratuito - paroxítona terminada em "o" não é acentuada.

b) Rubricas - paroxítona terminada em "as" não é acentuada. A sílaba tônica é "bri".

c) Baiuca - paroxítona com hiato precedido de ditongo não é acentuada.

d) Peru - Oxítonas são acentuadas quando terminadas em a(s), e(s), o(s), em, ens, éi(s), éi(s), ói(s).

CAPÍTULO

2



# Morfologia

## 1 PROCESSO DE FORMAÇÃO DAS PALAVRAS

### 1.1. Significado dos prefixos

Na análise de formação de palavras, e muito comum haver questões cujo assunto versa sobre o sentido que o prefixo da palavra carrega.

**APLICAÇÃO** DA REGRA

Não se trata necessariamente de uma regra, mas vale a pena ver alguns exemplos:

- **In**feliz. (Sem felicidade)
- **Des**leal. (Sem lealdade)
- **A**morfo. (Sem forma)

Os prefixos destacados indicam negação ou ausência. Costuma ser esse o alvo das questões da banca.

**PEGADINHA** DA BANCA

O que pode ocorrer de mais perigoso em uma questão desse tipo é a banca apresentar um termo falso-cognato (palavra com uma forma parecida, mas de significado distinto). A melhor maneira de se prevenir é buscar a compreensão dos termos quando empregados em uma sentença – facilita e ajuda a acertar a questão.

**EXEMPLO DE QUESTÃO**

**(BIO-RIO - 2015 - IF-RJ - Administrador)** Xenofobia significa "aversão pelo estrangeiro"; a palavra abaixo cuja explicação etimológica está correta é:

a) fotofobia / aversão por fotografias.
b) acrofobia / aversão por locais altos.
c) aerofobia / aversão por viagens aéreas.
d) homofobia / aversão ao gênero humano.
e) tanatofobia / aversão por doenças.

*Resposta:* B

O prefixo grego *acro* indica altura. Por extensão, entende-se que a fobia (aversão) a lugares altos denomina-se *acrofobia.*

## 1.2. Formação de palavra por parassíntese

Se há algo na formação de palavras que confunde os alunos, chama-se derivação parassintética ou simplesmente parassíntese. Isso ocorre quando há – simultaneamente – uma derivação prefixal e uma derivação sufixal e não é possível desmembrar as derivações isoladamente.

**APLICAÇÃO DA REGRA**

Veja como exemplo a palavra abaixo:

- **En**tar**decer**

Note que a raiz da palavra é o termo "tarde"; note também que há o acréscimo de um prefixo "en" e um sufixo "-cer" (ou "-ecer", a depender da palavra). O que deve ficar evidente é que não há a possibilidade de retirar somente o prefixo ou somente o sufixo. Ou seja, não há a forma "entarde" ou "tardecer". Isso é uma parassíntese.

**PEGADINHA DA BANCA**

A banca pode tentar fazer o candidato se confundir com outras palavras cuja derivação não envolva parassíntese.

**EXEMPLO DE QUESTÃO**

**(Quadrix - 2015 - CRF-RJ - Agente Administrativo)** No primeiro parágrafo, aparece o vocábulo "enfrentando". Sobre o processo de formação da palavra "enfrentar", assinale a alternativa correta.

a) Trata-se de uma palavra formada por derivação imprópria.
b) Trata-se de uma palavra formada por derivação regressiva.
c) Trata-se de uma palavra formada, independentemente, por prefixação e sufixação.
d) Trata-se de uma palavra formada apenas por derivação prefixal.
e) Trata-se de uma palavra formada por parassíntese.

*Resposta:* E

Há dois afixos na palavra "en" e "ndo". Nesse caso, criou-se um verbo no gerúndio, partindo-se da palavra "frente". Como o vocábulo perderia o sentido, caso houvesse a retirada desses afixos, o correto a considerar como uma derivação parassintética.

## 1.3. Vogal de ligação

Uma vogal de ligação une duas partes de uma palavra, como se fosse um "pino" em uma dobradiça. Entretanto, não são todos os materiais que explanam bem do que se trata esse mecanismo.

**APLICAÇÃO DA REGRA**

Veja a palavra a seguir:

- Barômetro

A vogal "o", que aparece nessa palavra faz a conexão entre o termo "bar" – que indica "pressão" e o termo "metro" – que indica "medida". Logo, trata-se de uma vogal de ligação na sentença.

**PEGADINHA DA BANCA:**

A banca examinadora dirá que a palavra é formada por derivação em processo sufixal, o que está incorreto, uma vez que se trata de um processo de composição – pois há duas raízes na palavra.

**EXEMPLO E QUESTÃO**

- **(Pablo Jamilk – inédita)** Assinale a alternativa em que a palavra possui uma vogal de ligação em sua formação:

a) Desfecho.
b) Reinvenção.
c) Gasômetro.
d) Formulário.
e) Gazeta.

*Resposta:* C

Na formação do vocábulo "gasômetro", a vogal "o" conecta a raiz "gas" com a raiz "metro". Como não é possível formar o vocábulo "gasmetro", a forma correta é gasômetro – com a vogal de ligação.

## 1.4. Aglutinação e justaposição

A distinção entre os processos de formação conhecidos como aglutinação e justaposição é bastante simples. No primeiro caso, o de aglutinação, ocorre perda de elementos na formação da palavra. No segundo caso, não há perda de elementos.

**APLICAÇÃO** DA REGRA

Veja as duas palavras abaixo:

- Embora (formada pela junção em+boa+hora, trata-se de uma aglutinação, pois alguns elementos foram perdidos na formação da palavra)
- Girassol (formada pela junção de gira+sol, trata-se de uma justaposição, pois nenhum elemento foi perdido na formação da palavra).

**PEGADINHA** DA BANCA

A maior jogada da banca com relação a esse assunto é tentar confundir o candidato empregando palavras cuja formação não é conhecia.

**EXEMPLO** DE QUESTÃO

▸ **(Pablo Jamilk – inédita)** "Aguardente é uma bebida de alto teor alcoólico. Exemplos de aguardentes são a vodca, a tequila, o rum, a grappa, o gim, a cachaça. A aguardente de cana-de-açúcar no Brasil é denominada pinga ou cachaça. Em Portugal, há a aguardente bagaceira, vulgo bagaço por ser feita a partir do bagaço de uva, e a aguardente vínica, obtida a partir de vinho. Esta última, usando um processo semelhante ao do conhaque francês, é muitas vezes envelhecida em pipas de carvalho, tomando então uma coloração amarelada e um sabor e aroma característico, passando a designar-se aguardente velha.". (Fonte: Wikipédia)

( ) A palavra "aguardente" é formada por um processo de justaposição.

*Resposta:* errado.

A formação da palavra obedece a um processo de aglutinação, pois ocorre perda de elementos na junção dos vocábulos "água" e "ardente". Perde-se um "a" de uma das palavras.

## 1.5. Hibridismo

Um hibridismo é, na verdade, um vocábulo formado pela junção de duas raízes provenientes de línguas distintas. Trata-se de um processo de composição de vocábulos também, entretanto, faz-se necessário deter um pouco mais de conhecimento linguístico para compreendê-lo com clareza.

**APLICAÇÃO** DA REGRA

Analise as seguintes palavras:

- Psicomotor -*psico* (grego) + *motor* (latim)
- Autoclave – *auto* (grego) + *clave* (latim)

**PEGADINHA** DA BANCA

Quando se trata dessa matéria em específico, apenas a questão já é uma pegadinha, pois é preciso conhecer largamente listas de raízes vocabulares para responder a esses itens com segurança.

**EXEMPLO** DE QUESTÃO

▸ **(Pablo Jamilk – inédita)** Assinale a alternativa em que a palavra é formada por um processo de hibridismo.

a) Desfazer.
b) Monocultura.
c) Perda.
d) Celetista.
e) Celeste.

*Resposta:* B

Comentário: a palavra "monocultura" é formada pela seguinte composição: *mono* (grego) + *cultura* (latim). Isso faz dela uma palavra formada por hibridismo!

# 2. SUBSTANTIVO

## 2.1. Significado do substantivo

Tudo o que existe é ser e cada ser tem um nome. **Substantivo** é a classe gramatical de palavras variáveis, as quais denominam os seres. Além de objetos, pessoas e fenômenos, os substantivos também nomeiam lugares, sentimentos, qualidades (honestidade, sinceridade), ações (corrida, pescaria).

**APLICAÇÃO DA REGRA**

Vem acompanhado por determinante (artigo, numeral, pronome, adjetivo e/ou locução adjetiva), ou simplesmente podemos encaixar o artigo: (a) alegria, (o) amor, (a) honestidade.

**PEGADINHA DA BANCA**

A ordem normalmente é alterada, ou seja, não será artigo + substantivo + adjetivo.

*Exemplo:* O maravilhoso texto = artigo + adjetivo _ substantivo. Lê-se: O texto é maravilhoso.

**EXEMPLO DE QUESTÃO**

**(CESGRANRIO)** Há três substantivos em

a) "... com sérias dificuldades financeiras."

b) "... não conseguiu prever nem a crise econômica atual."

c) "... vai tornar inúteis arquivos e bibliotecas."

d) "... precisa da confirmação e do endosso do 'impresso',"

e) "Muitos dos blogs e sites mais influentes..."

*Resposta:* "d"

1. Confirmação: nomeia = a confirmação;
2. Endosso: nomeia = o endosso;
3. Impresso: nomeia = o impresso.

**Complemento – são também substantivos:**

a) dificuldades.

b) crise.

c) arquivos, bibliotecas.

e) blogs, sites.

## 2.2. Morfossintaxe do substantivo

**APLICAÇÃO DA REGRA**

Na análise sintática, o substantivo pode ser núcleo de vários termos: do sujeito, do complemento verbal – objeto direto e objeto indireto, do agente da passiva, do complemento nominal, do aposto, do predicativo – do sujeito ou do objeto, do vocativo, do adjunto adnominal e do adjunto adverbial.

**PEGADINHA** DA BANCA

O substantivo pode ser adjetivado, isto é, pode qualificar. Segundo o *Dicionário de usos do português do Brasil*, de Francisco S. Borba, o **substantivo** se refere à palavra em sua atuação como adjetivo.

✦ *Exemplo:* Ela era **moça** demais para entender determinados problemas.

Em provas recentes, pede-se a ligação existente entre substantivo e verbo. Em muitos casos, o simples fato de os radicais serem parecidos não indica que as classes gramaticais possuam relação semântica.

**EXEMPLO** DE QUESTÃO

▸ **(FGV 2017)** Assinale a opção em que o substantivo ligado ao verbo do texto está ***erradamente*** selecionado.

a) Moram / morada

b) Bombear / bombeamento

c) Recebe / recepção

d) Contrai / contrato

e) Relaxa / relaxamento

**Resposta: "d"** – Contrai / **contração**.

## 2.3. Comum e próprio

**APLICAÇÃO** DA REGRA

▸ **Comum:** designa os seres de uma mesma espécie de forma **genérica**.

✦ *Exemplos:* menino, cidade, mulher, cachorro.

▸ **Próprio:** designa os seres de uma mesma espécie de forma **particular**.

✦ *Exemplos:* Brasil, Grécia, Luciana, Pedro.

**PEGADINHA** DA BANCA

Como as questões de gramática são retiradas de texto, é comum mencionar o nome de empresa (exemplo: A mineradora Samarco) e em seguida pedir a classificação do nome da empresa. *Samarco* é um substantivo próprio por particularizar a mineradora.

**EXEMPLO** DE QUESTÃO

▸ **(ASSCONPP)** Observe a tira de Hagar abaixo:

Na tira acima, a palavra GLÓRIA aparece três vezes e foi usada:

a) sempre com o mesmo sentido de **honra, fama**;

b) na primeira vez como sinônimo de **honra/fama** e depois como **substantivo próprio**;

c) na primeira vez como **adjetivo** e depois como **substantivo próprio**;

d) sempre como **substantivo próprio**.

*Resposta:* "b"

Questão de ortografia (semântica) e substantivo.

❶. Em busca da glória: da fama, da honra.

No dicionário: honra, fama, renome, celebridade que se alcança pelas virtudes, talentos, boas ações etc.

❷ Substantivo próprio porque se refere ao nome de uma garota (particulariza).

## 2.4. Concreto e abstrato

**APLICAÇÃO** DA REGRA

▸ **Concreto:** designa o ser que existe, independentemente de outros seres.

▸ **Abstrato:** designa seres que dependem de outros para se manifestar ou existir.

**PEGADINHA** DA BANCA

Imprescindível lembrar que os substantivos abstratos nomeiam **ações, estados, qualidades e sentimentos:** vida (estado), rapidez (qualidade), viagem (ação), saudade (sentimento).

Os substantivos concretos designam seres do mundo real e do mundo imaginário.

- **Seres do mundo real**: homem, mulher, cadeira, cobra, Brasília etc.
- **Seres do mundo imaginário**: saci, mãe-d'água, fantasma etc.

## EXEMPLO DE QUESTÃO

**(COPEVE)** Texto para a questão.

"FIM DE SEMANA NO PARQUE" Racionais MC'S

"[...] A molecada lá da área como é que tá.
Provavelmente correndo pra lá e pra cá.
Jogando bola descalços nas ruas de terra.
É, brincam do jeito que dá.
[...]
Milhares de casas amontoadas!
Ruas de terra, esse é o morro, a minha área me espera!
Gritaria na feira 'vamos chegando!'
Pode crer, eu gosto disso, mais calor humano
Na periferia a alegria é igual!
É quase meio dia, a euforia é geral!
É lá que moram meus irmãos, meus amigos.
E a maioria por aqui se parece comigo
E eu também sou bambambã e eu que mando
O pessoal desde as 10 da manhã está no samba.
Preste atenção no repique atenção no acorde
'Como é que é Mano Brown?'
'Pode crer, pela ordem!' [...]"

Trecho da música "Fim de semana no parque", composição de Mano Brown/ Edy Rock.

Releia o texto observando as palavras: gritaria, alegria e euforia. São classificadas como substantivo

a) coletivo
b) próprio.
c) comum.
d) concreto.
e) abstrato.

*Resposta:* "e"

Dependem de outros seres para se manifestar ou existir. Não há gritaria se não houver a voz de alguém; não há alegria e euforia se não existir uma pessoa.

## 2.5. Coletivo

**APLICAÇÃO DA REGRA**

São os substantivos comuns que, mesmo estando no singular, designam um conjunto de seres da mesma espécie.

**PEGADINHA DA BANCA**

Alguns substantivos coletivos exigidos em provas de concursos: dinheiro: bolada, bolaço, disparate; disco: discoteca; manada: elefante; enxame: de abelhas; esquadrilha: de aviões.

**EXEMPLO DE QUESTÃO**

**(ACEP)** Relacione os substantivos comuns ao seu substantivo coletivo e marque a alternativa que apresente a sequência CORRETA:

| | |
|---|---|
| ( ) correição | 1 - formiga |
| ( ) cordilheira | 2 - alho |
| ( ) réstia | 3 - montes |
| ( ) turba | 4 - heróis |
| ( ) claque | 5 - espectadores |
| ( ) falange | 6 - ladrões |

a) 6, 5, 4, 3, 2, 1
b) 1, 3, 2, 6, 5, 4
c) 2, 3, 4, 5, 1, 6
d) 4, 1, 6, 3, 2, 5
e) 5, 1, 3, 6, 4, 2

*Resposta:* "b"

- de **formiga**: Cordão, **correição**, colônia, formigueiro e/ou carreira (1). Eliminadas as alternativas restantes.
- de **montes**: a palavra **cordilheira** vem do espanhol *cuerda*, que significa corda, cadeia ou corrente = grupo de montanhas (de montes), geralmente a principal cadeia de um continente. (3)
- de **alho**: **réstia**, enfiada, cambada. (2)
- de **ladrões**: quadrilha ou bando. **Turba** é grande massa de gente; multidão. Assim, chega-se ao sinônimo de bando. Questão complicadinha, é necessário trabalhar por eliminação. (6)
- de **espectadores**: plateia - significa: pavimento do teatro entre a orquestra e os camarotes, onde ficam os espectadores. **Claque** é

um conjunto de indivíduos contratados para aplaudir ou vaiar determinado espetáculo ou intérprete. (5)

– de **heróis**: **falange** = formação de combate usada pelos antigos gregos. Compunha-se de tropas de infantaria maciçamente armadas que se agrupavam em filas cerradas para o ataque. Os soldados levavam lanças compridas e protegiam-se com escudos que se superpunham aos dos companheiros que se encontravam ao lado. Cada formação variava em profundidade de oito a 12 fileiras. A falange possuía grande capacidade ofensiva, mas nenhuma flexibilidade; precisava da ajuda de tropas mais ligeiras. (4)

## 2.6. Simples e composto / Primitivo e derivado

**APLICAÇÃO** DA REGRA

- **Substantivo simples** é formado por um único elemento:
  - sol, poesia, livro, lua.
- **Substantivo composto** é formado por dois ou mais elementos
  - guarda-roupa, beija-flor, guarda-sol.
- **Substantivo primitivo** não deriva de nenhuma outra palavra da própria língua portuguesa:
  - terra, luz, fogo, feudo.
- **Substantivo derivado** origina-se de outra palavra:
  - território, luzeiro, fogueira, feudalismo.

**PEGADINHA** DA BANCA

Os substantivos compostos nem sempre possuem hífen. São também substantivos compostos: **secretário executivo**, **diretor administrativo**, **secretária adjunta.**

**EXEMPLO** DE QUESTÃO

- **(CONSESP** - A palavra livro é um substantivo

a) próprio, concreto, primitivo e simples.

b) comum, abstrato, derivado e composto.

c) comum, abstrato, primitivo e simples.

d) comum, concreto, primitivo e simples.

*Resposta:* "d"

❶ **Comum:** genérico;

❷ **Concreto:** não depende de um ser para que exista.

**DICA**

Não pode divagar! Pense assim: se o autor do livro morre, a obra continua e por isso não depende de um ser.

❸ **Primitivo:** não deriva de outra palavra.

❹ **Simples:** formado por um único elemento.

## 2.7. Gêneros - biforme e uniforme

**APLICAÇÃO** DA REGRA

- **Biformes**: possuem **duas formas**, uma para o masculino e outra para o feminino:
  - menino, menina, amigo, amiga, gato, gata, candidato, candidata.
- **Uniformes**: possuem **uma única forma** (dentista, estudante) e são classificados em: epiceno, sobrecomum, comum de dois. Aprofundaremos no próximo item.

**PEGADINHA** DA BANCA

Atualmente, não é um assunto muito exigido pelas grandes bancas, mas, se exigido, basta pensar se o vocábulo possui uma forma diferente no feminino, incluindo a inserção do artigo.

- Uniformes exigidos em provas: vítima, criança = a vítima, a criança (homem ou mulher).
- Biformes exigidos em provas: pedestre, policial = o pedestre (masculino), a pedestre (feminino); o policial, a policial.

**EXEMPLO** DE QUESTÃO

- **(UFRJ 2016)** O verbete **golpista** é assim descrito no dicionário HOUAISS da língua portuguesa:
  - "adjetivo e substantivo de dois gêneros

  1 que ou aquele que dá golpe ('manobra desleal' e 'golpe de Estado') ou golpes

  2 que ou quem é favorável a golpe(s) de Estado"

Como substantivo, **golpista** apresenta uma só forma para o gênero masculino e o gênero feminino. A distinção de gênero deve ser feita com o uso dos artigos ***o, a, um, uma*** ou de outros determinantes (***o golpista, a golpista, um golpista, uma golpista***).

Marque a alternativa em que aparece, também, um substantivo biforme, aquele que apresenta duas formas diferentes, uma para o gênero masculino e outra para o gênero feminino.

a) idiota – fã – selvagem – compatriota.

b) camarada – estudante – jovem – intérprete.

c) policial – doente – agente – parlamentar.

d) servente – jornalista – traidor – jurista.

e) mártir – suicida – artista – equilibrista.

**Resposta: "d"** – O traidor, a traidora.

## 2.8. Gêneros - epiceno, sobrecomum, comum de dois

**APLICAÇÃO DA REGRA**

- **Epicenos** possuem um só gênero e nomeiam bichos: onça macho, onça fêmea, jacaré macho, jacaré fêmea.

- **Sobrecomuns** possuem apenas um gênero e nomeiam pessoas: a criança, a testemunha, o cônjuge, o carrasco.

  **Observação**: Há substantivos que, variando de gênero, variam em seu significado:

  – o rádio (aparelho receptor) e a rádio (estação emissora)

  – o capital (dinheiro) e a capital (cidade)

- **Comuns de dois** indicam o sexo das pessoas por meio do artigo: o dentista, a dentista; um jovem, uma jovem; o imigrante, a imigrante.

- **Gêneros incertos:** existem numerosos substantivos de gênero incerto e flutuante, sendo usados com a mesma significação, ora como masculinos, ora como femininos.

| | |
|---|---|
| a abusão | erro comum, superstição, crendice |
| a aluvião | sedimentos deixados pelas águas, inundação, grande numero |
| a cólera ou cólera-morbo | doença infecciosa |
| a personagem | pessoa importante, pessoa que figura numa história |

| | |
|---|---|
| a trama | intriga, conluio, maquinação, cilada |
| a xerox (ou xérox) | cópia xerográfica, xerocópia |
| o ágape | refeição que os cristãos faziam em comum, banquete de confraternização |
| o caudal | torrente, rio |
| o diabetes ou diabete | doença |
| o jângal | floresta própria da Índia |
| o lhama | mamífero ruminante da família dos camelídeos |
| o ordenança | soldado às ordens de um oficial |
| o praça | soldado raso |
| o preá | pequeno roedor |

## PEGADINHA DA BANCA

- O substantivo "*poeta*" não é comum de dois gêneros, pois existe o poeta (masculino) e a poetisa (feminino).
- Os substantivos "*criança*" e "*gente*" são sobrecomuns – um só gênero para masculino e feminino.
- "*Girafa*" é um substantivo epiceno. Girafa macho – girafa fêmea.
- Os substantivos "*pai*" e "*marido*" formam o feminino com radical diferente do masculino – mãe / esposa.

## EXEMPLO DE QUESTÃO

**(COPEVE)** Verifique os seguintes pares de substantivos: "boi - vaca", "o cliente - a cliente", "a onça macho - a onça fêmea". A classificação desses pares compreende a seguinte sequência:

a) Substantivos epicenos, substantivos comuns de dois gêneros, substantivos heterônimos.

b) Substantivos sobrecomuns, substantivos comuns de dois gêneros, substantivos comuns de dois gêneros.

c) Substantivos comuns de dois gêneros, substantivos heterônimos, substantivos sobrecomuns.

d) Substantivos heterônimos, substantivos epicenos, substantivos comuns de dois gêneros.

e) Substantivos heterônimos, substantivos comuns de dois gêneros, substantivos epicenos.

*Resposta:* "e"

- "boi - vaca" = **heterônimos**: possuem radicais diferentes, tanto para o feminino quanto para o masculino.

Exemplos clássicos:

| Masculino | Feminino |
|---|---|
| bode | cabra |
| boi | vaca |
| cão | cadeia |
| carneiro | ovelha |
| cavaleiro | amazona |
| cavalheiro | dama |
| cavalo | égua |
| compadre | comadre |
| frade | freira |
| frei | sóror |
| genro | nora |
| homem | mulher |
| padrasto | madrasta |
| padre | madre |
| pai | mãe |
| veado | cerva |
| zangão | abelha |

Eliminadas A, B e C.

- "o cliente - a cliente" = **comuns de dois gêneros**: indicam o sexo das pessoas por meio do artigo.
- "a onça macho - a onça fêmea" = **epicenos**: têm um só gênero e nomeiam bichos.

## 2.9. Flexão de número

**APLICAÇÃO DA REGRA**

**Substantivo simples**

<table>
<tr><th>Substantivos terminados em</th><th colspan="2">fazem o plural</th><th>Exemplo</th></tr>
<tr><td>vogal, ditongo oral e n</td><td colspan="2">pelo acréscimo de s</td><td>pai – pais / ímã – ímãs<br>hífen – hifens (sem acento, no plural)<br>Exceção: cânon – cânones.</td></tr>
<tr><td>m</td><td colspan="2">em ns</td><td>homem – homens</td></tr>
<tr><td>r e z</td><td colspan="2">pelo acréscimo de es</td><td>revólver – revólveres / raiz – raízes<br>Atenção: O plural de caráter é caracteres.</td></tr>
<tr><td>al, el, ol, ul</td><td colspan="2">trocando o l por is</td><td>quintal – quintais / caracol – caracóis / hotel – hotéis<br>Exceções: mal e males, cônsul e cônsules.</td></tr>
<tr><td rowspan="3">il</td><td rowspan="3">de duas maneiras</td><td>Quando oxítonos, em is.</td><td>canil – canis</td></tr>
<tr><td>Quando paroxítonos, em eis.</td><td>míssil – mísseis.</td></tr>
<tr><td colspan="2">Obs.: a palavra réptil pode formar seu plural de duas maneiras: répteis ou reptis (pouco usada).</td></tr>
<tr><td rowspan="2">s</td><td rowspan="2">de duas maneiras</td><td>Quando monossilábicos ou oxítonos, mediante o acréscimo de es.</td><td>ás – ases<br>retrós – retroses</td></tr>
<tr><td>Quando paroxítonos ou proparoxítonos, ficam invariáveis.</td><td>o lápis – os lápis<br>o ônibus – os ônibus.</td></tr>
<tr><td rowspan="3">ão</td><td rowspan="3">de três maneiras</td><td>substituindo o -ão por -ões</td><td>ação – ações</td></tr>
<tr><td>substituindo o -ão por -ães</td><td>cão – cães</td></tr>
<tr><td>substituindo o -ão por -ãos</td><td>grão – grãos</td></tr>
<tr><td>x</td><td colspan="2">ficam invariáveis</td><td>o látex – os látex.</td></tr>
</table>

**Substantivo composto**

A formação do plural dos substantivos compostos depende da forma como são grafados, do tipo de palavras que formam o composto e da relação que estabelecem entre si.

O plural dos substantivos compostos cujos elementos são ligados por hífen costuma provocar muitas dúvidas e discussões. Vamos a elas.

<table>
<tr><td rowspan="4">1</td><td rowspan="4">Flexionam-se os dois elementos, quando formados de</td><td>substantivo + substantivo</td><td>couve-flor – couves-flores</td></tr>
<tr><td>substantivo + adjetivo</td><td>amor-perfeito / amores-perfeitos</td></tr>
<tr><td>adjetivo + substantivo</td><td>gentil-homem / gentis-homens</td></tr>
<tr><td>numeral + substantivo</td><td>quinta-feira / quintas-feiras</td></tr>
<tr><td rowspan="3">2</td><td rowspan="3">lexiona-se somente o segundo elemento, quando formados de</td><td>verbo + substantivo</td><td>guarda-roupa / guarda-roupas</td></tr>
<tr><td>palavra invariável<br>+ palavra variável</td><td>alto-falante / alto-falantes</td></tr>
<tr><td>palavras repetidas<br>ou imitativas</td><td>reco-reco / reco-recos</td></tr>
<tr><td rowspan="3">3</td><td rowspan="3">Flexiona-se somente o primeiro elemento, quando formados de</td><td>substantivo<br>+ preposição clara<br>+ substantivo</td><td>àgua-de-colônia<br>/ águas-de-colônia</td></tr>
<tr><td>substantivo<br>+ preposição oculta<br>+ substantivo</td><td>cavalo-vapor / cavalos-vapor</td></tr>
<tr><td>substantivo<br>+ substantivo que funciona como determinante do primeiro,<br>ou seja, especifica a função ou o tipo do termo anterior.</td><td>palavra-chave / palavras-chave<br>bomba-relógio / bombas-relógio<br>notícia-bomba / notícias-bomba<br>homem-rã / homens-rã<br>peixe-espada / peixes-espada</td></tr>
<tr><td rowspan="2">4</td><td rowspan="2">Permanecem invariáveis, quando formados de</td><td>verbo + advérbio</td><td>o bota-fora e os bota-fora</td></tr>
<tr><td>verbo + substantivo no plural</td><td>o saca-rolhas e os saca-rolhas</td></tr>
<tr><td>5</td><td>Casos especiais</td><td colspan="2">o louva-a-deus e os louva-a-deus<br>o bem-te-vi e os bem-te-vis<br>o bem-me-quer e os bem-me-queres<br>o joão-ninguém e os joões-ninguém</td></tr>
</table>

### PEGADINHA DA BANCA

As particularidades são exigidas.

| | |
|---|---|
| Substantivos que só se usam no singular | o sul, o norte, o leste, o oeste, a fé |
| Substantivos que só se usam no plural | as núpcias, os víveres, os pêsames, as espadas/os paus (naipes de baralho), as fezes. |
| Substantivo com sentido diferente do singular | honra (probidade, bom nome) e honras (homenagem, títulos) |
| Substantivos no singular mas com sentido de plural | Aqui morreu muito negro. Celebraram o sacrifício divino muitas vezes em capelas improvisadas. |

### EXEMPLO DE QUESTÃO

**(CETRO)** Em relação ao plural dos substantivos, assinale a alternativa correta.

a) Para pagar uma promessa, a senhora subiu de joelhos os degrais da catedral.

b) Os novos escrivões serão nomeados na próxima segunda-feira.

c) Os cidadões votaram e elegeram aquele candidato para presidente.

d) A professora preferia usar gizes coloridos para explicar a matéria na lousa.

e) O time de futebol recebeu muitos troféis na última década.

*Resposta:* "d"

Giz = gizes

a) degraus.

b) escrivães.

c) cidadãos.

e) troféus.

**(CIEE)** Assinale a alternativa em que o plural dos substantivos compostos está de acordo com a norma-padrão da Língua Portuguesa.

a) Caminhão-pipas.

b) Portas-aviões.

c) Pombos-correio.

d) Pés de cabras.

*Resposta:* "c"

Flexiona-se apenas a primeira palavra, pois é formado por substantivo (pombo) + substantivo que funciona como determinante do primeiro, ou seja, especifica a função ou o tipo do termo anterior (correio).

## 2.10. Flexão de grau

**APLICAÇÃO** DA REGRA

Grau é a propriedade que as palavras têm de exprimir as variações de tamanho dos seres.

| Grau | | Definição | EXEMPLO |
|---|---|---|---|
| Neutro | | Indica um ser de tamanho considerado natural. | rocha, papel, lápis |
| Aumentativo | – | Indica o aumento do tamanho do ser. | bocarra (boca)<br>muralha (muro)<br>pedrona (pedra) |
| | Analítico | o substantivo é acompanhado de um adjetivo que indica grandeza. | casa grande |
| | Sintético | é acrescido ao substantivo um sufixo indicador de aumento. Fácil: **S**intético = **S**ufixo. | casarão |
| Diminutivo | – | Indica a diminuição do tamanho do ser. | gatinho (gato)<br>bigodinho (bigode)<br>vidro (vidrinho) |
| | Analítico | substantivo acompanhado de um adjetivo que indica pequenez. | casa pequena |
| | Sintético | é acrescido ao substantivo um sufixo indicador de diminuição. Fácil: **S**intético = **S**ufixo. | casinha |

**PEGADINHA** DA BANCA

- **Cordel** é diminutivo de corda.
- **Folheto** é diminutivo de folha.
- **(QUADRIX)** Em "Vou dar uma bronca nesse menininho", temos o diminutivo do substantivo "menino".
- **(IDECAN)** No vocábulo "carinho", não há flexão de grau. Significa *afago ou carícia; gesto meigo e afetivo.*

**EXEMPLO** DE QUESTÃO

- **(FUNCEFET)** Os substantivos "lajedo, vozeiro, caixote, nódulo" estão, respectivamente, nos graus:
  a) aumentativo, aumentativo, diminutivo, diminutivo
  b) aumentativo, aumentativo, aumentativo, diminutivo
  c) diminutivo, diminutivo, aumentativo, aumentativo
  d) aumentativo, diminutivo, diminutivo, aumentativo
  e) diminutivo, aumentativo, diminutivo, diminutivo

  *Resposta:* "a"
  - lajedo =aumentativo de laje.
    Diminutivo: lajota.
  - vozeiro =aumentativo de voz, assim como vozeirão.
    Diminutivo: vozinha.
  - caixote =diminutivo de caixa.
    Aumentativo: caixão.
  - nódulo = diminutivo de nó.
    Aumentativo: nozão.

# 3. ADJETIVO

## 3.1. Significado do adjetivo

**APLICAÇÃO** DA REGRA

É a palavra que caracteriza o substantivo atribuindo-lhe qualidade, estado, aparência, aspectos gerais, característica e modo de ser.

| Substantivo | Adjetivo |
|---|---|
| candidato | competente |
| aluno | estudioso |
| aluna | estudiosa |
| servidor | aprovado |
| servidora | aprovada |

**PEGADINHA** DA BANCA

Expressões que correspondem a adjetivos:

- João Fanhoso anda amanhecendo **sem entusiasmo.** = desentusiasmado
- Os bichos **da terra** fugiam em desabalada carreira. = terrestres
- Noite fechada sobre aqueles ermos perdidos da caatinga **sem fim**. = infinita
- E ainda me vem com essa conversa de homem **da roça**. = roceiro

**EXEMPLO** DE QUESTÃO

**(VUNESP)** No período – Quase igual ao horror pelos cães **conhecidos**, ou de **conhecidos**, cuja lambida fria, na intimidade que lhes tenho sido obrigado a conceder, tantas vezes, me provoca uma incontrolável **repugnância**. –, os termos em destaque, conforme o contexto que determina seus usos, classificam-se, respectivamente, como

a) adjetivo, adjetivo e substantivo.
b) substantivo, adjetivo e substantivo.
c) adjetivo, substantivo e substantivo
d) adjetivo, adjetivo e adjetivo.
e) substantivo, substantivo e adjetivo.

*Resposta:* "c"

- cães desconhecidos = os cães são **desconhecidos (adjetivo);**
- de desconhecidos = **dos desconhecidos (substantivo** - cabe o artigo ao lado);
- incontrolável repugnância = **a repugnância** é incontrolável (substantivo - cabe o artigo ao lado).

## 3.2. Morfossintaxe

**APLICAÇÃO** DA REGRA

O adjetivo, na análise sintática, pode ser adjunto adnominal, predicativo do sujeito ou predicativo do objeto.

**PEGADINHA** DA BANCA

Será adjetivo (ou predicativo) de houver verbo de ligação – explícito ou implícito.

- Saiu apressado. = Saiu (e estava) **apressado**. (adjetivo)
- Saiu *apressadamente.* = advérbio de modo

**EXEMPLO** DE QUESTÃO

- **(FGV 2017)** Leia o fragmento do texto e identifique os adjetivos empregados.

  *"Diz a lenda que, na Bahia, em meados da década de 60 do século passado, havia um menino que, além de muito levado, era também muito mentiroso, e que, certo dia, após aprontar muito na sala de aula, foi colocado de castigo no porão da escola por sua professora. Depois de um certo tempo, o menino começou a gritar desesperadamente que havia uma cobra com ele, mas, como ele era muito mentiroso, ninguém levou a sério."*

  Assinale a opção que indica o número de adjetivos empregados.

  a) 4

  b) 5

  c) 6

  d) 1

  e) 2

  *Resposta:* "a"

  *Século* ***passado*** *(1); havia um menino que, além de muito* ***levado*** *(2); era também muito* ***mentiroso*** *(3); como ele era muito* ***mentiroso*** *(4).*

## 3.3. Simples e composto / Primitivo e derivado

**APLICAÇÃO** DA REGRA

- **Simples:** formado por um radical - claro, escuro.
- **Composto:** formado por mais de um radical - azul-claro, verde-escuro.
- **Primitivo:** não se origina de outra palavra - bom, feliz.
- **Derivado:** deriva de substantivos ou verbos - bondoso, amado.

**PEGADINHA** DA BANCA

*Altivez* é um substantivo (nomeia) derivado do adjetivo **altivo.**

Os vocábulos que possuem o sufixo "-mente", são advérbios: calmamente, perfeitamente, distraidamente etc.

**EXEMPLO** DE QUESTÃO

- **(FUNDATEC)** Assinale a alternativa que apresenta, respectivamente, um substantivo derivado de adjetivo, um substantivo derivado de verbo, e um adjetivo derivado de substantivo.

a) pessimismo - reconhecimento - estatal
b) violência - imprevista - terroristas
c) terrorismo - desinteresse - seguro
d) estupidez - derrota - acomodamento
e) covardia - sentimentos - alertas

*Resposta:* "a"

1. Substantivo derivado de adjetivo = pessimismo – péssimo
2. Substantivo derivado de verbo = reconhecimento – reconhecer
3. Adjetivo derivado de substantivo = estatal – estado

## 3.4. Pátrio

**APLICAÇÃO** DA REGRA

Indica nacionalidade ou origem do ser. Refere-se a países, regiões, continentes, estados, povos, raças.

**PEGADINHA** DA BANCA

Natural dos Estados Unidos: ianque;
da Finlândia: finlandês;
de Israel: israelense;
de Singapura: singapurense;
da França: francês;
do Reino Unido: britânico.

**EXEMPLO** DE QUESTÃO

► **(UFPR – questão de vestibular por ser pouco exigido o assunto em concursos públicos) Em qual dos casos o primeiro elemento do adjetivo composto não corresponde ao substantivo entre parênteses?**

a) ( ) Indo-europeu (Índia)
b) ( ) Ítalo-brasileiro (Itália)
c) ( ) Luso-brasileiro (Portugal)
d) ( ) Sino-árabe (Sião)
e) ( ) Anglo-americano (Inglaterra)

**Resposta "d"** - Sino = China

## 3.5. Erudito

**APLICAÇÃO** DA REGRA

Adjetivos eruditos são formados formadas por radicais latinos na sua forma original. Distinguem-se dos demais, porque geralmente têm um significado relacional (relativo a, próprio de, semelhante a, da cor de).

Exemplos: loção capilar = loção relativa a cabelo; cólica hepática = cólica relativa ao fígado; canal hepático = canal próprio do fígado.

**PEGADINHA** DA BANCA

São adjetivos eruditos flexionados em grau: acérrimo = acre; macérrimo = magro; nigérrimo = negro; aspérrimo = áspero; celebérrimo = célebre.

**EXEMPLO** DE QUESTÃO

**(TJ-SC)** Assinale a alternativa cuja palavra **NÃO CORRESPONDE** a um exemplo de adjetivo no grau superlativo sintético **erudito.**

a) Acérrimo.
b) Magérrimo.
c) Nigérrimo.
d) Aspérrimo.
e) Celebérrimo.

**Resposta "b"**

Bela pegadinha! *Magro* admite as formas magríssimo e magérrimo - não eruditos. Alguns gramáticos aceitam a forma "macérrimo" como erudita; outros não. Por isso é a resposta.

**Explicação detalhada:**

A palavra **macérrimo** tem sua origem na palavra em latim *macerrimu*, sendo a forma erudita do grau superlativo absoluto sintético do adjetivo magro.

**Na linguagem informal:**

- **magríssimo**: no português, a principal regra de formação do grau superlativo absoluto sintético dos adjetivos é a junção do sufixo **–íssimo**. Assim é formada a palavra magríssimo: magro + íssimo.
- **magérrimo**: a palavra é formada a partir da junção do adjetivo magro com o sufixo – **érrimo**. Deverá ser utilizada apenas numa linguagem oral, bastante informal.

Voltando às alternativas

a) acre.
c) negro.
d) áspero.
e) célebre.

## 3.6. Locução adjetiva

**APLICAÇÃO** DA REGRA

Locução significa conjunto de duas ou mais palavras que portam significado distinto daquele que advém da consideração das palavras isoladamente, ou seja, locução adjetiva é mais de uma palavra com valor de substantivo. Normalmente é formada por preposição + substantivo.

Alguns exemplos:

| | |
|---|---|
| **de águia** | aquilino |
| **de aluno** | discente |
| **de anjo** | angelical |
| **de ano** | anual |
| **de aranha** | aracnídeo |
| **de asno** | asinino |
| **de esmeralda** | esmeraldino |
| **de estômago** | estomacal ou gástrico |
| **de falcão** | falconídeo |

| | |
|---|---|
| **de farinha** | farináceo |
| **de fera** | ferino |
| **de ferro** | férreo |
| **de neve** | níveo ou nival |
| **de nuca** | occipital |
| **de orelha** | auricular |
| **de ouro** | áureo |
| **de ovelha** | ovino |
| **de paixão** | passional |

**PEGADINHA** DA BANCA

Vítreo = de vidro;

Argênteo = de prata;

Estival = de verão;

Hibernal = de inverno;

Vulpino = de raposa.

**EXEMPLO** DE QUESTÃO

- **(CESGRANRIO)** O adjetivo (entre parênteses) **NÃO** corresponde à locução adjetiva (destacada) em
  a) "Nos meses **do verão**," (hibernais)
  b) "...afastado do bulício **da cidade**," (urbano)
  c) "Às primeiras horas **da tarde**," (vespertinas)
  d) "...grandes tachas **de cobre**..." (cúpreas)
  e) "o grande pilão **de madeira**," (lígneo)

  *Resposta:* "a"

  – do verão = **estivais**

  – do inverno = **hibernais**

## 3.7. Flexão de gênero

### APLICAÇÃO DA REGRA

- **Biformes** têm duas formas, sendo uma para o masculino e outra para o feminino:
  - estudioso, estudiosa, vencedor, vencedora.
- **Uniformes** têm uma só forma tanto para o masculino como para o feminino:
  - feliz, confiante, contente.

### PEGADINHA DA BANCA

Para se certificar, embora o assunto seja pouco exigido, tente passar o vocábulo para o feminino, ou para o masculino.

- Em AMEOSC 2016:
  *Natural* é adjetivo uniforme – água natural, gás natural;
  *Único* e *autoritário* são biformes: única e autoritária.

### EXEMPLO DE QUESTÃO

- **(QUADRIX)** Leia a tira abaixo para responder à questão.
  Hagar – Dik Browne

(www1.folha.uol.com.br/ilustrada)

Sobre a palavra "**enorme**", no texto da tira, pode-se afirmar que:

a) é um adjetivo uniforme em relação à flexão de gênero.
b) é um advérbio de intensidade.
c) é um adjetivo que se encontra no superlativo absoluto sintético.
d) é um advérbio de exclusão,
e) é um adjetivo em modo superlativo analítico de inferioridade.

*Resposta* "a"

**Uniforme** porque possui uma só forma tanto para o masculino como para o feminino: cão enorme, gata enorme.

## 3.8. Flexão de número – adjetivos simples

**APLICAÇÃO** DA REGRA

Os adjetivos simples flexionam-se no plural de acordo com as regras estabelecidas para a flexão numérica dos substantivos simples: mau e maus, feliz e felizes, ruim e ruins, boa e boas.

**PEGADINHA** DA BANCA

Caso o adjetivo seja uma palavra que também exerça função de substantivo, ficará invariável, ou seja, se a palavra que estiver qualificando um elemento for, originalmente, um substantivo, ela manterá sua forma primitiva.

*Exemplo:* camisas **violeta** (substantivo – a violeta), ternos **violeta**.

| Comparando | |
|---|---|
| Blusas **vinho**<br>– substantivo adjetivado = singular | Blusas **verdes**<br>– adjetivo = plural |
| Tetos **musgo**<br>– substantivo adjetivado = singular | Tetos **azuis**<br>– adjetivo = plural |
| Livros **monstro**<br>– substantivo adjetivado = singular | Livros **grandiosos**<br>– adjetivo = plural |

**EXEMPLO** DE QUESTÃO

O vocábulo *perfil* tem como plural "perfis". Outro vocábulo que apresenta essa mesma estrutura de plural - troca do "l" por "s" final - é

a) útil.
b) fútil.

c) retrátil.
d) sutil.
e) táctil.

**Resposta: "d"** - Sutis.
a) úte**is**
b) fúte**is**
c) retráte**is**
e) tácte**is**

## 3.9. Flexão de número - adjetivos compostos

**APLICAÇÃO** DA REGRA

Adjetivo composto é aquele formado por dois ou mais elementos. Normalmente, esses elementos são ligados por hífen.

**Regra**: apenas o último elemento concorda com o substantivo a que se refere; os demais ficam na forma masculina, singular: camisas **verde-claras.**

**PEGADINHA** DA BANCA

- **Azul-marinho, azul-celeste, ultravioleta e qualquer adjetivo composto iniciado por cor-de-**... são sempre invariáveis;
- Os adjetivos compostos **surdo-mudo e pele-vermelha** têm os dois elementos flexionados.

**EXEMPLO** DE QUESTÃO

▶ **(FGV)** Na flexão dos adjetivos compostos, apenas o segundo elemento recebe a forma de plural, com exceção de alguns casos. Assinale a opção cujo adjetivo mostra corretamente flexão de plural nos dois termos.

a) Blusas vermelhas-claras.
b) Alunos surdos-mudos.
c) Canários amarelos-ouros.
d) Acordos lusos-brasileiros
e) Uniformes verdes-olivas

*Resposta* "b"

É uma das exceções da regra!

Correções: vermelho-claras, amarelo-ouro (substantivo), luso-brasileiros, verde-oliva (substantivo).

## 3.10. Flexão de grau

### APLICAÇÃO DA REGRA

▸ **Comparativo**

Ocorre comparação entre os elementos.

| **Igualdade** | ... | tão | ... | como (quanto) | ... |
|---|---|---|---|---|---|
| **Superioridade** | ... | mais | ... | (do que) | ... |
| **Inferioridade** | ... | menos | ... | (do que) | ... |

▸ **Superlativo**

O superlativo expressa qualidades num grau muito elevado ou em grau máximo. O grau superlativo pode ser **absoluto** ou **relativo**.

| **Absoluto** | | **Relativo** | |
|---|---|---|---|
| ocorre quando a qualidade de um ser é intensificada, sem relação com outros seres. | | ocorre quando a qualidade de um ser é intensificada em relação a um conjunto de seres. | |
| Analítico | Sintético | Superioridade | Inferioridade |
| a intensificação se faz com o auxílio de palavras que dão ideia de intensidade (advérbios). O secretário é **muito inteligente.** | a intensificação se faz por meio do acréscimo de sufixos. O secretário é **inteligentíssimo.** | Clara é **a mais** bela da sala. | Clara é **a menos** bela da sala. |

### PEGADINHA DA BANCA

Na comparação, a preposição é facultativa: **mais que** ou **mais do que, menos que** ou **menos do que.**

É necessário memorizar:

| **Absoluto** | | **Relativo** | |
|---|---|---|---|
| Um elemento. | | Um elemento e outros. Há **artigo.** | |
| Analítico | Sintético | Superioridade | Inferioridade |
| **Advérbio** | **Sufixo** | **a (o mais)** | **a (o menos)** |

EXEMPLO DE QUESTÃO

- **(CEPERJ)** "...se sabia o mais procurado pela polícia..." – o adjetivo em destaque encontra-se no grau:

  a) superlativo absoluto sintético
  b) superlativo absoluto analítico
  c) superlativo relativo de superioridade
  d) superlativo absoluto erudito
  e) aumentativo

  *Resposta* "c"

  Se ele era O mais procurado, significa que outros também eram procurados = superlativo (exagero) relativo (um elemento e outros) de superioridade (mais).

- **(REIS & REIS)** A correlação do grau do adjetivo está errada em:

  a) magro - macérrimo;
  b) miúdo - minutíssimo;
  c) feroz - feracíssimo;
  d) pessoal - personalíssimo.

  *Resposta* "c"

  Feroz = **ferocíssimo**

  Os mais pedidos:

  Feraz = feracíssimo

  Fiel = fidelíssimo

  Frágil = fragílimo Frio = frigidíssimo, friíssimo

# 4. ARTIGO

## 4.1. Significado de artigo

APLICAÇÃO DA REGRA

É a palavra que indica se o substantivo está sendo empregado de maneira definida ou indefinida. Indica, também, o gênero e o número dos substantivos.

PEGADINHA DA BANCA

É imprescindível saber a diferença entre artigo e preposição.

- **Artigo** (a): admite pluralização = Compraram a apostila sem prévia avaliação.

  Equivale a "Compraram **as** apostilas.

- **Preposição** (a): liga palavras, isto é, subordina termos e não admite pluralização = Entregaram todos os documentos a ela.

  Equivale a "Entregaram todos os documentos a elas".

  **Cuidado!**

  Admitirá plural se houver crase (preposição + artigo), pois o artigo é variável.

  Entregaram às meninas o gabarito. = preposição (a) + artigo feminino plural (as).

**EXEMPLO** DE QUESTÃO

(Rodrigo Zoom. http://tirasnacionais.blogspot.com)

▸ **(FGV)** Na fala da mãe, há

a) um artigo.

b) dois artigos.

c) três artigos.

d) cinco artigos.

e) quatro artigos.

*Resposta:* "e"

Questão perigosinha! Eis o motivo de aqui estar.

1. uma boa pessoa
2. o bem
3. ao próximo
4. os legumes

Para melhor entender, vamos à classificação dos artigos.

## 4.2. Classificação - definido e indefinido

**APLICAÇÃO DA REGRA**

- **Definido** individualiza e se refere a um ser conhecido (o, a, os, as):
  - **O** presidente viajou.
- **Indefinido** generaliza e se refere a um ser desconhecido (um, uma, uns, umas):
  - **Um** aluno faltou hoje.

**PEGADINHA DA BANCA**

Como visto na questão anterior, o que poderia gerar dúvida entre as alternativas C e E é o emprego do artigo indefinido "uma" boa pessoa = uma pessoa qualquer.

**EXEMPLO DE QUESTÃO**

- **(PREFEITURA DO RIO DE JANEIRO 2016)** A construção "... todas as crianças do mundo gostam de sorvete." segue a norma padrão da língua quanto ao emprego do artigo definido após os pronomes indefinidos **todos** e **todas**. De acordo com a norma padrão, **NÃO** cabe o artigo definido na seguinte frase:

a) Todos ___ dias a mesma família está ali na calçada.
b) Essas pessoas são todas ___ inconsequentes.
c) Com os ensinamentos do especialista, todos ___ seus problemas se acabam.
d) Todas ___ segundas-feiras ele inicia uma nova dieta.

**Resposta: "b"** – São **umas** inconsequentes: artigo indefinido que acompanha o adjetivo.

Perceba que nos outros períodos, o artigo definido acompanha o substantivo: os dias, os problemas, as segundas-feiras.

Estudaremos, ainda neste capítulo, o emprego do artigo. Acompanhe as dicas e as pegadinhas a seguir.

## 4.3. Combinação

**APLICAÇÃO** DA REGRA

Os artigos definidos e indefinidos podem combinar com preposições.

| Preposição | Artigo | | | |
|---|---|---|---|---|
| | o, os | a, as | um, uns | uma, umas |
| a | ao, aos | à, às | - | - |
| de | do, dos | da, das | dum, duns | duma, dumas |
| em | no, nos | na, nas | num, nuns | numa, numas |
| por (per) | pelo, pelos | pela, pelas | - | - |

**PEGADINHA** DA BANCA

A contração "pelo" (preposição + artigo) significa **através de**: o carro passou pelo túnel = o carro passou através do túnel.

**Atenção!** Se a preposição combinar com o pronome demonstrativo, terá o sentido de **por aquilo** ou **por aquele**: passou pelo sofrimento de perder um filho = por aquele sofrimento de perder um filho.

**EXEMPLO** DE QUESTÃO

- **(CRO – SC)** Assinale a alternativa que contenha a classificação correta do termo destacado:

a) **Depois** de duas décadas ao redor de Saturno.
Depois: pronome indefinido.

b) Depois de duas décadas ao redor de **Saturno**.
Saturno: substantivo comum simples.

c) Depois de duas décadas ao **redor** de Saturno.
Redor: advérbio de modo.

d) Depois de duas décadas **ao** redor de Saturno.
Ao: combinação de preposição e artigo.

**Resposta: "d"** – Preposição (a) + artigo masculino singular (o).

a) advérbio de tempo
b) substantivo próprio (nomeia)
c) substantivo: (o) redor

## 4.4. Emprego

**APLICAÇÃO DA REGRA**

▶ **ARTIGO DEFINIDO**

**Usa-se**

1. Dentre os nomes próprios geográficos, a língua distingue

   **a)** os que repelem o artigo: *Portugal, Roma, Atenas, Curitiba, São Paulo, Paris etc.*

   **Cuidado!** Nome de locais, quando acompanhados de adjetivos ou locução adjetiva, tornam obrigatório o uso do artigo: *O velho Portugal, a Atenas de Péricles, etc.*

   **b)** os que exigem o artigo: *A Bahia, o Rio de Janeiro, a Amazônia, os Açores etc.*

   **c)** alguns poucos que se usam, indiferentemente, como o artigo ou sem ele: *Recife ou o Recife, Aracaju ou a Aracaju etc.*

2. Nomes próprios de pessoas são determinados pelo artigo quando usados no plural: *Os Maias, os Homeros, os Caxias etc.*

   **Cuidado!** Posto antes dos nomes de pessoas, o artigo denota intimidade e familiaridade: *A Márcia estuda à noite.*

3. O uso do artigo é facultativo diante de pronomes possessivos: *Foi rápida a sua entrevista* (ou *sua entrevista*).

**Omite-se**

1. antes dos pronomes de tratamento: *Engana-se Vossa Senhoria, disse o rapaz.*
2. entre o pronome *cujo* e o substantivo imediato: *Há animais cujo pelo é liso* (e não *cujo o pelo* é liso).
3. diante dos superlativos relativos: *Ouvi os médicos mais competentes* (e não *os médicos os mais competentes*).
4. frequentemente nos provérbios e máximas: *Tempo é dinheiro.*
5. antes de substantivos usados de uma maneira geral: *Especialistas afirmam que mulher fica mais gripada que homem.*

6. diante da palavra casa, quando designa residência da pessoa que fala ou de quem se trata:

   - *Ficou em casa. Fui para casa.*

Todavia, se a palavra casa vier acompanhada de adjetivo ou locução adjetiva, deve ser anteposto, ordinariamente, o artigo: *De tarde, a menina foi até a casa da avó.*

- **ARTIGO INDEFINIDO**

1. Apesar da imprecisão, o artigo indefinido transmite ao substantivo grande força expressiva: Em *Estou com uma sede...* o artigo indefinido denota a grande intensidade da sede que o emissor da frase sente.
2. antepõe-se ao numeral quando não se pode precisá-lo: *Ela deve ter uns 15 anos.*
3. antes de nomes próprios para acentuar a semelhança de alguém com um personagem célebre. Nesse caso o nome próprio passa a ser um nome comum: *Revelou-se um Pavarotti.* (um grande cantor)

   - *Fontes:
   - 1. NOGUEIRA, Duda. *Língua Portuguesa para concursos. 4ª ed. Salvador, Editora Juspodivm, 2017.*
   - 2. http://educacao.uol.com.br/

## PEGADINHA DA BANCA

O emprego do artigo antes de pronome possessivo é facultativo:

- Minha intenção é preparar você para a prova. A minha intenção é preparar você para a prova.
- Meu irmão foi aprovado em 2016. O meu irmão foi aprovado em 2016.

## EXEMPLO DE QUESTÃO

- **(CESPE** – adaptada) - O emprego do artigo indefinido no trecho "Em **uma** visão contemporânea, a educação tem como objetivo a formação cidadã" indica a possibilidade de existirem outras abordagens educacionais.

  ( ) certo ( ) errado

  *Resposta:* "certo"

  Os artigos indefinidos indeterminam os substantivos, caracterizando--os de **forma vaga, imprecisa e generalizada**, sem particularizar e individualizar seres e objetos. Sendo assim, a ideia é de que pode haver outras abordagens.

## 4.5. Diferença entre artigo, preposição, pronome pessoal e demonstrativo

**APLICAÇÃO** DA REGRA

- **Artigo** – admite plural:
  - **As** apostilas estão prontas.
- **Preposição – não** admite plural:
  - Fomos **a** Londres.
- **Pronome pessoal** – sentido de **algo, alguém:**
  - Convidei-**a** para jantar.
- **Pronome demonstrativo** – sentido de **esta, essa, aquela:**
  - Ela foi **a** que mais conversou.

**PEGADINHA** DA BANCA

- Não sabemos **o que** ela disse.
- Sabemos apenas que ela foi **a que** mais indagou.

Nos dois casos, o que acompanha o pronome relativo (que) é o pronome demonstrativo (o, a) e não o artigo.

O (a) + que = pronome demonstrativo + pronome relativo.

Lê-se:

- Não sabemos **aquilo que** ela disse.
- Sabemos apenas que ela foi **aquela que** mais indagou.

**EXEMPLO** DE QUESTÃO

- **(INSTITUTO AOCP)** Em "... o chocolate amargo ajuda a diminuir a pressão arterial de pessoas que sofrem de hipertensão.", os termos destacados são, respectivamente,

  a) artigo, preposição e artigo.

  b) preposição, artigo e preposição.

  c) artigo, artigo e preposição.

  d) artigo, artigo e artigo.

  e) artigo, preposição e preposição.

  *Resposta:* "a"

- **O** chocolate = artigo (os chocolates)
- **a** = não admite plural, certo? Preposição.
- **a** pressão = artigo (as pressões).

▶ **(IPREJUN)** Os termos destacados no trecho ***"A** Inquisição perseguiu **as** mulheres ruivas, condenando-**as**"* são respectivamente:

a) artigo, pronome e pronome.
b) artigo, artigo e pronome.
c) pronome, pronome e pronome.
d) artigo, artigo e artigo.
e) artigo, pronome e preposição.

*Resposta:* "b"

- **a** Inquisição = artigo (as inquisições).
- **as** mulheres = artigo (já está no plural).
- condenando-**as** = pronome pessoal oblíquo (condenando alguém).

## 5. NUMERAL

Apesar de não haver muitas questões sobre numerais, convém estabelecer algumas poucas dicas ainda sobre essa classe de palavras.

### 5.1. Classificação dos numerais

Convém identificar que os numerais possuem classificações distintas, partindo do sentido que exprimem.

**APLICAÇÃO** DA REGRA

Não se trata especificamente de uma regra, mas de uma orientação geral:

▶ **Numerais cardinais:** exprimem noção de quantidade.

✦ *Exemplos:* dez, setenta, dois milhões.

▶ **Numerais ordinais:** exprimem noção de posição.

✦ *Exemplos:* terceiro, vigésimo nono, quingentésimo.

▶ **Numerais multiplicativos:** exprimem noção de multiplicação.

✦ *Exemplos:* dobro, triplo, sétuplo, décuplo.

▶ **Numerais fracionários:** exprimem noção de segmentação ou divisão.

✦ *Exemplos:* meio, terço, quinto.

**PEGADINHA DA BANCA**

A banca pode criar uma confusão na classificação dos numerais, não é necessário muito para esquecer a nomenclatura. Dito isso, tome cuidado para não perder uma questão de graça!

**EXEMPLO DE QUESTÃO**

- **(Makiyama - 2012 - CPTM - Técnico – Licitações)** Somente **dois** atletas do Brasil conseguiram executar o salto **triplo**. Os numerais em destaque na frase acima são classificados como, respectivamente:

  a) Cardinal e multiplicativo
  b) Ordinal e fracionário
  c) Ordinal e multiplicativo
  d) Cardinal e fracionário
  e) Cardinal e ordinal

  *Resposta:* A

  Comentário: a palavra "dois" é um numeral cardinal e a palavra "triplo" é um numeral multiplicativo.

## 5.2. Grafia dos numerais cardinais

Há algumas "etiquetas gramaticais" para que o aluno saiba grafar numerais dentro de alguns textos. Vejamos algumas delas:

**APLICAÇÃO DA REGRA**

a. Não se pode começar uma sentença empregando algarismos, ou seja, faça o favor de iniciar um período com os numerais por extenso.

   ✦ **Três mil** pessoas compareceram ao evento.

b. Fique ligado: entre o milhar e a centena, o correto é não empregar a conjunção "e".

   ✦ Mil quinhentos e vinte (1520).

c. Entre unidades, dezenas e centenas, deve-se intercalar a conjunção "e".

   ✦ Trezentos e vinte e sete (327).

d. Caso a centena se inicie por zero, emprega-se a conjunção "e" antes da dezena:

   ✦ Dois mil e setenta e sete (2077).

e. Quando a centena terminar com dois zeros, deve-se empregar a conjunção "e" antes da centena:

✦ Dez mil e trezentos (10300).

**PEGADINHA DA BANCA**

Em alguns trechos das questões sobre grafia desses numerais, a banca examinadora há de omitir algumas conjunções "e" em momentos necessários.

**EXEMPLO DE QUESTÃO**

▸ **(Pablo Jamilk – inédita)** Assinale a alternativa correta que representa a correta grafia do numera cardinal 7527.

a) Sete mil, quinhentos e vinte sete.
b) Sete mil quintos e vinte e sete.
c) Sete mil quinhentos e vinte e sete.
d) Sete mil e quinhentos e vinte e sete.
e) Sete mil quinhentos e vinte sete.

*Resposta:* c.

Comentário: note que você deve empregar a conjunção entre a centena e a dezena, bem como entre a dezena e a unidade.

## 5.3. Numerais coletivos

Assim como os cardinais, os numerais ordinais podem apresentar algumas dificuldades na grafia e, consequentemente, podem ser alvo de questionamentos.

**APLICAÇÃO DA REGRA**

Dê uma boa espiada na seguinte lista de numerais ordinais.

- 1.º – primeiro
- 2.º – segundo
- 3.º – terceiro
- 4.º – quarto
- 5.º – quinto
- 6.º – sexto
- 7.º – sétimo
- 8.º – oitavo

- 9.º – nono
- 10.º – décimo
- 11.º – décimo primeiro ou undécimo
- 12.º – décimo segundo ou duodécimo
- 13.º – décimo terceiro
- 14.º – décimo quarto
- 15.º – décimo quinto
- 16.º – décimo sexto
- 17.º – décimo sétimo
- 18.º – décimo oitavo
- 19.º – décimo nono
- 20.º – vigésimo
- 21.º – vigésimo primeiro
- 22.º – vigésimo segundo
- 23.º – vigésimo terceiro
- 24.º – vigésimo quarto
- 25.º – vigésimo quinto
- 26.º – vigésimo sexto
- 27.º – vigésimo sétimo
- 28.º – vigésimo oitavo
- 29.º – vigésimo nono
- 30.º – trigésimo
- 40.º – quadragésimo
- 50.º – quinquagésimo
- 60.º – sexagésimo
- 70.º – septuagésimo ou setuagésimo
- 80.º – octogésimo
- 90.º – nonagésimo
- 100.º – centésimo
- 200.º – ducentésimo
- 300.º - trecentésimo ou tricentésimo
- 400.º – quadringentésimo
- 500.º – quingentésimo
- 600.º - sexcentésimo ou seiscentésimo
- 700.º – septingentésimo ou setingentésimo
- 800.º – octingentésimo

- 900.º – noningentésimo ou nongentésimo
- 1.000.º – milésimo
- 10.000.º – décimo milésimo
- 100.000.º – centésimo milésimo
- 1.000.000.º – milionésimo
- 1.000.000.000.º – bilionésimo
- 1.000.000.000.000.º – trilionésimo

Nota: a partir do número 2.000.º, a leitura do ordinal solicita que o milhar seja lido como um cardinal. Entretanto, é possível que a leitura seja feita como o número ordinal mesmo. Veja:

- 2.017.º – dois milésimos décimo sétimo.
- 2.017.º – segundo milésimo décimo sétimo.

**PEGADINHA** DA BANCA

A banca pode exigir que o candidato se lembre de como escrever um numeral cardinal – o que, por si só, já é uma pegadinha.

**EXEMPLO** DE QUESTÃO

**(VUNESP - 2016 - MPE-SP - Oficial de Promotoria I)** O SBT fará uma homenagem digna da história de seu proprietário e principal apresentador: no próximo dia 12 [12.12.2015] colocará no ar um especial com 2h30 de duração em homenagem a Silvio Santos. É o dia de seu aniversário de 85 anos.

(http://tvefamosos.uol.com.br/noticias)

As informações textuais permitem afirmar que, em 12.12.2015, Sílvio Santos completou seu

a) octogenário quinquagésimo aniversário.
b) octogésimo quinto aniversário.
c) octingentésimo quinto aniversário.
d) otogésimo quinto aniversário.
e) oitavo quinto aniversário.

*Resposta:* B

Comentário: a idade correta é a de 85 anos. A grafia em numerais ordinais deve ser octogésimo quinto.

# 6. PRONOME

## 6.1. Uniformidade de tratamento

Algo importante, no emprego dos pronomes, é a uniformidade de tratamento entre eles em uma sentença. Essa uniformidade deve levar em consideração a pessoa pronominal inicialmente empregada na frase. A partir de então, o correto é não alterar a forma pronominal.

**APLICAÇÃO** DA REGRA

Veja a frase a seguir:

- Você deve tomar conta dos seus pertences.

Essa frase está correta, do ponto de vista gramatical, uma vez que apresenta uniformidade de tratamento pelas formas pronominais empregadas. Note que o pronome de tratamento "você" está relacionado à terceira pessoa do singular, além disso, o pronome "seus" (possessivo) também está relacionado à terceira pessoa. Essa relação entre as formas pronominais é o que se entende por uniformidade de tratamento.

Já, na frase a seguir:

- Você deve tomar conta dos teus pertences.

O erro flagrante da frase é empregar a segunda pessoa do singular na forma do pronome de tratamento (teus). O que demonstra quebra de uniformidade de tratamento.

**PEGADINHA** DA BANCA

Não caia nessa! Por mais que pareça familiar a sonoridade da sentença, não se deixe levar pela forma como o pronome é empregado. A relação lógica entre os pronomes (ao menos pessoais e possessivos) é a seguinte:

Eu – meu

Tu – teu

Ele / ela – seu

Nós – nosso

Vós – vosso

Eles / elas – seu

**EXEMPLO** DE QUESTÃO

- **(EJEF - 2007 - TJ-MG - Técnico Judiciário)** "Agora o senhor lança outro para 2022. Quanto tempo vai durar esse seu plano?"

  Mantendo-se a correção gramatical e a uniformidade de tratamento, a pergunta do repórter poderia ter sido elaborada como na alternativa:

a) Agora o senhor lança outro para 2022. Quanto tempo vai durar esse vosso plano?
b) Agora V. Exa. lançais outro para 2022. Quanto tempo vai durar esse vosso plano?
c) Agora V. Exa. lança outro para 2022. Quanto tempo vai durar esse seu plano?
d) Agora vós lançais outro para 2022. Quanto tempo vai durar esse seu plano?

*Resposta:* C

Comentário: a forma do pronome de tratamento V. Exa. (Vossa Excelência) é relacionada à terceira pessoa do singular. Isso quer dizer que a única forma que faz correspondência correta com o pronome de referência é o de terceira pessoa (seu), que aparece na alternativa D.

## 6.2. Emprego de O, A e LHE

No emprego dessas formas pronominais, é necessário considerar as seguintes informações:

- O e A são formas pronominais diretas, isto é, são empregados – na maior parte dos casos – para retomar termos que não são introduzidos por preposições.
- LHE é uma forma pronominal indireta, ou seja, é empregada para retomar termos que são introduzidos por uma preposição.

**APLICAÇÃO** DA REGRA

Ao analisar a seguinte sentença:

✦ A empresa pagou o salário ao colaborador.

Nota-se que as formas complementares são "o salário" (complemento direto) e "ao colaborador" (complemento indireto). Caso sejam empregados pronomes em lugar dos complementos, as possibilidades seriam:

✦ A empresa **o** pagou ao colaborador (substituição do complemento direto pelo pronome em mesma função).

✦ A empresa **lhe** pagou o salário (substituição do complemento indireto pelo pronome em mesma função).

✦ A empresa **lho** pagou (substituição dos dois complementos simultaneamente).

**PEGADINHA** DA BANCA

Novamente, apostando na sonoridade da sentença, a banca vai trocar os pronomes da frase. Não há erro, basta analisar a transitividade verbal e marcar a resposta certa.

**EXEMPLO DE QUESTÃO**

▸ **(FCC - 2015 - TCE-SP - Auxiliar da Fiscalização Financeira II)** A substituição do elemento grifado pelo pronome correspondente, com os necessários ajustes, foi feita corretamente no segmento que se encontra em:

a) uma forma de nomear os mais velhos = uma forma de lhes nomear
b) cria profissionais e instituições = cria-lhes
c) não oferece instrumentos = não os oferece
d) ofereceria aos mais velhos a oportunidade = ofereceria-lhes a oportunidade
e) que impõe outro recorte à geografia social = que impõe-no à geografia social

*Resposta:* C

O pronome "os" retoma o complemento "instrumentos" (que é uma forma direta de complemento). Além disso, a regra de colocação foi respeitada, devido ao fato de haver uma palavra negativa que atua como fator de próclise na sentença.

## 6.3. O e A em posição enclítica

Os pronomes "o" e "a", quando empregados em posição enclítica (após verbos, essencialmente) devem obedecer à seguinte regra:

Caso a forma seja terminada em r, s ou z, deve-se retirar a terminação (as letras) e empregar as formas –lo, -la, -los ou –las.

Caso a forma seja terminada em ão, oe ou m, deve-se manter a terminação e empregar as formas –no, -na, -nos ou –nas.

**APLICAÇÃO DA REGRA**

Veja as frases seguintes:

- É preciso conseguir o documento solicitado = É preciso conse-gui-lo.
- Prenderam a mulher do vizinho = Prenderam-na.

**PEGADINHA DA BANCA**

Usualmente, a banca mantém uma letra que deveria ser retirada ou retira uma letra que deveria ser mantida, portanto, fique de olho na regra!

EXEMPLO DE QUESTÃO

- **(FCC - 2015 - MPE-PB - Técnico Ministerial – Suporte)** Tinha filhos e pensava dar aos herdeiros uma criação melhor.

  O povo, a princípio, não levava a sério o Santa Fé.

  Viam aquele homem de fora...

  Fazendo as devidas alterações, os segmentos sublinhados acima foram corretamente substituídos por um pronome, na ordem dada, em:

  a) dá-los - não levava-lhe a sério - Viam-o

  b) dá-los - não levava-o a sério - Viam-lhe

  c) lhes dar - não lhe levava a sério - Viam-o

  d) dar-lhes - não o levava a sério - Viam-no

  e) dar-lhes - não levava-lhe a sério - Viam-no

  *Resposta:* E

  O complemento destacado no primeiro caso deve ser substituído pela palavra "lhes", porque é uma forma indireta. O complemento do verbo "levar" deve ser substituído pela palavra "o", porque se trata de uma forma direta e porque está em um caso de próclise (em razão da palavra "não"). O complemento do verbo "ver" deve ser a forma "no" em razão da terminação do verbo.

## 6.4. Emprego do pronome de tratamento

Os pronomes de tratamento devem ser empregados em razão do contexto comunicativo, considerando o cargo que a pessoa ocupa, ou mesmo o título de nobreza que ela possui. Segue uma lista dos principais pronomes de tratamento.

| Pronome | Abreviatura singular | Abreviatura plural | Usa-se para |
|---|---|---|---|
| Vossa(s) Excelência(s) | V. Ex.ª | V. Ex.ªˢ | Presidente (sem abreviatura), ministro, embaixador, governador, secretário de Estado, prefeito, senador, deputado federal e estadual, juiz, general, almirante, brigadeiro e presidente de câmara de vereadores; demais autoridades arroladas no Manual de Redação da Presidência da República. |
| Vossa(s) Magnificência(s) | V. Mag.ª | V. Mag.ªˢ | Reitor de universidade para o qual também se pode usar V. Ex.ª; |
| Vossa(s) Senhoria(s) | V. S.ª | V. S.ªˢ | Qualquer autoridade ou pessoa civil não citada acima; |

| Pronome | Abreviatura singular | Abreviatura plural | Usa-se para |
|---|---|---|---|
| Vossa(s) Santidade(s) | V. S. | VV. SS. | Papa; |
| Vossa(s) Eminência(s) | V. Em.ª | V. Em.as | Cardeal; |
| Vossa(s) Excelência(s) Reverendíssima(s) | V. Ex.ª Rev.ma | V. Ex.as Rev. mas | Arcebispo e bispo; |
| Vossa(s) Reverendíssima(s) | V. Rev.ma | V. Rev. mas | Autoridade religiosa inferior às acima citadas; |
| Vossa(s) Reverência(s) | V. Rev.ª | V. Rev.as | Religioso sem graduação; |
| Vossa(s) Majestade(s) | V. M. | VV. MM. | Rei e imperador; |
| Vossa(s) Alteza(s) | V. A. | VV. AA. | Príncipe, arquiduque e duque. |

## APLICAÇÃO DA REGRA

Essencialmente, a aplicação consta em empregar os pronomes para as autoridades corretas no contexto comunicativo.

## PEGADINHA DA BANCA

A pegadinha consiste em alterar o pronome de tratamento em relação à autoridade que deveria recebê-lo. Não se trata de algo difícil, uma vez que se tenha memorizado a tabela mencionada.

## EXEMPLO DE QUESTÃO

▶ **(FCC - 2013 - PGE-BA - Assistente de Procuradoria)** Os pronomes de tratamento estão empregados corretamente em:

a) Espera-se que, no Brasil, Sua Santidade, o Papa Francisco, seja recebido, com o devido respeito, pelos jovens.

b) O advogado assim se pronunciou perante o juiz: – Peço a Vossa Senhoria que ouça o depoimento desta nova testemunha.

c) Senhor Chefe do Departamento de Pessoal, dirijo-me a Vossa Excelência, para solicitar o abono de minhas faltas.

d) Vossa Majestade, a rainha da Inglaterra, foi homenageada por ocasião do aniversário de seu reinado.

e) Refiro-me ao Ilustríssimo Senhor, Cardeal de Brasília, ao enviar-lhe as notícias do Conclave.

*Resposta:* A

Comentário: como se trata de uma referência ao Papa, deve-se empregar a forma Sua Santidade, que é a correta para fazer esse tipo de alusão por meio do pronome de tratamento.

## 6.5. Emprego do pronome "onde"

O pronome relativo "onde" só pode ser empregado para fazer referência a lugares.

**APLICAÇÃO** DA REGRA

✦ A praça **onde** o corpo foi encontrado fica a 5 km daqui.

A palavra "onde" foi empregada para retomar o substantivo "praça", que é um indicador de lugar. Trata-se de um pronome relativo empregado corretamente.

**PEGADINHA** DA BANCA

A banca examinadora há de empregar o pronome com referência a algo que não signifique lugar – algo como "situação onde"; "momento onde"; "sociedade onde" etc. O que é incorreto. Há algo que pode ser feito na situação de o pronome ser empregado de forma incorreta: é possível empregar formas como "em que", "no qual" ou "na qual" em lugar do pronome "onde".

**EXEMPLO** DE QUESTÃO

▸ **(CESPE - 2014 - INPI - Pesquisador em Propriedade Industrial - Conhecimentos Básicos)** Na petição, solicita-se que o serviço de patentes cuide de registrar apenas produtos aos quais se tenha acrescentado conhecimento, o que não vem ocorrendo com plantas de uso tradicional. O registro aceita como propriedade particular de qualquer um conhecimentos que pertencem há gerações a outras culturas, quebrando a exigência de que a patente caracterize inovação.

Mauro Leonel. Bio-sociodiversidade: preservação e mercado. *Internet: (com adaptações).*

A correção gramatical e o sentido do texto seriam preservados caso se substituísse "aos quais" por onde.

**Resposta:** errado.

Comentário: haveria prejuízo para a correção gramatical da sentença caso a troca fosse empreendida, uma vez que o referente do pronome não é um elemento indicativo de lugar. Trata-se do substantivo "produtos".

## 6.6. Emprego do pronome "cujo"

O pronome "cujo" é um relativo enjoado. Há uma série de regras para que ele possa ser empregado. Geralmente, ele é usado para conectar dois substantivos ou um pronome a um substantivo. Além disso, não é um pronome de permuta muito simples, ou seja, não é muito conveniente trocá-lo por outro. Sua concordância depende do termo consequente, não do antecedente. Outro ponto fundamental é que possui um sentido de posse (como se possuísse a preposição "de" dentro de si).

### APLICAÇÃO DA REGRA

Em uma frase como a seguinte:

- Aquela é a pessoa em cuja fidelidade posso confiar.

O pronome relativo indica que a fidelidade é "da pessoa". Com isso, fica fácil perceber que o pronome está conectando dois substantivos (fidelidade e pessoa). Além disso, é importante prestar atenção à preposição empregada na sentença, que é proveniente do verbo "confiar".

### PEGADINHA DA BANCA

A banca aposta na troca de pronomes, principalmente sem operar alterações nas sentenças. Algo de importante que deve ser mencionado também é o fato de a banca inserir um artigo após o pronome "cujo", o que está gramaticalmente errado.

### EXEMPLO DE QUESTÃO

▶ **(NCE-UFRJ - 2008 - ACAPLAM-PB - Analista de Tecnologia da Informação)** Assinale a opção que preenche corretamente a lacuna da frase – "Assim é o filme__________ diretores me referi há pouco.":

a) sobre cujo;

b) a cujos;

c) os quais;

d) em cuja;

e) de cujas.

*Resposta:* b

Comentário: inicialmente, você deve perceber que o pronome "cujos" está conectando diretores a filme. A concordância do pronome é feita com o substantivo "diretores", por isso está no masculino e no plural.

## 6.7. Emprego do pronome "demonstrativo"

O pronome demonstrativo deve ser empregado para retomar um referente, localizando-o em relação ao discurso. Usualmente, é empregado como um anafórico (que retoma um referente já expresso). Pode, entretanto, ser empregado como um catafórico (que antecipa o conteúdo de um referente).

**APLICAÇÃO** DA REGRA

Não se trata de uma regra, mas de uma recomendação.

| Masculino | Feminino | Neutro | Emprego recomendado |
|---|---|---|---|
| Este | Esta | Isto | Catafórico (para frente). |
| Esse | Essa | Isso | Anafórico (para trás) |
| Aquele | Aquela | Aquilo | Catafórico ou Anafórico (desde que o referente esteja distante) |

Isso não quer dizer que você nunca empregará um pronome "este" para fazer remissão anafórica. Isso é totalmente possível! Fique claro, apenas, que o quadro acima e de recomendação. Convém lembrar que esses pronomes podem indicar circunstâncias que fazem menção a local e tempo, o que poderia ser expresso pela seguinte tabela:

| Masculino | Feminino | Neutro | Emprego recomendado |
|---|---|---|---|
| Este | Esta | Isto | Referência ao presente ou ao local em que se está (ainda ao que está com o falante, no caso de possuir algo) |
| Esse | Essa | Isso | Referência a um passado ou a um futuro breves ou a um local próximo (ainda ao que está perto do falante). |
| Aquele | Aquela | Aquilo | Referência a um passado ou a um futuro distantes ou a um local distante. |

## PEGADINHA DA BANCA

Em sentenças compostas com dois ou mais pronomes demonstrativos, a banca tende a inverter os referentes. Basta seguir o modelo do quadro e perceber – por uma lógica de posição – quais são os referentes corretos.

## EXEMPLO DE QUESTÃO

**(IDECAN - 2015 - INMETRO - Assistente Executivo em Metrologia e Qualidade - Administração)** Analise as afirmativas de acordo com os pronomes demonstrativos adequados.

- ___________ produto que tenho nas mãos está esgotado nas lojas.
- Quantas pessoas consomem produtos industrializados ___________ país de Europa?
- ___________ século, consumimos muitos produtos importados.
- Tudo ___________ que estou dizendo sobre o consumo já é ultrapassado.

Assinale a alternativa que completa correta e sequencialmente as afirmativas anteriores.

a) Esse / neste / Este / Isso
b) Este / nesse / Neste / Isto
c) Este / nesse / Nesse / Isto
d) Esse / neste / Neste / Isso
e) Este / nesse / Neste / Isso

*Resposta:*

**Comentário:** vejamos frase por frase

- **Este** produto que tenho nas mãos está esgotado nas lojas. (O falante detém o produto consigo, ou seja, a referência deve ser a de maior proximidade, portanto, o pronome "este")
- Quantas pessoas consomem produtos industrializados **nesse** país de Europa? (A referência é feita a algum país que não o em que se está, logo, deve ser feita a alusão a um referente anafórico breve – nesse).
- **Neste** século, consumimos muitos produtos importados. (Trata-se do século presente, portanto, o mais próximo – Neste).
- Tudo **isto** que estou dizendo sobre o consumo já é ultrapassado. (A referência é a algo que está sendo dito, portanto, um referente presente, atual – isto).

## 6.8. Identificação dos referentes pronominais

Em diversas questões, a banca examinadora exige que o candidato saiba identificar o referente de um pronome – ou seja, qual termo ele retoma no contexto das sentenças. Não se trata de algo formalmente difícil; entretanto, pode haver confusão se o candidato não prestar atenção.

### APLICAÇÃO DA REGRA

Deve-se entender que o referente orientará, na maior parte dos casos, a concordância do pronome. Isso quer dizer que você deve prestar atenção ao gênero e ao número do pronome, daí buscar seu referente.

Veja o exemplo:

- Gracindo não abre mão de sua coleção de **moedas**. Ele não sabe se **as** que adquiriu por último são valiosas.

No contexto, o pronome demonstrativo "as" (substituto do termo "aquelas") retoma o substantivo "moedas" – o que fica evidente pela relação de concordância entre os termos da sentença.

### PEGADINHA DA BANCA

A pegadinha mais "dolorida" que a banca examinadora pode apresentar é empregar um pronome relativo invariável (a exemplo da palavra "que") e solicitar a identificação do referente. Nesse caso, não há gênero que resolva, e é importante descobrir a relação entre o referente e o pronome.

### EXEMPLO DE QUESTÃO

▸ **(CESPE - 2011 - AL-CE - Analista Legislativo - Direito)**

As obras para melhoria das rodovias federais brasileiras viraram um jogo de faz de conta: as empresas responsáveis por elas fazem de conta que estão tocando os trabalhos, e o governo finge que acredita. Já os usuários dessas vias são obrigados a enfrentar a vida real, que é feita de trechos congestionados, esburacados e índices de acidentes que aumentaram mais de 50% nos últimos cinco anos. Em 2007, o governo licitou um pacote que incluiu a Régis Bittencourt, principal corredor entre São Paulo e o sul do país, a Fernão Dias, que une a capital paulista à mineira, e outras cinco rodovias importantes do Sul e do Sudeste do país. Com a Dutra, elas formam o cerne da malha rodoviária nacional. De acordo com o edital de privatização, as empresas que ganharam o direito de explorá-las deveriam ampliar o seu número de faixas e construir contornos e ramais com vistas a desatar os nós que as asfixiam. A reportagem percorreu de carro 4.500 quilômetros dessas estradas para chegar a uma conclusão assustadora. Quatro anos depois da privatização "baratinha", nenhuma das grandes obras previstas saiu do papel.

Kalleo Coura. O golpe do pedágio barato. In: Veja, 16/11/2011 (com adaptações)

( ) O elemento "que", empregado nas linhas 5 e 6, retoma, respectivamente, os antecedentes "vida real" (l.5) e "índices de acidentes" (l.6).

*Resposta:* certo.

Comentário: nas duas ocorrências do pronome relativo, há retomada dos termos antecedentes. Por serem formas invariáveis, não há concordância entre os elementos, apesar disso, é inconteste o fato de que os pronomes retomam os termos antecedentes, pois fazem a conexão entre os substantivos antecedentes e os verbos consequentes.

## 6.9. Emprego do pronome interrogativo

Muitos candidatos não analisam, mas o pronome interrogativo possui função sintática. É uma pena o fato de não haver muitos exemplos durantes as aulas com orações interrogativas. Lembre-se de que – como se trata de um termo de natureza nominal – o pronome interrogativo pode adquirir funções sintáticas como qualquer outro.

### APLICAÇÃO DA REGRA

Nesse caso não é uma questão de aplicar a regra, mas sim aplicar as regras de análise sintática. Vamos a um exemplo para podermos compreender melhor:

- **Quem** fará a diferença nessa situação?

O pronome interrogativo "quem" desempenha a função de sujeito do verbo "fazer". Mesmo que seja uma sentença interrogativa. Não importa se o sentido é conhecido ou não; para a análise sintática, o que importa é a função da palavra, estruturalmente falando.

### PEGADINHA DA BANCA

A banca examinadora irá afirmar que não há sujeito em uma oração cujo sujeito seja o próprio pronome, por causa da dificuldade que os candidatos possuem entre analisar sintaticamente e semanticamente uma sentença.

Gramática

**EXEMPLO** DE QUESTÃO

▶ **(Pablo Jamilk – inédita)** Assinale a alternativa em que o pronome interrogativo desempenha função de complemento verbal.

a) Quem o encontrou nessa situação?
b) Que o traz aqui?
c) Que você trouxe para mim?
d) Qual é seu nome?
e) Quantos foram trazidos?

*Resposta:* C

O sujeito do verbo "trazer" é o pronome "você"; o pronome "que" foi empregado na função de complemento do verbo "trazer" – que é transitivo direto. Está topicalizado (no início da sentença) porque se trata do motivo da interrogação.

## 6.10. Para mim / para ti / eu / tu

Realmente esse assunto tira o sono de alguns alunos, apesar de ser algo bastante simples. Na verdade, trata-se do emprego das formas pronominais pessoais retas e oblíquas a depender dos contextos. Falo principalmente dos pronomes eu e mim.

**APLICAÇÃO** DA REGRA

Há duas regras simples que devemos observar. A primeira delas é: emprega-se o caso oblíquo após preposições essenciais[1]. A segunda é: caso o pronome seja sujeito de um verbo consequente, emprega-se o caso reto. Vejamos os exemplos.

- Enviaram um recado para **mim**.
- Enviaram um recado para **eu** ler.

Na primeira sentença, o pronome "mim" foi requisitado porque segue a preposição "para", compondo o objeto indireto do verbo. Na segunda sentença, o pronome "eu" foi requisitado, porque desempenha a função de sujeito do verbo "ler". Daí surge a ideia de que "mim não faz nada", ou seja, o pronome em questão não pode ser sujeito de um verbo, não pode conjugá-lo.

1. A, ante, até, após, com, contra, de, desde, em, entre, para, per, por, perante, sem, sob, sobre, trás. Essas são as preposições essenciais.

## PEGADINHA DA BANCA

O mais comum é a tentativa da banca de inverter a sentença, de modo que o candidato não perceba a função sintática e erre a questão. Conforme o exemplo a seguir:

É complicado para mim fazer isso.

Parece que essa frase está errada, né? Pois não está. Trata-se de uma inversão sintática. A ordem direta da sentença a deixaria assim:

**Fazer isso** é complicado para mim.

Ocorre um sujeito oracional na sentença, com essa inversão, o candidato fica confuso a respeito do emprego do pronome, pois crê que a palavra "mim" está conjugando o verbo. Não é o que o corre. Você ainda poderia perguntar: não poderia empregar uma vírgula após o "mim"? Não, pois aí haveria uma vírgula entre o sujeito e o verbo da oração, o que consiste em erro gravíssimo.

## EXEMPLO DE QUESTÃO

**(IF-SC - 2014 - IF-SC - Técnico de Laboratório - Eletroeletrônica)** Complete as frases com os pronomes eu ou mim e, depois, assinale a opção que apresenta a sequência CORRETA de cima para baixo.

I. Traga o livro para ___, quero ler agora.
II. Este segredo fica entre ____ e ela, não te intrometas.
III. Trouxe o texto para ____ corrigir; farei com imenso prazer.
IV. Para ____ acertar esta questão, preciso de muita leitura.

a) mim, mim, eu, eu
b) mim, eu, eu, mim
c) eu, mim, eu, eu
d) eu, mim, eu, mim
e) mim, eu, eu, eu

*Resposta:* A

Comentário: item a item, a resposta deveria ser:

I. Traga o livro para mim, quero ler agora. (pronome após preposição essencial)
II. Este segredo fica entre mim e ela, não te intrometas. (pronome após preposição essencial)
III. Trouxe o texto para eu corrigir; farei com imenso prazer. (pronome como sujeito do verbo "corrigir")
IV. Para eu acertar esta questão, preciso de muita leitura. (pronome como sujeito do verbo "acertar")

# 7 VERBO

## 7.1. Identificação de tempo simples e tempo composto

Nem sempre vemos uma voz passiva quando há dois verbos juntos em uma sentença. Pode ser que haja na sentença uma forma composta de determinado tempo verbal.

**Aplicação da Regra:** identifica-se o tempo verbal composto quando houver verbos auxiliares tais como "ter" e "haver" ao lado de formas principais. Como o seguinte exemplo:

> A prova que eu fiz hoje estava mais fácil do que a que eu **fizera** na semana passada.

A forma destacada é uma forma do pretérito mais-que-perfeito simples do modo indicativo. Seu correspondente composto é "tinha feito" ou "havia feito".

**PEGADINHA** DA BANCA

O grande lance é ficar de olho para não se confundir e achar que se trata de uma voz passiva. Muita gente cai nessa pegadinha.

**EXEMPLO DE** QUESTÃO

- **(FGV - AFRE RJ/SEFAZ RJ/2008)** A forma verbal **observara** é equivalente de:

a) tivera observado.
b) houvesse observado.
c) tinha observado.
d) tem observado.
e) estava observando.

*Resposta:* C

Comentário: para preservar o valor de pretérito mais-que-perfeito do indicativo, a forma verbal "observara" deve ser convertida para a forma "tinha observado". Essa equivalência é a mais comum que se percebe na Língua Portuguesa.

## 7.2. Classificação verbal pela conjugação

Um dos assuntos mais importantes relativo ao estudo dos verbos é a classificação pautada pela possibilidade de conjugação.

## APLICAÇÃO DA REGRA

A lógica de classificação dos verbos é a seguinte:

a. Verbo regular: verbo cuja raiz permanece inalterada durante a conjugação.
   - Ex.: falar, cantar, nadar.

b. Verbo irregular: verbo cuja raiz possui pequenas alterações durante a conjugação.
   - Ex.: dizer, ouvir.

c. Verbo anômalo: verbo cuja raiz apresenta grandes alterações durante a conjugação.
   - Ex.: ser, ir.

d. Verbo defectivo: verbo que não apresenta todas as formas para a conjugação.
   - Ex.: falir, colorir.

e. Verbo abundante: verbo que possui mais de uma forma para determinadas conjugações.
   - Ex.: pagar, perdoar,

## PEGADINHA DA BANCA

A aposta da banca é fazer você crer que apenas os verbos terminados em –IR são defectivos. Pegadinha velha!

## EXEMPLO DE QUESTÃO

- **(FEPESE - AFRE SC/SEF SC/Tributação e Fiscalização/2010)** Assinale a alternativa que apresenta dois verbos defectivos, isto é, aqueles que não possuem a conjugação completa, não podendo ser usados em certos modos, tempos ou pessoas.

  a) comer - puir
  b) falir - adequar
  c) abolir - chorar
  d) extorquir - matar
  e) acontecer - dormir

  *Resposta:* B

  O verbo "falir" é um defectivo clássico (não apresenta diversas formas no presente do indicativo), assim como o verbo "adequar" (não apresenta 1ª, 2ª e 3ª pessoas do singular e não apresenta a 3ª pessoa do plural – no presente do indicativo).

## 7.3. Sentido hipotético expresso por formas verbais

Os modos verbais podem indicar sentidos específicos quando houver a conjugação verbal.

**APLICAÇÃO DA REGRA**

Deve-se observar que há uma divisão entre os três modos verbais de conjugação em relação ao sentido.

a. Modo indicativo – exprime sentido de certeza (a não ser o tempo futuro do pretérito, mais relacionado à noção de hipótese).

b. Modo subjuntivo – exprime sentido de hipótese.

c. Modo imperativo – exprime sentido de ordem, pedido, súplica ou aconselhamento.

**PEGADINHA DA BANCA**

A banca tentará desviar o sentido da conjugação dos verbos. Lembre-se de seguir os comandos apresentados.

- **(FGV - TJ TRE PA/TRE PA/Administrativa/"Sem Especialidade"/2011)**

Financiamento de partidos políticos

O Fundo Partidário será, em 2011, de R$ 301 milhões. Isso porque foi aprovado a nove dias do fim do ano o reforço de R$ 100 milhões. Desse valor, R$ 265 milhões são oriundos do Orçamento da União e R$ 36 milhões referentes à arrecadação de multas previstas na legislação eleitoral. Mas, afinal, qual a razão para se aumentar de forma tão extraordinária a dotação dos partidos? Muito simples: a necessidade de eles pagarem as dívidas de campanha.

Evidentemente, R$ 300 milhões é um custo irrisório para a consolidação da democracia. No entanto, a questão é mais complexa. O fundo partidário é utilizado de forma pouco transparente e, algumas vezes, desviado dos propósitos originais de fortalecimento do partido. Enfim, as máquinas partidárias muitas vezes se tornam aparelhos ou feudos controlados por poucos e financiados por todos nós.

Seria uma verba bem utilizada se fosse integralmente destinada ao fortalecimento da instituição e não ao pagamento de dívidas de campanhas, que devem ser bancadas de forma específica. Aliás, o melhor para a democracia seria separar os fundos partidários dos destinados às campanhas eleitorais. Tais verbas deveriam estar claramente separadas e não poderiam se comunicar.

Minha proposta é a de que o fundo partidário seja composto por uma quantia mínima para o partido manter uma estrutura básica. O resto deve ser obtido na militância, com base em atividades voltadas para a arrecadação de fundos. Partidos devem ir às ruas explicar para os cidadãos por que existem e quais são suas propostas.

Não é o caso hoje. Os partidos políticos transferem sua existência para o Congresso e só acordam às portas das eleições. Ficam hibernando à espera do momento eleitoral quando deveriam estar em praça pública em busca de militantes e se expondo ao debate.

No caso das campanhas eleitorais, a solução deve ser mais radical ainda. Nenhum dinheiro público nem de empresas poderia ser utilizado. A campanha deveria ser articulada com contribuições de cidadãos a partir de um limite universal. Todos podem contribuir até um determinado valor e declarar a doação na Justiça Eleitoral.

Ambas as propostas visam trazer partidos e candidatos para as ruas, oferecendo suas propostas e buscando recursos para a sua existência e para as campanhas eleitorais. É um modo de os partidos e candidatos se encontrarem com a cidadania em bases regulares.

Partidos são fundamentais para a consolidação da democracia e o permanente desenvolvimento da cidadania e devem existir – de verdade – em bases cotidianas. Devem promover eventos, debater propostas, acompanhar a gestão dos governos, discutir o exercício do poder. E não ser meros instrumentos de tomada do poder. No caso dos partidos políticos brasileiros, existe um agravante. Por conta de nossa herança patrimonialista, as organizações partidárias surgiram, em sua grande maioria, de dentro das estruturas do Estado.

Assim, a tarefa de mobilizar os cidadãos e cobrar coerência ideológica dos eleitores e lideranças políticas é ainda mais complexa. Além de parcelas expressivas da sociedade estarem excluídas do debate político pelas mais variadas razões, o custo de fazer política é alto se comparado com os benefícios que ela pode trazer para o seu dia a dia.

Obviamente, minhas propostas são românticas e inviáveis no atual momento da política nacional. No entanto, a questão do Ficha Limpa começou de forma inviável e romântica e, aos poucos, ganhou corpo e prosperou. O certo é que a questão do financiamento de partidos e de campanhas é essencial para o futuro da nossa democracia e deve ser objeto de séria reflexão.

(Murillo de Aragão. Página 20, 21/1/2011)

A fim de apresentar de forma clara suas propostas, o texto faz uso de variados recursos linguísticos.

Assinale um recurso que NÃO seja usado no texto para reforçar as ideias a serem implementadas.

a) emprego do verbo dever
b) emprego do verbo poder
c) uso de verbos no futuro de presente

d) uso de verbos no subjuntivo

e) uso de verbos no futuro do pretérito

*Resposta:* C

Comentário: não há no texto segmentos em que o futuro do presente seja empregado para indicar a possível implementação de alguma ideia. Como se trata de um texto com ações hipotéticas, o subjuntivo e o futuro do pretérito, bem como o emprego de "dever" e "poder" são estratégias mais comuns para indicar possibilidade.

## 7.4. Verbos + Pronomes relativos

Algo que é muito incidente, em provas de concurso público, é o emprego de pronomes relativos em uma função subordinada de um verbo. Para compreender o uso, a visão deve recair sobre as formas verbais.

**APLICAÇÃO DA REGRA**

Como a regência verbal pode exigir o emprego de uma preposição em uma sentença, deve-se ficar de olho para o espaço anterior a um pronome reativo. Isso garante que você não errará a questão, contanto que tenha uma boa noção de regência.

**EXEMPLO DE QUESTÃO**

▸ **(FCC - AJ TRT1/TRT 1/Apoio Especializado/Arquivologia/2011)** ... condição da qual os habitantes das cidades consideram difícil, talvez impossível, fugir. (último parágrafo)

Mantendo-se a correção e a lógica, o verbo grifado acima pode ser substituído, sem qualquer outra alteração na frase em que se encontra, APENAS por

a) escapar.

b) afastar.

c) evadir.

d) evitar.

e) prevenir.

*Resposta:* A

Comentário: como o verbo fugir exige a preposição "de" para introduzir seu complemento (note que ela está antes do pronome relativo), o único verbo que preservaria a preposição na regência ao longo da reescrita da sentença é o verbo "escapar", pois também exige complemento introduzido pela preposição "de".

## 7.5. Sentidos das formas nominais do verbo

As formas nominais de um verbo também podem carregar um sentido particular quando empregadas em uma sentença.

**APLICAÇÃO** DA REGRA

Veja a distinção entre as formas nominais:

a) Infinitivo: verbo que se diz em estado infinito. Caracterizado pela desinência –r ao fim do verbo. Seu sentido é de ação em potência, ou seja, das formas nominais, é a que mais se aproxima de um substantivo. Essa é a razão pela qual as reduções das orações substantivas são feitas principalmente de infinitivo.

b) Gerúndio: verbo que exprime uma ação em curso. Caraterizado pela desinência "–ndo" ao fim do verbo. Usualmente, notamos um vício de linguagem – o gerundismo – pelo emprego incorreto dessa forma verbal.

c) Particípio: verbo que exprime uma noção de algo finalizado. Caracterizado pela desinência –ado / -ido em suas formas regulares, o particípio é – muitas das vezes – confundido com um adjetivo.

**PEGADINHA** DA BANCA

Nas questões que versarem sobre esse assunto, é importante perceber que a banca deseja o significado da forma nominal, não do verbo em si - ou seja - desligue os receptores de sentido do verbo e foque nos receptores de sentido das formas nominais.

**EXEMPLO** DE QUESTÃO

- **(FCC - AJ TST/TST/Judiciária/2012)** A forma destacada que apresenta o processo verbal em potência, aproximando-se, assim, do substantivo, é:

a) **Creio** ser razoável perguntar...

b) **Há** uma passagem...

c) "Os historiadores **quebram** a cabeça procurando a melhor maneira de formular..."

d) "... que **eram**, à época, o núcleo do capitalismo mundial."

e) "**Definir** a diferença entre partes avançadas e atrasadas..."

*Resposta:* E

Comentário: note que dentre todas as formas verbais, a única que parece indicar uma função substantiva é a forma "Definir" (um verbo no infinitivo), que está no infinitivo.

## 7.6. Correlação de tempos e modos verbais

Dentro de um período, é preciso fazer uma correlação entre tempos e modos verbais, a fim de manter a correção gramatical. Essa correlação leva em consideração a relação temporal existente entre as ações expressas nas sentenças.



### APLICAÇÃO DA REGRA

Deve-se notar que verbos no passado costumam se correlacionar com formas do próprio passado. Não se trata de uma regra geral, mas de uma orientação. Vamos mencionar algumas correlações, a fim de que se compreenda.

- Presente do indicativo + presente do subjuntivo:
  - *Necessito de que o aluno traga o exame.*
- Pretérito perfeito do indicativo + pretérito imperfeito do subjuntivo:
  - *Pedi para que minha mãe fizesse um bolo.*
- Presente do indicativo + pretérito perfeito composto do subjuntivo:
  - *Torço para que minha amiga tenha realizado aquela proeza.*
- Pretérito perfeito do indicativo + pretérito mais-que-perfeito do indicativo.
  - *Passou no concurso de tanto que estudara.*
- Pretérito imperfeito do indicativo + mais-que-perfeito composto do subjuntivo:
  - *Gostaria de que ele tivesse falado a verdade.*
- Futuro do subjuntivo + futuro do presente do indicativo:
  - *Se não houver paralização, tudo correrá bem.*
- Pretérito imperfeito do subjuntivo + futuro do pretérito do indicativo:
  - *Se você lesse o livro, certamente saberia as respostas.*
- Pretérito mais-que-perfeito composto do subjuntivo + futuro do pretérito composto do indicativo:
  - *Se Alana tivesse feito sua inscrição, a banca teria aceitado o recurso.*
- Futuro do subjuntivo + futuro do presente do indicativo:
  - *No dia em que ele trouxer o presente, eu sossegarei.*
- Futuro do subjuntivo + futuro do presente composto do indicativo:
  - *Quando você falar a verdade, o mundo terá acabado.*

## PEGADINHA DA BANCA

Sinceramente falando, a banca examinadora não costuma apresentar uma pegadinha para esse assunto, uma vez que ele não é de domínio comum. Apenas uma questão sobre isso já pode ser considerada uma pegadinha, ou uma maldade do examinador.

## EXEMPLO DE QUESTÃO

**(CESPE - Esc BB/BB/"Sem Área"/2009)** Se a economia comportamental introduziu o estudo mais detalhado das emoções na análise financeira, **era** apenas natural que alguns pesquisadores dessem o passo seguinte para investigar muito literalmente como funciona a cabeça do investidor. A neuroeconomia combina as mais recentes descobertas da neurociência – em particular, técnicas de mapeamento cerebral como a ressonância magnética funcional aperfeiçoada nos anos 90 – com os conceitos da psicologia financeira e da economia. É um campo de estudos ainda recente – conta cerca de uma década, mas já acena com o entendimento fascinante da biologia do investidor. Embora os experimentos mostrem a importância do pensamento racional, será um equívoco concluir que a mente do investidor é pura objetividade. O mais curioso é que a atividade do núcleo cerebral ligado aos sentimentos é mais intensa antes da confirmação de um ganho financeiro no jogo. Esse é um dado importante da psicologia do investidor: a expectativa por um bom resultado acaba se revelando mais excitante que o resultado em si.

O nascimento da neuroeconomia. In: Veja, 14/1/2009, p. 69 (com adaptações).

Julgue o seguinte item, a respeito do texto acima.

A estrutura linguística em que ocorre o verbo "era" permite a substituição deste por seria, mantendo-se a coerência textual e o respeito às normas gramaticais.

( ) Certo ( ) Errado

**Resposta**: Certo

**Comentário**: mantém-se o respeito às normas gramaticais com a substituição mencionada, porque a forma verbal "seria" vai parear (estabelecer correlação) com a forma "dessem", ou seja, trata-se de uma correção entre futuro do pretérito do indicativo com o pretérito imperfeito do subjuntivo. A questão não menciona o sentido das expressões, apenas a correção gramatical, que é mantida com essa substituição.

## 7.7. Identificação de tempos e modos verbais

Há um padrão de questão muito comum em provas da banca da Fundação Carlos Chagas (não que isso não seja cobrado por outra banca). Trata-se da questão de identificar tempos e modos verbais em uma sentença.

**APLICAÇÃO** DA REGRA

Para conseguir responder a uma questão dessa natureza, ter conhecimento a respeito de conjugação verbal é fundamental. O mais importante para isso é identificar a desinência verbal ao fim da palavra – o melhor recurso para reconhecer a conjugação.

**PEGADINHA** DA BANCA

Usualmente, a pegadinha recai sobre a identificação do pretérito imperfeito do indicativo e sobre a identificação do presente do subjuntivo. Apesar de terminações distintas entre os verbos de famílias conjugacionais distintas, deve-se reconhecer que estão no mesmo tempo e no mesmo modo. Veja os exemplos:

| Pretérito Imperfeito do Indicativo | |
|---|---|
| Amava | Vendia |
| Amavas | Vendias |
| Amava | Vendia |
| Amávamos | Vendíamos |
| Amáveis | Vendíeis |
| Amavam | Vendiam |
| **Presente do subjuntivo** | |
| Ame | Venda |
| Ames | Vendas |
| Ame | Venda |
| Amemos | Vendamos |
| Ameis | Vendais |
| Amem | Vendam |

▶ Ambos os verbos flexionados nos mesmos tempo, modo e pessoa estão grifados em:

a) No teatro grande lá de cima ouviste certa vez uma numerosa orquestra. Lembras-te da hora em que os músicos...

b) São homens valentes que morreram.

c) Faz tempo que não te conto uma história na beira deste cais.

d) Vês aquela estrela lá longe... Já viste da beira do cais o vento noroeste...

e) Vê no céu... ouve o ABC do poeta.

*Resposta:* E

As formas "vê" e "ouve" estão na terceira pessoa do singular e no presente do indicativo, logo estão no mesmo tempo, do mesmo modo e na mesma pessoa.

## 7.8. Formas verbais com hífen

Existe uma ressalva a respeito de formas verbais que recebem hífen (nos casos de colocação pronominal mesoclítica e enclítica). Essa ressalva tem a ver com a acentuação gráfica.

### APLICAÇÃO DA REGRA

Deve-se considerar que cada porção da forma verbal com hífen é uma palavra diferente; ou seja, para cada item, há uma regra distinta a ser levada em consideração. O mais importante é saber que um verbo conjugado no futuro do presente no modo indicativo nada mais é do que o próprio verbo no infinitivo mais a forma do verbo "haver" conjugado no presente. Veja o padrão:

- Fazer (verbo no infinitivo)
- Haver – conjugação no presente:

Eu hei
Tu hás
Ele há
Nós havemos (hemos)
Vós haveis (heis)
Eles hão

Repare nas terminações do verbo conjugado. Agora, veja o verbo "fazer" conjugado no futuro do presente:

Eu farei
Tu farás
Ele fará
Nós faremos
Vós fareis
Eles farão

Notou a semelhança? Isso ocorre porque há essa soma de formas verbais para a formação do futuro do presente. Agora, vamos formar uma mesóclise.

- Convidarei Juliana para a festa.
- Convidá-la-ei para a festa. (Convidar [infinitivo] + o pronome na forma "la" + hei [sem o "h"]).
- O acento em "convidá" se deve ao fato de ser uma oxítona terminada em "a".

**PEGADINHA** DA BANCA

**A** banca irá dar uma justificativa qualquer para a acentuação das formas verbais. Não se deixe levar.

**EXEMPLO** DE QUESTÃO

**(FGV - TNS (AL BA)/AL BA/Redação e Revisão Legislativa/Letras/2014)** Em um texto está presente a forma "sabê lo á", correspondente à forma de futuro do presente do verbo saber acompanhada de um pronome mesoclítico.

Diante dessa forma gráfica, o revisor de texto deve

a) retirar o acento da primeira forma, pois nenhum vocábulo em língua portuguesa pode apresentar dois acentos gráficos.

b) retirar o acento agudo da forma "a", pois nenhum vocábulo em língua portuguesa pode apresentar dois acentos gráficos.

c) conservar os dois acentos, pois se trata, na verdade, historicamente, de dois vocábulos: o verbo saber e o verbo haver.

d) conservar os dois acentos, pois a intromissão da forma mesoclítica provocou o "esquecimento" de que se trata de um só vocábulo.

e) reescrever a frase onde se encontra essa forma, pois a mesóclise indica a presença de linguagem erudita e provocadora de estranhamento.

*Resposta:* C

Comentário: como foi visto na explicação ulterior, há o acento presente na forma "sabe" (por ser uma oxítona terminada em "e") e o acento presente na forma "há" (por ser um monossílabo tônico terminado em "a").

## 7.9. Classificação da predicação verbal

Nem sempre os manuais de regência verbal auxiliam o candidato. Muitos, na verdade, mais confundem, por trazerem inúmeras possibilidades e semas, o que gera erro em algumas questões. O mais garantido é saber como se dá a classificação da predicação verbal.

**APLICAÇÃO DA REGRA**

Deve-se partir da seguinte premissa para não errar a classificação da predicação de um verbo:

- Se o verbo exprimir sentido de estado ou mudança de estado, será um verbo **relacional**, ou seja, um verbo **de ligação.** Há uma pequena lista dos principais verbos de ligação para você se pautar. São eles: ser, estar, continuar, andar, parecer, permanecer, ficar e tornar-se.
- Se o verbo exprimir sentido de ação ou de fenômeno natural, será classificação como um verbo **nocional**, e poderá ser dividido em *transitivo (direto, indireto ou bitransitivo) e intransitivo.*

**PEGADINHA DA BANCA**

A estratégia para enganar o candidato recai sobre sentenças invertidas, nas quais fica mais difícil perceber a presença dos complementos ou dos sujeitos. Busque sempre o sentido (a predicação) do verbo. Assim, é mais fácil de acertar.

**EXEMPLO DE QUESTÃO**

**(FUNCAB - 2013 - SEMAD - Engenharia Agronômica - Agronomia - S47 - P)** De acordo com os estudos de regência verbal e com o padrão culto da língua, o verbo em destaque em "– Eu sei: o senhor ANDA nervoso, excitado, angustiado..." é:

a) intransitivo.

b) transitivo indireto.

c) transitivo direto e indireto.

d) transitivo direto.

e) de ligação.

*Resposta:* E

Comentário: note que o verbo "andar" não está empregado no sentido de "caminhar", mas sim como indicativo de um estado (haja vista o predicativo ao lado). Entende-se por meio disso que se trata de um verbo de ligação.

## 7.10. Dificuldades conjugacionais: verbo "intervir" e "reaver"

Quando a banca está sem muita criatividade para elaborar uma questão, costuma apostar em perguntas sobre a forma correta de conjugar alguns verbos. Os principais são "intervir" e "reaver".

## APLICAÇÃO DA REGRA

Bem, deve-se saber conjugar, mas há uma dica que pode facilitar o trabalho: o verbo "intervir" é derivado do verbo "vir", logo, possui conjugação semelhante. O mesmo ocorre entre os verbos "reaver" e "haver" – a semelhança facilita a conjugação. Seguem as conjugações para facilitar o estudo do aluno.

- **Verbo "intervir"**

| INDICATIVO | | |
|---|---|---|
| **Presente** | **Pretérito Imperfeito** | **Pretérito Perfeito** |
| eu intervenho<br>tu intervéns<br>ele intervém<br>nós intervimos<br>vós intervindes<br>eles intervêm | eu intervinha<br>tu intervinhas<br>ele intervinha<br>nós intervínhamos<br>vós intervínheis<br>eles intervinham | eu intervim<br>tu intervieste<br>ele interveio<br>nós interviemos<br>vós interviestes<br>eles intervieram |
| **Pretérito Mais-que-perfeito** | **Futuro do Presente** | **Futuro do Pretérito** |
| eu interviera<br>tu intervieras<br>ele interviera<br>nós interviéramos<br>vós interviéreis<br>eles intervieram | eu intervirei<br>tu intervirás<br>ele intervirá<br>nós interviremos<br>vós intervireis<br>eles intervirão | eu interviria<br>tu intervirias<br>ele interviria<br>nós interviríamos<br>vós interviríeis<br>eles interviriam |
| **SUBJUNTIVO** | | |
| **Presente** | **Pretérito Imperfeito** | **Futuro** |
| que eu intervenha<br>que tu intervenham<br>que ele intervenha<br>que nós intervenhamos<br>que vós intervenhais<br>que eles intervenham | se eu interviesse<br>se tu interviesses<br>se ele interviesse<br>se nós interviéssemos<br>se vós interviésseis<br>se eles interviessem | quando eu intervier<br>quando tu intervieres<br>quando ele intervier<br>quando nós interviermos<br>quando vós intervierdes<br>quando eles intervierem |
| **IMPERATIVO** | | **INFINITIVO** |
| **Imperativo Afirmativo** | **Imperativo Negativo** | **Infinitivo Pessoal** |
| –<br>intervém tu<br>intervenha ele<br>intervenhamos nós<br>intervinde vós<br>intervenham eles | –<br>não intervenhas tu<br>não intervenha ele<br>não intervenhamos nós<br>não intervenhais vós<br>não intervenham eles | por intervir eu<br>por intervires tu<br>por intervir ele<br>por intervirmos nós<br>por intervirdes vós<br>por intervirem eles |

- **Verbo "reaver"**

| INDICATIVO | | |
|---|---|---|
| **Presente** | **Pretérito Imperfeito** | **Pretérito Perfeito** |
| –<br>–<br>–<br>nós reavemos<br>vós reaveis<br>– | eu reavia<br>tu reavias<br>ele reavia<br>nós reavíamos<br>vós reavíeis<br>eles reaviam | eu reouve<br>tu reouveste<br>ele reouve<br>nós reouvemos<br>vós reouvestes<br>eles reouveram |
| **Pretérito Mais-que-perfeito** | **Futuro do Presente** | **Futuro do Pretérito** |
| eu reouvera<br>tu reouveras<br>ele reouvera<br>nós reouvéramos<br>vós reouvéreis<br>eles reouveram | eu reaverei<br>tu reaverás<br>ele reaverá<br>nós reaveremos<br>vós reavereis<br>eles reaverão | eu reaveria<br>tu reaverias<br>ele reaveria<br>nós reaveríamos<br>vós reaveríeis<br>eles reaveriam |
| **SUBJUNTIVO** | | |
| **Presente** | **Pretérito Imperfeito** | **Futuro** |
| – | se eu reouvesse<br>se tu reouvesses<br>se ele reouvesse<br>se nós reouvéssemos<br>se vós reouvésseis<br>se eles reouvessem | quando eu reouver<br>quando tu reouveres<br>quando ele reouver<br>quando nós reouvermos<br>quando vós reouverdes<br>quando eles reouverem |
| **IMPERATIVO** | | **INFINITIVO** |
| **Imperativo Afirmativo** | **Imperativo Negativo** | **Infinitivo Pessoal** |
| –<br>–<br>–<br>–<br>reavei vós<br>– | – | por reaver eu<br>por reaveres tu<br>por reaver ele<br>por reavermos nós<br>por reaverdes vós<br>por reaverem eles |

**PEGADINHA DA BANCA**

Normalmente, a pegadinha fica a cargo de a banca fazer o candidato se confundir com a conjugação do verbo "ver" (pela semelhança de sonoridade).

**EXEMPLO DE QUESTÃO**

▸ **(FEPESE - AFRE SC/SEF SC/1998)** Assinale a alternativa cuja forma verbal preenche CORRETAMENTE a frase abaixo.

Ele ......... numa questão difícil de ser resolvida e ....... seus bens graças ao bom senso do mediador.

a) interveio - reouve

b) interveio - reaveu

c) interviu - reaveu

d) interviu - reouve

e) interviu - reaverá

*Resposta:* A

O verbo "intervir", no pretérito perfeito do indicativo, deve ser ficar "interveio"; ao passo que o verbo "reaver", no mesmo tempo e no mesmo modo deve ficar "reouve".

## 7.11. Reconhecimento de verbo no imperativo

O verbo no imperativo, apesar de pouco incidente, pode dificultar a vida daqueles que não compreendem muito bem o sistema de conjugação verbal.

**APLICAÇÃO DA REGRA**

Vamos repassar a regra para a conjugação de um verbo no imperativo.

- Deve-se lembrar de que não há primeira pessoa do singular no imperativo.
- Deve-se lembrar de que não há tempo no imperativo.
- Para a formação do imperativo afirmativo:
  - Deve-se utilizar a forma verbal correspondente à segunda pessoa do singular (tu) e à segunda pessoa do plural (vós) do verbo conjugado no presente do indicativo, lembrando de retirar a letra "s" que pode aparecer no final da palavra.
  - Deve-se utilizar a forma verbal correspondente às pessoas restantes (terceira do singular, primeira do plural e terceira do plural) provenientes do presente o subjuntivo.
- Para a formação do imperativo negativo:
  - Deve-se empregar o advérbio "não" e somar às formas provenientes do presente do subjuntivo, sem alterações.

## PEGADINHA DA BANCA

O elaborador pode afirmar que todas as formas estão conjugadas na mesma pessoa do imperativo. Convém avaliar todas as formas verbais dos períodos.

## EXEMPLO DE QUESTÃO

- **(CESPE - APF/PF/2012)** Romance LXXXI ou Dos Ilustres Assassinos

1 Ó grandes oportunistas,
sobre o papel debruçados,
que calculais mundo e vida
em contos, doblas, cruzados,
que traçais vastas rubricas
e sinais entrelaçados,
com altas penas esguias
embebidas em pecados!
9 Ó personagens solenes
que arrastais os apelidos
como pavões auriverdes
seus rutilantes vestidos,
– todo esse poder que tendes
confunde os vossos sentidos:
a glória, que amais, é desses
que por vós são perseguidos.
Levantai-vos dessas mesas,
saí de vossas molduras,
vede que masmorras negras,
que fortalezas seguras,
que duro peso de algemas,
que profundas sepulturas
nascidas de vossas penas,
de vossas assinaturas!
Considerai no mistério
dos humanos desatinos,
e no polo sempre incerto
dos homens e dos destinos!
Por sentenças, por decretos,
parecerieis divinos:
e hoje sois, no tempo eterno,
como ilustres assassinos.
33 Ó soberbos titulares,
tão desdenhosos e altivos!
Por fictícia autoridade,
vãs razões, falsos motivos,
inutilmente matastes:
– vossos mortos são mais vivos;

e, sobre vós, de longe, abrem
grandes olhos pensativos.
Cecília Meireles. Romanceiro da Inconfidência. Rio de Janeiro: Nova Fronteira, 1989, p. 267-8.

Com base no poema acima, julgue o item subsequente.

No poema, que apresenta uma denúncia de atos de abuso de poder, foram utilizados os seguintes recursos que permitem que a poeta se dirija diretamente a um interlocutor: emprego de vocativo nos versos 1, 9 e 33 e de verbos na segunda pessoa do plural, todos no imperativo afirmativo.

( ) Certo ( ) Errado

*Resposta:* Errado

Comentário: a questão parece ser complexa, mas é extremamente simples. Bastava que o candidato ficasse de olho nas formas verbais. Como o enunciado diz que todos os verbos estão na segunda pessoa do plural no imperativo afirmativo, se houver uma forma com "S" no final da palavra, a questão já se comprova incorreta. Já, no terceiro verso, vê-se a forma "calculais" (segunda pessoa do plural no presente do indicativo). Nem precisa se dar ao trabalho de analisar as demais formas, pois a questão já está errada.

## 7.12. Transposição da voz ativa para a voz passiva

A transposição de voz do verbo é alvo de diversas questões nas provas de concurso público. Há alguns detalhes importantes de se conhecer.

**APLICAÇÃO** DA REGRA

Inicialmente, convém saber que o que mais se cobra é a transposição da voz ativa para a voz passiva analítica. Por tal razão, saber quais são os elementos dessa voz e como isso deve ser feito é fundamental. Vejamos.

Na voz passiva analítica, há elementos fundamentais: o sujeito paciente, a locução verbal de voz passiva e o agente da passiva.

Tá, e daí?

E daí que o sujeito paciente é o afetado pela ação na voz ativa (ou seja, o objeto direto); o agente da passiva é o sujeito da ação na voz ativa; e a locução verbal é feita com o acréscimo do verbo "ser" e com a passagem do verbo principal para o particípio. Não se pode esquecer isso! Do contrário, você erra a questão.

**PEGADINHA** DA BANCA

É comum, em provas recentes, o verbo "ser" não estar explícito na voz passiva, por isso aconselha-se a transposição para a voz ativa.

Entenda melhor:

- Os fatos descritos por ele. = voz passiva (equivale a *foram descritos*).
- Ele descreveu os fatos. = voz ativa.

**EXEMPLO** DE QUESTÃO

▸ **(FCC - AJ TRF2/TRF 2/Administrativa/2007)** Transpondo a frase **os extraordinários acontecimentos pareciam dividir nitidamente o mundo entre os defensores e os inimigos da liberdade e do progresso social** para a voz passiva, a forma verbal corretamente obtida é:

a) parecia ser dividido.
b) pareciam ter sido divididos.
c) tinha sido dividido.
d) tinha parecido dividir.
e) pareciam dividirem.

*Resposta:* A

Comentário: para fazer a transposição de voz na sentença, deve-se identificar que o sujeito da ação verbal (os extraordinários acontecimentos) passará a ser agente da passiva. Além disso, deve-se identificar que o objeto direto (o mundo) passará a ser o sujeito paciente da oração, logo, entende-se que as formas verbais ficarão no singular. A forma verbal (pareciam dividir) deve receber o acréscimo do verbo "ser" à sentença, o que resultará na forma **parecia ser dividido**.

## 7.13. Admissibilidade de voz passiva

Em algumas questões, o foco é a possibilidade de haver transposição das sentenças para a voz passiva.

**APLICAÇÃO** DA REGRA

É extremamente simples acertar uma questão dessa natureza. Basta saber que apenas os verbos transitivos diretos e bitransitivos podem ser passados para a voz passiva. Há uma exceção para o verbo "obedecer", que é transitivo indireto, mas pode – eventualmente – ser passado para a voz passiva; em razão de uma prerrogativa coloquial.

**PEGADINHA** DA BANCA

A maior pegadinha é a banca esconder os complementos dos verbos, a fim de que você tenha mais dificuldade para classificar o verbo.

**EXEMPLO DE QUESTÃO**

▶ **(FCC - TJ TRF2/TRF 2/Administrativa/2007)** A construção que admite transposição para a voz passiva é:

a) São inúmeras as consequências dessa idolatria.
b) As leis do mercado favorecem esse culto da juventude.
c) A juventude deixou de ser uma fase da vida.
d) Resulta disso tudo uma espécie de código comportamental.
e) Cresce a olhos vistos a oferta de produtos associados à juventude.

*Resposta:* B

O verbo "favorecer" é transitivo direto, portanto pode ser passado para a voz passiva.

## 7.14. Voz reflexiva X Voz passiva

Apesar de possuírem estruturas parecidas, voz reflexiva e voz passiva possuem sentidos bem distintos, o que se torna alvo de questão de prova.

**APLICAÇÃO DA REGRA**

Entenda-se que a voz passiva apresenta um sujeito que apenas recebe a ação indicada pelo verbo, ao passo que o sujeito da voz reflexiva também é agente da mesma ação descrita pela forma verbal. Usualmente, o sujeito da voz passiva sintética (aquela com pronome "se") aparece posposto ao verbo; enquanto o sujeito da voz reflexiva costuma vir antes do verbo.

**PEGADINHA DA BANCA**

O elaborador da prova vai tentar fazer você pensar que ocorreu uma transposição de voz passiva analítica para sintética, quando – na verdade – pode ter ocorrido a construção de uma voz reflexiva.

**EXEMPLO DE QUESTÃO**

▶ **(CESPE - 2009 - TCU - Analista de Controle Externo - Medicina - Prova 1)**

O termo groupthinking foi cunhado, na década de cinquenta, pelo sociólogo William H. Whyte, para explicar como grupos se tornavam reféns de sua própria coesão, tomando decisões temerárias e causando grandes fracassos. Os manuais de gestão definem groupthinking como um processo mental coletivo que ocorre quando os grupos são uniformes, seus indivíduos pensam da mesma forma e o desejo de coesão supera a motivação para avaliar alternativas diferentes das usuais. Os sintomas são conhecidos: uma ilusão de invulnerabilidade, que gera otimismo e pode levar a riscos; um esforço coletivo para neutralizar visões contrárias às teses dominantes; uma crença absoluta na moralidade das ações dos membros do grupo; e uma visão distorcida dos inimigos, comumente vistos como iludidos, fracos ou simplesmente estúpidos.

Tão antigas como o conceito são as receitas para contrapor a patologia: primeiro, é preciso estimular o pensamento crítico e as visões alternativas à visão dominante; segundo, é necessário adotar sistemas transparentes de governança e procedimentos de auditoria; terceiro, é desejável renovar constantemente o grupo, de forma a oxigenar as discussões e o processo de tomada de decisão.

Thomaz Wood Jr. O perigo do groupthinking. In: Carta Capital, 13/5/2009, p. 51 (com adaptações).

Julgue o seguinte item com base na organização do texto acima.

Por estar empregada como uma forma de voz passiva, a locução verbal "foi cunhado" corresponde a cunhou-se e por esta forma pode ser substituída, sem prejuízo para a coerência ou para a correção gramatical do texto.

( ) Certo ( ) Errado

*Resposta:* Errado

Comentário: a transposição sugerida vai criar uma voz reflexiva, o que prejudicará a coerência do período. Veja: *o termo groupthinking **foi cunhado**, na década de cinquenta, pelo sociólogo William H. Whyte* (voz passiva analítica).

Agora, a reelaboração:

*O termo groupthinking **cunhou-se**, na década de cinquenta, pelo sociólogo William H. Whyte (voz reflexiva, pois a impressão que se cria é a de que o termo se cunhou).* Além da incoerência da construção, o agente da passiva (pelo sociólogo William H. Whyte) ainda permanece na sentença. Bem se sabe que não há agente da passiva na formação da voz passiva pronominal (ou sintética).

## 7.15. Transposição da voz passiva sintética para a voz passiva analítica

Assim como a transposição da voz ativa para a voz passiva analítica possui peculiaridades, a transposição da voz passiva analítica para a voz passiva sintética também guarda os seus mistérios.

### APLICAÇÃO DA REGRA

Quando se realiza tal transposição, é fundamental partir da retirada do verbo "ser" da locução verbal que se havia criado na voz passiva analítica. Além disso, deve-se estabelecer a concordância do verbo para com o sujeito paciente. Se a transposição for inversa, deve-se ter ainda mais atenção à concordância, pois o sujeito há de ser aplicado posposto à locução verbal e é preciso realizar a concordância corretamente. Vejamos alguns exemplos:

- Foram feitas **mudanças** = Fizeram-se **mudanças**.
- Criaram-se **esperanças** = Foram criadas **esperanças**.

## PEGADINHA DA BANCA

O que o elaborador geralmente faz é alterar o gênero ou o número do termo que deveria se adequar ao sujeito. No exemplo que foi mencionado, o elaborador colocaria algo como "foram criados esperanças", aí a frase fica errada demais, pois o sujeito tem um núcleo no feminino, e a forma nominal "criados" está no masculino.

## EXEMPLO DE QUESTÃO

- **(CESPE - 2012 - TRE-RJ - Técnico Judiciário - Operação de Computador)** No artigo 68 do Ato das Disposições Constitucionais Transitórias, dispôs a Carta Magna de 1988: "Aos remanescentes das comunidades dos quilombos que estejam ocupando suas terras é reconhecida a propriedade definitiva, devendo o Estado emitir-lhes os títulos respectivos." Era o reconhecimento de um direito. Restava regulamentar a forma pela qual esse direito seria garantido. Em novembro de 2003, o presidente da República assinou o Decreto n.º 4.877, que estabelece, em seu artigo 2.º: "Consideram-se remanescentes das comunidades dos quilombos, para os fins deste decreto, os grupos étnico-raciais, segundo critérios de autoatribuição, com trajetória histórica própria, dotados de relações territoriais específicas, com presunção de ancestralidade negra relacionada com a resistência à opressão histórica sofrida."

  E, logo em seguida, o parágrafo primeiro do mesmo artigo reafirma e esclarece: "Para os fins deste decreto, a caracterização dos remanescentes das comunidades dos quilombos será atestada mediante autodefinição da própria comunidade."

  Essa regulamentação resultou naquilo que o professor Denis Rosenfield descreveu como "ressemantização da palavra quilombo"; segundo ele, "o quilombo já não significaria um povoado formado por escravos negros (...), mas uma identidade cultural."

  O Estado de S.Paulo, 29/11/2010 (com adaptações).

  Com relação aos sentidos e a aspectos linguísticos do texto acima, julgue o item a seguir.

  Prejudica-se a correção gramatical do período ao se substituir 'Consideram-se' por **São considerados**.

  ( ) Certo ( ) Errado

  *Resposta:* Errado.

  Comentário: não há prejuízo para a correção gramatical, pois a transposição da voz do verbo foi feita corretamente, basta verificar que o núcleo sujeito do verbo apassivado está no masculino e no plural.

# 8. ADVÉRBIO

## 8.1. Classificação do advérbio

Lembre-se de que um advérbio deve aplicar seu sentido sobre um verbo, um adjetivo ou sobre outro advérbio para pertencer a essa classe.

**APLICAÇÃO DA REGRA**

- Joana estudou **muito**.
- Joana é **muito** inteligente.
- Joana canta **muito** bem.

Em cada frase, a palavra "muito" aplica o seu sentido de intensidade sobre outro elemento – a saber – no caso 1, sobre o verbo estudar; no caso 2, sobre o adjetivo "inteligente"; no caso 3, sobre o advérbio "bem".

**PEGADINHA DA BANCA**

A banca tende a apresentar o advérbio como palavra pertencente a outra classe gramatical.

**EXEMPLO DE QUESTÃO**

- **(FGV - 2015 - TJ-PI - Analista Judiciário - Oficial de Justiça e Avaliador)** A frase abaixo em que o vocábulo MUITO pertence a uma classe gramatical diferente das demais é:

  a) "Como os celulares ficam muito tempo nos bolsos, isso poderia ser uma causa da esterilidade";

  b) "Antes dos telefones celulares, os casais eram muito mais fiéis;

  c) "Mas há relatos de que a distração causada pelos celulares vai muito mais além";

  d) "Em uma velocidade muito baixa, mas isso está acontecendo";

  e) "Além disso, a audição pode estar sendo afetada por volumes muito altos em fones de ouvido".

  **Resposta:** A

  **Comentário**: note que nas quatro alternativas incorretas da questão, o vocábulo MUITO aparece incidindo sobre adjetivos ou advérbios (mais fiéis, mais além, baixa, altos). Apenas na letra A, o vocábulo incide sobre um substantivo, o que faz dele um pronome indefinido e não um advérbio.

## 8.2. Classificação semântica do advérbio

Algo muito importante, no emprego de advérbios, é saber identificar sua classificação semântica, ou seja, o sentido que exprimem em uma sentença.

**APLICAÇÃO DA REGRA**

Não se trata necessariamente de uma regra, mais de uma constatação. Acompanhe o exemplo.

- Valquíria estuda **compulsivamente** gramática. (O sentido do advérbio nessa sentença é de modo – modo compulsivo).
- Valquíria estuda **em uma escola especial**. (A locução adverbial "em uma escola especial" indica o lugar em que a ação ocorre; logo, o sentido é locativo).

Deve-se atentar para esse tipo de constatação, pois é alvo de questionamentos das bancas.

**PEGADINHA DA BANCA**

A banca examinadora irá confundir o candidato trocando o sentido do advérbio.

**EXEMPLO DE QUESTÃO**

- **(IBFC - 2015 - MGS - Nível Médio)** Os advérbios são ferramentas linguísticas que exprimem circunstâncias. Dentre os destacados abaixo, retirados do texto, assinale aquele cuja circunstância está indicada de modo INCORRETO.

  a) "é **mais** fácil na medida em que se beneficia"- Intensidade.

  b) "Impõe-se **igualmente** a visualização" - Afirmação.

  c) "Ninguém é capaz de escrever **bem**" – Modo.

  d) "**Não** há um jeito especial para a redação" – Negação.

  *Resposta:* B

  O advérbio "igualmente" indica sentido de modo, não de afirmação.

## 8.3. Adjetivo funcionando como advérbio

Existe um precedente gramatical que permite a uma palavra de determinada classe funcionar como se pertencesse a outra classe. A isso damos o nome de derivação imprópria. Trata-se de um fenômeno muito comum e que pode ocorrer com adjetivos que querem se passar por advérbios.

**APLICAÇÃO** DA REGRA:

Aquele palestrante falou **bonito** hoje.

Note que a palavra destacada indica, na frase, um modo como a ação transcorreu, ou seja, foi empregada na função de um advérbio. Entretanto, a palavra "bonito" é um adjetivo (formalmente falando). Nessa frase, houve a derivação imprópria do vocábulo. O sentido seria o de falar "belamente".

**PEGADINHA** DA BANCA

A banca examinadora colocará uma sentença e solicitará a classificação morfológica do termo.

**EXEMPLO** DE QUESTÃO

- **(Pablo Jamilk – inédita)** Assinale a alternativa em que a palavra destacada não está classificada corretamente.
  a) **Se** você preferir, podemos fazer com cheque. (Conjunção)
  b) Haverá solicitações de certidão **após** o evento. (Preposição)
  c) Naquela estrada, Luiz caminhava **rápido**. (Adjetivo)
  d) Espero **que** você compreenda a situação. (Conjunção)
  e) Não **se** sabe se ele virá para o baile. (Pronome).

  *Resposta:* C

  Comentário: a palavra "rápido" é um adjetivo, porém foi empregado na sentença como um advérbio.

## 8.4. Existe advérbio variável?

Informalmente, é possível flexionar um advérbio. Note que isso não vale para a norma padrão. Esse tipo de situação ocorre coloquialmente, a exemplo de tentar flexionar um advérbio em relação a grau, como se faria com um substantivo.

**APLICAÇÃO** DA REGRA

✦ Ela falava **devagarzinho.**

A palavra **devagar** é um advérbio; logo, é uma palavra que não apresenta flexão, muito menos uma flexão de grau como se faz a do substantivo (com o acréscimo de sufixos). Entretanto, coloquialmente, esse é um termo aceito.

**PEGADINHA** DA BANCA

A banca examinadora poderá apresentar um texto com registro coloquial, representando um falar menos policiado gramaticalmente e vai apostar que você não terá tal conhecimento.

**EXEMPLO** DE QUESTÃO

- **(Pablo Jamilk – inédita)** Assinale a alternativa em que o termo destacado foi empregado coloquialmente.
  a) Quando você puser a mesa, estaremos contentes.
  b) Depois da chuva, havia bastantes goteiras.
  c) Infelizmente, não sei a resposta.
  d) Ele executou o serviço tão **benzinho** que fiquei feliz.
  e) Mesmo que ele **aja** com prudência, estará errado.

  *Resposta:* D

  Comentário: a palavra "benzinho" é coloquial, pois se trata de uma forma forçada de flexão do advérbio de modo "bem", que é uma palavra invariável.

## 8.5. Como identificar uma locução adverbial?

Algumas questões exigem a identificação de uma locução adverbial, a fim de investigar o conhecimento do candidato a respeito do emprego de vírgulas e demais sinais de pontuação. Deve-se perceber que uma locução é uma expressão de sentido unitário formada por mais de uma palavra. No caso das locuções adverbiais, a palavra inicial costuma ser uma preposição[2].

**APLICAÇÃO** DA REGRA

- **Com** pressa, eles saíram.
- **No** momento exato, eles saíram.
- **Por** medo, ninguém falou.

As preposições **com**, **em** e **por** introduzem as locuções adverbiais e aplicam o seu sentido, a saber – de modo, de tempo e de causa. Deve-se atentar para essas estruturas.

2. Isso não quer dizer que outras locuções não possam começar com preposição.

**PEGADINHA DA BANCA**

A banca examinadora tende a não considerar como locução adverbial e chamar de expressão explicativa. O que é um erro.

**EXEMPLO DE QUESTÃO**

- **(Pablo Jamilk – Inédita)** Durante os dias de folia do carnaval, 5 milhões de camisinhas serão distribuídas em festas de rua no Recife (PE), em Olinda (PE), Salvador (BA), no Rio de Janeiro (RJ), em São Paulo (SP) e em Ouro Preto (MG), que recebem milhares de foliões. Os preservativos serão distribuídos em 17 cidades de oito estados e no Distrito Federal, pelo Ministério da Saúde.

  (Terra – com adaptações)

  ( ) A vírgula empregada após a palavra "carnaval" é obrigatória pelo fato de esse elemento ter natureza explicativa.

  **Resposta**: errado.

  **Comentário**: a vírgula foi empregada porque se trata de uma locução adverbial de longo corpo que fora deslocada na sentença.

# 9 CONJUNÇÃO

## 9.1. "Mas" oposição ou adição

Quando falamos sobre conjunções, sempre há algum mistério no ar. A palavra "mas" possui vários desses. Vamos começar investigando o seu sentido frasal.

**APLICAÇÃO DA REGRA**

Usualmente, quando se emprega a palavra "mas" após uma pausa na sentença (marca da por vírgula ou ponto-e-vírgula), a conjunção em questão adquire um valor adversativo (de oposição). Quando se emprega tal palavra na locução "não só... mas também", o sentido é distinto, passa a indicar soma.

**PEGADINHA DA BANCA**

Os elaboradores sabem que a grande massa concurseira gosta de decorar a tabela de conjunções sem se atentar para esse tipo de detalhe. Logo, a estratégia fundamental é marcar apenas a palavra "mas" (de uma locução aditiva) e questionar se seu sentido é adversativo.

## EXEMPLO DE QUESTÃO

**(FCC - AuxJ TRF2/TRF 2/Administrativa/2007)**

"A batalha para alimentar a humanidade acabou. Centenas de milhões vão morrer nas próximas décadas, apesar de todos os programas contra a fome", escreveu o biólogo americano Paul Ehrlich em seu livro **A bomba populacional**, de 1968. Não era à toa. O número de pessoas no mundo chegava a assustadores 3,5 bilhões e, de fato, não existia terra suficiente para alimentar todas elas.

Mas Ehrlich errou. Ele não acreditava que um daqueles programas contra a fome daria certo. Era a Revolução Verde, um movimento que começou nos anos 40. O revolucionário ali foi dotar a agricultura de duas novidades. A primeira foram os fertilizantes de laboratório. Criados no começo do século XX, esses compostos químicos permitiam maior crescimento das plantas, com três nutrientes fundamentais: nitrogênio, potássio e fósforo. A segunda novidade eram os pesticidas e herbicidas químicos, capazes de destruir insetos, fungos e outros inimigos das lavouras com uma eficiência inédita. E o resultado não poderia ter sido melhor: com essa dupla, a produtividade das lavouras cresceu exponencialmente. Tanto que, hoje, dá para alimentar uma pessoa com o que cresce em 2 mil metros quadrados; antes, eram necessários 20 mil.

A química salvou a humanidade da fome. Mas cobrou seu preço. Os restos de fertilizantes, por exemplo, tendem a escapar para rios e lagos próximos às plantações e chegar à vegetação aquática. As algas se multiplicam a rodo e, quando finalmente morrem, sua decomposição consome o oxigênio da água, sufocando os peixes. Com os pesticidas é pior ainda. Eles não são terríveis só contra os insetos que destroem lavouras, mas também contra borboletas, pássaros e outras formas de vida. A biodiversidade ao redor das fazendas fica minguada e, quando os agricultores exageram na dose, sobram resíduos nos alimentos, toxinas que causam danos à saúde das pessoas. Diante disso, muitos consumidores partiram para uma alternativa: os alimentos orgânicos, que ignoram os pesticidas e fertilizantes químicos em nome de integrar a lavoura à natureza. (Adaptado de Ana Gonzaga. **Superinteressante**, novembro 2006, p. 90-92)

*Eles <u>não</u> são terríveis <u>só</u> contra os insetos que destroem lavouras, <u>mas também</u> contra borboletas, pássaros e outras formas de vida.* (4º parágrafo)

A sequência grifada na frase acima assinala, considerando-se o contexto, a noção de

a) oposição, já que os pesticidas destroem insetos prejudiciais à lavoura, preservando as borboletas, pássaros e outras formas de vida.

b) alternativa, tendo em vista que os pesticidas destroem apenas os insetos, ou ainda, somente as borboletas, pássaros e outras formas de vida.

c) adição, pois os pesticidas, além de destruir os insetos prejudiciais às lavouras, destroem ainda borboletas, pássaros e outras formas de vida.

d) conclusão, por informar o emprego específico das substâncias referidas, como solução final dos problemas das lavouras.

e) explicação, pois insiste no sentido da palavra pesticidas, como destruidores apenas das pragas das lavouras.

*Resposta:* C

Comentário: como se trata da locução "não só... mas também", o sentido adquirido é o de adição, não de oposição, precisamente como ilustra a regra mencionada.

## 9.2. Conjunções concessivas X Locuções prepositivas concessivas

Uma conjunção será concessiva quando indicar uma ideia de quebra semântica relativa a uma possibilidade de conclusão, ou seja, uma contraposição a uma conclusão esperada.

**APLICAÇÃO** DA REGRA

A aplicação, na realidade, consiste em saber diferenciar uma conjunção ou uma locução conjuntiva de uma locução prepositiva, bem como em conhecer o significado empregado. Alguns exemplos de conjunção concessiva: embora, ainda que, apesar de que, se bem que, mesmo que, por mais que, posto que, conquanto etc. Uma locução prepositiva começa e termina com uma preposição essencial e seu sentido deve ser haurido da sentença, a fim de reconhecer a relação semântica estabelecida.

**PEGADINHA** DA BANCA

A pegadinha fica a cargo de tentar dificultar a substituição de elementos, colocando conjunções ou locuções prepositivas que não possuem sentido concessivo em uma frase.

**EXEMPLO** DE QUESTÃO

▸ **(FGV - AFRE RJ/SEFAZ RJ/2008)** "A despeito de sua natureza relativamente controversa..."

Assinale a alternativa que não poderia substituir a expressão grifada acima, sob pena de alteração de sentido.

a) Malgrado

b) Não obstante

c) Apesar de

d) Nada obstante

e) Porquanto

*Resposta:* E

Comentário: a expressão "a despeito de" é uma locução prepositiva com sentido concessivo. A única palavra que não poderia ser empregada em seu lugar é o termo "porquanto", uma vez que se trata de uma conjunção coordenativa explicativa.

## 9.3. Portanto X Porquanto

Há uma diferença semântica que costuma ser muito cobrada em provas de concurso: a distinção entre as conjunções "portanto" e "porquanto".

**APLICAÇÃO** DA REGRA

A palavra "portanto" é uma conjunção coordenativa conclusiva, logo seu sentido é de conclusão do que se apresenta em uma sentença. A palavra "porquanto" é uma conjunção coordenativa explicativa, ou seja, apresenta um sentido de explicação de outra oração.

**PEGADINHA** DA BANCA

A jogada mais comum das bancas examinadoras consiste em propor uma lista de conjunções para realizar substituição em uma frase e, dentre elas, inserir a palavra "porquanto" em meio a uma série de conjunções conclusivas.

**EXEMPLO** DE QUESTÃO

- **(CESPE - AUFC/TCU/Controle Externo/2005)** O dinheiro, mercadoria universal por excelência, produz uma nova metafísica da vida humana: alguns salários são irrecusáveis. **Portanto** certas ofertas, partindo de multinacionais capazes de concentrar capital suficiente para efetuá-las, selam o destino da vítima, assim como os desígnios de Deus determinaram o sacrifício do filho de Abraão.

  *Idem, ibidem.*

  Considerando as ideais e as estruturas morfossintáticas do texto, julgue o item a seguir.

  Dado o seu sentido explicativo, a conjunção "Portanto" poderia ser substituída pelo conector **Porquanto**, sem prejuízo da coerência do texto.

  ( ) Certo ( ) Errado

  *Resposta:* Errado

  Comentário: conforme foi identificado na "pegadinha da banca", nota-se a tentativa de confundir o candidato na troca de uma conjunção conclusiva (portanto) por uma explicativa (porquanto). Fato que prejudicaria o sentido original da sentença.

## 9.4. E (aditivo)

A conjunção "e" recebe, comumente, a classificação de conjunção aditiva. Dentre as várias possibilidades de sentido que lhe podem ser atribuídas, essa é a mais comum. Vale empreender uma distinção entre esses sentidos.

### APLICAÇÃO DA REGRA

A conjunção "e" será aditiva quando estiver simplesmente relacionando termos em uma ideia de soma, de adição. Como no exemplo a seguir:

- Identificaram o culpado e propuseram sua prisão.

Há duas orações que são apenas "somadas" pela conjunção "e". Esse é o caso de identificação semântica mais simples em relação aos sentidos dessa conjunção.

### PEGADINHA DA BANCA

Muitos alunos, por conhecerem as diversas possibilidades de sentidos, são pegos em uma armadilha comum: achar que a sentença está muito fácil e que há algo escondido por trás da noção expressa na frase. Apesar disso, há algumas questões que são mais simples mesmo, e basta identificar a noção de soma que é expressa na frase.

### EXEMPLO DE QUESTÃO

- **(Itame - Prefeitura de Aragoiânia – GO 2016 – Adaptada)** Observe o emprego da conjunção **e** no período abaixo:

  1. Paula gosta de Pedro **e** vai se casar com ele no final do ano.

  Ela estabelece, pela ordem, a seguinte relação de sentido:

  a) adição

  b) oposição

  c) conclusão

  d) ilação

  *Resposta:* A

  Comentário: no texto, há duas ações que são somadas pela conjunção "e". Note que esse sentido pode parecer desimportante, entretanto, quando comparado com os demais, sua importância para distinção fica evidente.

## 9.5. E (adversativo)

Apesar de ser notadamente aditiva, a conjunção "e" também pode exprimir um sentido de oposição, semelhante ao sentido da conjunção "mas".

**APLICAÇÃO DA REGRA**

A conjunção "e" será adversativa quando houver uma pausa para mudar a direção semântica do enunciado, ou seja, deverá ser precedida de uma vírgula (ou um sinal de ponto-e-vírgula, a depender do caso). Veja o exemplo a seguir:

- Marcos estudou muito, **e** não conseguiu passar no exame de direção.

A conjunção destacada marca um sentido de oposição, podendo ser substituída pela conjunção "mas" – com manutenção do sentido original. Isso ocorre em razão de se apresentar uma sentença que contraria a conclusão lógica da primeira oração (a de que alguém que estuda muito passar em algum exame).

**PEGADINHA DA BANCA**

Como se trata de uma conjunção muito comum e com sentido usualmente aditivo, a banca aposta no fato de que o candidato não perceberá o sentido de oposição na frase. Vale o destaque para a vírgula obrigatória (o que ajuda a entender a sentença mais propriamente).

**EXEMPLO DE QUESTÃO**

- **(Itame - Prefeitura de Aragoiânia – GO 2016 – Adaptada)** Observe o emprego da conjunção **e** nos períodos abaixo:

  1. Cláudio gosta de Sofia **e** vai se casar com Alice.

  Ela estabelece, pela ordem, as seguintes relações de sentido:

  a) adição

  b) oposição

  c) conclusão

  d) ilação

  *Resposta:* B

  Comentário: a ideia lógica seria que Cláudio se casasse com Sofia, pois gosta dela. Apesar disso, o sentido expresso é o de oposição de sentido, logo é possível identificar a conjunção como sentido adversativo.

## 9.6. E (conclusivo)

Outro sentido possível para a conjunção "e" é o de uma conclusão relativa a uma sentença anteriormente apresentada.

**APLICAÇÃO** DA REGRA

Para captar o sentido de conclusão, é preciso ter um pouco mais de sensibilidade semântica. Deve-se compreender que a sentença anterior à introduzida pela conjunção "e" deve carregar um sentido causal ou uma circunstância de causa em relação ao que é expresso posteriormente.

**PEGADINHA** DA BANCA

Como o caso da conjunção com sentido adversativo, o comum é explorar a conjunção "e" apenas como aditiva, desconsiderando esse sentido possível.

**EXEMPLO** DE QUESTÃO

▸ **(Pablo Jamilk – Inédita)** Texto para responder à questão.

Judite não prestava atenção.
Um dia foi para uma festa,
Bebeu,
Dançou,
Comemorou,
E sem perceber,
Alguém levou seu coração.
(Pablo Jamilk)

De acordo com os sentidos do texto, é possível afirmar que a conjunção "e" – no penúltimo verbo – apresenta um sentido de adição.

( ) Certo ( ) Errado.

*Resposta:* errado - O sentido apresentado pela conjunção (apesar de pertencer categoria das adversativas) é de conclusão. Percebe-se pelo fato de que a última ação é identificada como a conclusão daquilo que se apresentou anteriormente.

## 9.7. Mas (restritivo)

A conjunção "mas" é um elemento que costuma aparecer em diversas provas de concurso público. Em virtude de seu sentido mais comum – o de oposição – ser extremamente cobrado em algumas provas, alguns matizes semânticos passam sem que o candidato perceba. Vejamos como desviar das pedras no caminho.

### APLICAÇÃO DA REGRA

A conjunção "mas" terá o valor semântico de restringir a conclusão de uma informação posterior quando for d ordem adversativa. Isso quer dizer que se trata muito mais de uma questão de nomenclatura do que de função propriamente.

### PEGADINHA DA BANCA

A banca examinadora aposta no fato de que o concurseiro está acostumando apenas a ver como elemento restritivo a oração subordinada adjetiva restritiva.

### EXEMPLO DE QUESTÃO

▸ **(Pablo Jamilk – Inédita)** Na oração "desejávamos que os convidados ficassem à vontade, mas não ficaram", a vírgula que antecede a conjunção "mas" separa a primeira oração de um segmento de natureza:

a) Explicativa, pois elucida a sentença antecedente.
b) Aditiva, pois soma uma ação posterior.
c) Conclusiva, pois indica o resultado de uma ação.
d) Restritiva, pois aponta para uma mudança de orientação semântica.
e) Alternativa, pois apresenta uma possibilidade divergente da sentença anterior.

*Resposta:* D

Comentário: veja como a segunda oração muda o sentido da primeira, pois há uma quebra na sequência das informações apresentadas, a fim de introduzir um segmento que ressalva a sentença anterior.

## 9.8. Mas (aditivo)

Dentre todos os semas que a palavra "mas" pode adquirir, talvez o mais curioso seja o que indica adição de ideias. Não se trata do mais usual, porém pode ser recorrente em algumas situações.

### APLICAÇÃO DA REGRA

O valor semântico dessa conjunção será o de adição quando não houver mudança radical em relação ao que se diz anteriormente. Na realidade, a ideia será um tipo de reforço da sentença anterior.

### PEGADINHA DA BANCA

Como não é de uso muito usual (a não ser na coloquialidade), ocorre de a banca tentar confundir o candidato com o uso mais regular, de natureza adversativa.

**EXEMPLO** DE QUESTÃO

- **(Pablo Jamilk – Inédito)** Atente para a sentença abaixo:

  *Godofredo bebe, **mas bebe muito!***

  Qual é o valor semântico da conjunção destacada?

  a) Aditivo
  b) Adversativo
  c) Explicativo
  d) Concessivo
  e) Conclusivo

  *Resposta:* A

  Comentário: tem-se a impressão de que a segunda sentença apenas confirma a primeira. Nesse caso, seria possível realizar uma troca da conjunção "mas" pela conjunção "e", portanto, trata-se de uma conjunção de natureza aditiva.

## 9.9. Mas (retificativo)

A conjunção "mas" pode adquirir o valor de retificação (correção) de informações em uma sentença antecedente. Algo muito comum na língua falada (em uma variante mais escolarizada, de fato). Vejamos seu emprego.

**APLICAÇÃO** DA REGRA

A conjunção em questão será de natureza retificativa quando seu sentido não for o de oposição relativamente à sentença anterior, e sim de atualização de uma informação.

**PEGADINHA** DA BANCA

Como qualquer boa questão sobre a conjunção "mas", a pegadinha é considerá-la apenas adversativa.

**EXEMPLO** DE QUESTÃO

- **(Pablo Jamilk – inédito)** Leia a sentença a seguir:

  *Ele não acertou duas, mas dez questões.*

  Entende-se que a conjunção destacada promove uma relação de:

  a) Adição
  b) Oposição

c) Retificação
d) Conclusão
e) Explicação

*Resposta:* C

Comentário: A conjunção "mas" adquire valor retificativo em relação à informação anterior, uma vez que corrige o conteúdo do que foi proposto pelo falante. Nesses casos, dizemos que a conjunção passou por uma "atualização" semântica.

## 9.10. Mas (discursivo)

Essa conjunção é multifuncional mesmo. Quase como um coringa dentro das sentenças. Bem, mais um dos usos é aquilo que se convencionou chamar de uso discursivo, ou seja, não há uma função sintática ou semântica predeterminada para essa palavra. Trata de um termo para iniciar uma elocução, buscando chamar a atenção de quem lê ou ouve a sentença.

**APLICAÇÃO** DA REGRA

A rigor, o "mas" discursivo costuma vir no início da sentença (sem isolamento), em frases de interpelação (chamamento).

**PEGADINHA** DA BANCA

**A** banca pode apostar (além da ideia de oposição) em questionar sobre o papel funcional desse elemento. Ele está mais vinculado à função fática da linguagem (a que testa canal comunicativo). Outro questionamento comum é a respeito da possibilidade de se isolar a conjunção com vírgula (o que não poderá ocorrer).

**EXEMPLO** DE QUESTÃO

- **(Pablo Jamilk – inédito)** *Mas que tipo de pessoa entre em um motel andando a cavalo? Pois é, a notícia parece mentirosa, mas não é!*

  As imagens começaram a se espalhar através das redes sociais no dia 22 de junho de 2016, e mostram um casal entrando tranquilamente em um motel com um veículo um tanto quanto diferente: Uma carroça puxada a cavalo!

  No WhatsApp, algumas postagens bem-humoradas exaltam "a lábia" do rapaz, que teria conseguido levar a moça ao motel em um veículo tão incomum e simples.

  O fato teria ocorrido em um motel chamado Ele e Ela e muita gente ficou em dúvida e querendo saber se isso é verdade mesmo!

  (Texto adaptado da Internet)

Questão:

A conjunção "mas" empregada duas vezes no primeiro parágrafo do texto tem, nas duas ocorrências, o mesmo valor semântico.

**Resposta**: errado.

**Comentário**: a primeira ocorrência da palavra "mas" serve para abrir uma elocução, ou seja, para iniciar uma comunicação de modo mais enfático. A segunda ocorrência possui sentido de oposição, ou seja, trata-se de uma conjunção com valor adversativo.

## 9.11. Caso X Se

É muito comum haver questões a respeito de troca de conjunções em uma base textual. É preciso ter um pouco de atenção para não cometer equívocos quando isso ocorrer.

**APLICAÇÃO** DA REGRA

quando se emprega uma conjunção subordinativa em uma sentença, é muito comum o verbo ficar no subjuntivo. Apesar disso, eventualmente é possível que algum tipo de alteração no tempo de conjugação deva ser realizado, a fim de manter a correção gramatical. Veja o exemplo:

- Caso você **tenha** tempo, faça os exercícios.
- Se você **tiver** tempo, faça os exercícios.

Note qual foi o procedimento: houve uma troca de tempo (do presente para o futuro) e uma manutenção do modo (subjuntivo).

**PEGADINHA** DA BANCA

Como as bancas conhecem o raciocínio do concurseiro, apostam em uma simples troca de conjunções. Na questão, alegam que não se deve fazer qualquer tipo de alteração após a troca direta. Mentira! É preciso fazer um ajuste na conjugação verbal.

**EXEMPLO** DE QUESTÃO

- **(CESPE - APF/PF/2009)** O uso do espaço público nas grandes cidades é um desafio. Sobretudo porque algumas regras básicas de boa convivência não são respeitadas. Por exemplo, tentar sair de um vagão do metrô com a multidão do lado de fora querendo entrar a qualquer preço, sem esperar e dar passagem aos demais usuários. Ou andar por ruas sujas de lixo, com fezes de cachorro e cheiro de urina. São situações que transformam o convívio urbano em uma experiência ruim. A saída é a educação. Convencidos disso, empresas e governos estão bombardeando a população com campanhas de conscientização - e multas, quando só as advertências não funcionarem. Independentemente da estratégia, o senso de urgência para uma mudança de comportamento na sociedade brasileira veio para ficar.

As iniciativas são louváveis. <u>Caso</u> a população, porém, se sinta apenas punida ou obrigada a uma atitude, e não parte da comunidade, os benefícios não se tornarão duradouros.

*Suzane G. Frutuoso. **Vai doer no bolsão.** In: Istoé, 22/7/2009, p. 74-5 (com adaptações).*

A respeito da organização das estruturas linguísticas do texto acima e da redação de correspondências oficiais, julgue o item subsequente.

A substituição de "Caso" pela conjunção **Se** preservaria a correção gramatical da oração em que se insere, não demandaria outras modificações no trecho e respeitaria a função condicional dessa oração.

( ) Certo ( ) Errado

*Resposta:* Errado

Comentário: a troca das conjunções pressupõe a troca do tempo da conjugação verbal. A frase final deveria ser a seguinte: ***Se** a população, porém, se **sentir** apenas punida.*

## 9.12. Causa X Explicação

Nada confunde mais os alunos que estudam Língua Portuguesa do que a diferença entre uma conjunção coordenativa explicativa e uma conjunção subordinativa adverbial causal. Vamos investigar essa diferença.

### APLICAÇÃO DA REGRA

Há algumas diferenças tênues entre explicação e causalidade, mas não são tão evidentes, pois as pessoas tendem a achar que qualquer tipo de justificativa é uma explicação. Bem, para delinear essa distinção, tomemos os seguintes princípios:

a) A conjunção explicativa serve para indicar a explicação da sentença antecedente.

b) A conjunção explicativa surge quando houver um verbo no imperativo ou uma constatação hipotética.

c) A conjunção causal há de indicar a causa da declaração feita na outra oração.

d) A conjunção causal dependerá de uma relação temporal entre os elementos de uma sentença.

**PEGADINHA DA BANCA**

A banca examinadora sabe muito bem que os candidatos não compreendem essa distinção. Logo, aposta todas as fichas na inversão dos conceitos de causa e explicação.

**EXEMPLO DE QUESTÃO**

▶ **(IBFC - SEPLAG-MG 2013)** Na frase "Ele deve passar fome, pois está muito magro", a palavra "pois" funciona como um articulador das orações e estabelece entre elas a relação de:

a) soma.
b) oposição.
c) explicação
d) conclusão.

*Resposta:* C

Comentário: note que a primeira sentença apresenta uma constatação hipotética (a prova disso é o verbo modalizador "poder" empregado na sentença). Depois disso, segue-se uma EXPLICAÇÃO relativa ao que se declarou. Não se tem certeza da fome, por isso a explicação. Compare com o seguinte enunciado:

✦ Ele emagreceu muito **porque** passava fome.

Nesse caso, temos certeza de que passava fome. Aliás, antes de emagrecer, a fome era a constante, logo, é perceptível que se trata de uma conjunção que indica a causa, não a explicação.

## 9.13. Conjunção X Locução conjuntiva

Há uma diferença entre uma conjunção e uma locução conjuntiva, porém a maior parte dos concurseiros (e até algumas bancas examinadoras) ignoram o fato. Saber a diferença entre esses elementos pode ser fator fundamental para compreender o que se pede em uma questão.

**APLICAÇÃO DA REGRA**

Uma conjunção é um elemento constituído por uma palavra, ao passo que uma locução conjuntiva possui mais de uma palavra em um agrupamento, que funciona como uma conjunção. O segredo está na quantidade de elementos.

**PEGADINHA DA BANCA**

É comum haver uma tentativa de desviar a atenção do candidato em relação à locução conjuntiva, fazendo com que ele veja apenas um dos elementos da constituição. Isso é muito comum com as coordenativas aditivas. Além disso, é muito comum haver confusão entre locução conjuntiva (que deve terminar por uma conjunção) e locução prepositiva (que deve terminar por preposição).

**EXEMPLO DE QUESTÃO**

- **(IMA - Prefeitura de Paraibano – MA – Procurador 2014)** Em uma das opções abaixo ocorreu uma falha na identificação do tipo de locução, assinale-a

  a) O senador João Pedro falou **de improviso** = adverbial

  b) **Apesar da** derrota da seleção, lutamos até o fim. = conjuntiva

  c) Agimos **de acordo com** a lei = prepositiva

  d) **Cada qual** age segundo seu estado de ser = pronominal

  *Resposta:* b

  Comentário: na frase expressão destacada da letra "b", há uma locução prepositiva, pois o último elemento da composição é uma preposição contraída com um artigo. Desse modo, fica flagrante o erro de classificação da locução destacada.

## 9.14. Porque com sentido de finalidade?

Bem se sabe que o vocábulo "porque" possui suas particularidades. Há um sentido dessa conjunção que nem sempre é conhecido pelos alunos. Trata-se do seu sentido de finalidade.

**APLICAÇÃO DA REGRA**

a conjunção "porque" será final quando, evidentemente, indicar a finalidade de uma ação expressa em outra oração. Para facilitar essa identificação, recomenda-se a permuta com a locução conjuntiva "para que". Se o sentido se mantiver, haverá uma conjunção final.

**PEGADINHA DA BANCA**

Como era de se esperar, a banca examinadora tenta jogar os outros sentidos da conjunção para dificultar a vida do candidato. Nada que a permuta mencionada não resolva.

**EXEMPLO DE QUESTÃO**

- **(Pablo Jamilk – Inédita)** Em "torça **porque** seu time vença o campeonato", a conjunção destacada possui valor:

a) Causal
b) Condicional
c) Final
d) Explicativo
e) Conclusivo

*Resposta:* C

Comentário: note a simples permuta entre "porque" e "para que" na sentença para poder identificar seu valor final.

## 10. PREPOSIÇÃO

### 10.1. Significado

É a palavra invariável que estabelece uma relação entre dois ou mais termos da oração. Essa relação é do tipo **subordinativa**, ou seja, entre os elementos ligados pela preposição não há sentido dissociado, separado, individualizado; ao contrário, o sentido da expressão é dependente da união de todos os elementos que a preposição vincula.

**APLICAÇÃO** DA REGRA

Os candidatos **de** São Paulo falavam **sobre** a prova.

As preposições ligam termos, subordinam-nos. O termo que antecede a preposição é chamado de **regente** e o termo posposto é chamado de **regido**.

**PEGADINHA** DA BANCA

São exigidas as relações das preposições e a diferença entre artigo e preposição.

Importante: não possui função sintática, isto é, não pode ser adjunto adnominal nem conectivo.

**EXEMPLO** DE QUESTÃO

**(CESPE)** Trecho para a questão: Com um alto grau de urbanização, o Brasil já apresenta cerca de 80% da população nas cidades, mas, como advertem estudiosos do assunto, o país ainda tem <u>muito a aprender</u> sobre crescimento e planejamento urbanos. Gazeta do Povo (PR), 8/1/2009 (com adaptações)

Em "muito a aprender", "a" é preposição

( ) certo ( ) errado

**Resposta:** "certo"

É uma preposição essencial - desempenha apenas o papel de preposição; diferente de preposição acidental (estudaremos a seguir).

**DICA**

Não admite plural.

## 10.2. Combinação e contração

**APLICAÇÃO** DA REGRA

As preposições são palavras **invariáveis**, pois não sofrem flexão de gênero, número ou variação em grau como os nomes, nem de pessoa, número, tempo, modo, aspecto e voz como os verbos. Em diversas situações as preposições se **combinam** a outras palavras da língua (fenômeno da **contração**) e, assim, estabelecem uma relação de concordância em gênero e número com essas palavras às quais se ligam. Mesmo assim, não se trata de uma variação própria da preposição, mas sim da palavra com a qual ela se funde.

| Combinação | não ocorre perda de som | |
|---|---|---|
| a | + o (artigo) | ao |
| a | + onde (advérbio ou pronome) | aonde |
| a | + os (artigo) | aos |

| Contração | ocorre perda de som | |
|---|---|---|
| em | + o (artigo) | no |
| por | + a (artigo) | pela |
| de | + isto (pronome) | disto |

**PEGADINHA** DA BANCA

O "o" pode ser pronome demonstrativo e equivaler a **aquilo.**

*Exemplo:* Ele foi um dos que falou sobre a prova.

**Dos** = contração de DE + **OS**: um d**aqueles** (preposição + pronome demonstrativo).

**EXEMPLO** DE QUESTÃO

▶ **(FUNDATEC)** Trecho para a questão: (...) Usando códigos simples, as crianças aprenderam a programar as peças para que a boca do crocodilo se fechasse, "mordendo" seus dedos cada vez que os aproximassem dela. (...)

(Fonte: http://blogs.estadao.com.br/link/escola-ensina-criancas-a-programar – texto adaptado)

O vocábulo *dela* é formado pela __________ da __________ com o pronome __________ *ela*, retomando a expressão __________. Assinale a alternativa que completa, correta e respectivamente, as lacunas do trecho acima.

a) contração – preposição – possessivo – as crianças
b) combinação – conjunção – demonstrativo – a boca do crocodilo
c) contração – conjunção – possessivo – a boca do crocodilo
d) combinação – preposição – pessoal – as crianças
e) contração – preposição – pessoal – a boca do crocodilo

*Resposta:* "e"

❶ Dela = preposição + pronome pessoal reto. Alterou o som = contração;

❷ Preposição (de) + pronome pessoal (ela);

❸ Que se aproximassem da boca do crocodilo (dela) = coesão textual.

## 10.3. Classificação

**APLICAÇÃO** DA REGRA

| | | |
|---|---|---|
| **Essenciais** | desempenham apenas o papel de preposição | a, ante, após, até, com, contra, de, desde, em, entre, para, per, perante, por, sem, sob, sobre, trás |
| **Acidentais** | palavras de outras classes gramaticais que são usadas como preposição | • como (= na qualidade de),<br>• conforme (= de acordo com),<br>• segundo (= conforme),<br>• consoante (= conforme),<br>• durante, salvo, fora, mediante, tirante, exceto, senão,<br>• visto (=por) |

**PEGADINHA** DA BANCA

Diferença entre preposição e palavra denotativa. Veja, a seguir, exemplo de questão da banca Fundação Carlos Chagas.

**EXEMPLO** DE QUESTÃO

▸ **(FCC)** ... *e creio <u>até</u> que só ia às igrejas em dia de festa, e quando havia lugar vago em alguma tribuna.*

<u>Até</u>, tendo em vista seu emprego nesse segmento, classifica-se como

a) preposição acidental.

b) conjunção subordinativa temporal.
c) palavra denotativa de inclusão.
d) advérbio de tempo.
e) palavra denotativa de realce.

*Resposta:* "c"

**DICA**

**Palavras ou expressões denotativas:** são palavras que, embora, em alguns aspectos (sejam invariáveis), assemelhem-se a advérbios. Não possuem, segundo a Nomenclatura Gramatical Brasileira, classificação especial.

- **Sintaticamente** são expletivas = não assumem função alguma;
- **Morfologicamente** são invariáveis (muitas pertencem a outras classes gramaticais);
- **Semanticamente** são muito importantes no contexto em que se encontram e são classificadas em função da ideia que expressam:

| | |
|---|---|
| **Adição** | ainda, além disso, etc. |
| **Afastamento** | embora |
| **Afetividade** | ainda bem, felizmente, infelizmente |
| **Aproximação** | quase, lá por, bem, uns, cerca de, por volta de, etc. |
| **Designação** | eis |
| **Exclusão** | apesar, somente, só, salvo, unicamente, exclusive, exceto, senão, sequer, apenas, etc. |
| **Explicação** | isto é, por exemplo, a saber, etc. |
| **INCLUSÃO** | **ATÉ**, ainda, além disso, também, inclusive, etc. |
| **Limitação** | só, somente, unicamente, apenas, etc. |
| **Realce** | é que, cá, lá, não, mas, é porque, etc. |
| **Retificação** | aliás, isto é, ou melhor, ou antes, etc. |
| **Situação** | então, mas, se, agora, afinal, etc. |

## 10.4. Locução prepositiva

**APLICAÇÃO** DA REGRA

Locução prepositiva é mais de uma palavra que possui a função de subordinar termos, ou seja, de ligar palavras. Facilitando: **p**reposição liga **p**alavras e conjunção liga orações.

| | | |
|---|---|---|
| abaixo de | acima de | acerca de |
| a fim de | além de | a par de |
| apesar de | antes de | depois de |
| ao invés de | diante de | em fase de |
| em vez de | graças a | junto a |
| junto com | junto de | à custa de |
| defronte de | através de | em via de |
| de encontro a | em frente de | em frente a |
| sob pena de | a respeito de | ao encontro de |

## PEGADINHA DA BANCA

Não pode confundir com locução conjuntiva - liga orações (há dois ou mais verbos).

*Exemplo:* Conseguiu boa colocação, **apesar de** não estudar o suficiente.

## EXEMPLO DE QUESTÃO

**(FEC)** Trechos para a questão.

Quem se mantém informado sobre os imensos problemas dos ecossistemas marinhos sabe que o homem está pescando muito mais do que o oceano consegue produzir, ameaçando muitas espécies de extinção. (...)

Tudo parece conspirar para que o consumo de peixe seja uma prática muito pouco sustentável – com exceção dos peixes que são criados em um parque na Espanha. (...)

"Esta é uma receita para o futuro da boa alimentação, quer seja peixe ou gado. Precisamos de uma concepção radicalmente nova da agricultura, em que a comida de fato tenha um bom sabor", ressalta Barber. E diante da usual pergunta sobre se este tipo de sistema poderia, de fato, alimentar o mundo, o chef é radical em sua resposta: "Hoje produzimos mais comida para alimentar mais pessoas, o problema é a desigualdade e a distribuição, não a quantidade de comida que produzimos. (...)

Se trilharmos este caminho, podemos avançar em direção a um futuro onde a produção de alimentos seja benéfica tanto para o meio ambiente como para o estômago das pessoas.

ALVARADO, Paula. In: http://blogs.discoverybrasil.com / descubra o verde: 2010 / 03.

Cometeria grande equívoco quem fizesse, no texto, a substituição da preposição pela locução prepositiva, ou vice-versa, proposta em:

a) sobre / acerca de.

b) com exceção de / salvo.
c) para / a fim de.
d) diante de / ante.
e) em direção a / para.

*Resposta:* "c"

**Não indica finalidade** e em hipótese alguma pode ser substituído por "a fim de".

## 10.5. Relações

### APLICAÇÃO DA REGRA

As preposições podem indicar relações. Faça, como no advérbio, a pergunta e encontre a relação.

**Atenção**: se estiver ligada ao verbo, a relação da preposição será a mesma circunstância da locução adverbial. A diferença entre preposição e locução adverbial é o fato de poder haver preposição que não faça parte da locução adverbial.

| Caneta **de** Maria | posse | de quem? |
|---|---|---|
| Ver **de** perto | lugar | de onde? |
| Mesa **de** trabalho | finalidade | para que a mesa? |
| Morreu **de** felicidade | causa | morreu de quê? |
| Falava **de** amor | assunto | falava de quê? |
| Saiu **com** os amigos | companhia | saiu com quem? |
| Sou **de** Ribeirão | lugar (origem) | de onde? |
| Bola **de** couro | matéria | de que é feita a bola? |
| A música é **de** Caetano Veloso | autoria | de quem? |
| A escolha será **por** sorteio | modo ou conformidade | como? |
| Andaremos **a** cavalo | meio | de quê? |
| Palmeiras jogou **contra** Corinthians | oposição | contra quem? |
| Tomei um copo **de** vinho | conteúdo | de quê? |
| Vendeu o livro **(a)por** R$ 50,00 | preço | por quanto? |
| Formou-se **em** medicina | especialidade | em quê? |
| Olhe **para** frente sempre | destino ou direção | para onde? |
| Foi **até** o fim | limite | |
| Está **sem** paciência | ausência, falta | |
| Saiu do palco **sob** muitos aplausos | **lugar conotativo** (sentido figurado) | |

## PEGADINHA DA BANCA

Nem sempre a preposição estará inserida em uma locução adverbial, ela pode pertencer a uma frase, como visto na tabela. A locução adverbial indica, normalmente, circunstância do verbo.

## EXEMPLO DE QUESTÃO

- **(FGV)** "Por precaução, a maioria dos médicos recomenda evitar a combinação de bebida e remédios".

  A preposição "*por*", no fragmento acima, tem valor de:

  a) meio.

  b) modo.

  c) condição.

  d) consequência.

  e) causa.

  *Resposta:* "e"

  Façamos a pergunta certa: **Por que** a maioria dos médicos recomenda evitar a combinação de bebida e remédios?

  **Porque** há preocupação.

- **(FUNCAB)** O valor relacional com que se empregou no texto a preposição ou locução prepositiva em destaque está indicado equivocadamente em:

  a) "[...] nunca estiveram tão fortes, decididas, abusadas ATÉ." / inclusão

  b) "[...] funcionando EM dupla voltagem [...]" / modo

  c) "[...] que as ajude COM os remos." / instrumento

  d) "[...] isso se dá ATRAVÉS da maternidade, do amor e do sexo." / causa

  e) "[...] terá se desviado PARA uma caricatura." / direção

  *Resposta:* "d"

  Fácil! Não se faz a pergunta "por quê?", não pode indicar causa.

**DICA**

A expressão "**através de**" possui significado ligado a movimento físico, indicando a ideia de atravessar.

"**Por meio de**" se relaciona à ideia de instrumento, utilizado na execução de determinada ação.

# 11. INTERJEIÇÃO

## 11.1. Classificação da interjeição

Deve-se compreender que a interjeição é uma expressão invariável (não flexiona), que indica um estado emotivo momentâneo. A interjeição costuma aparecer em sentenças exclamativas.

**APLICAÇÃO** DA REGRA

**Meu Deus**! Como isso é possível?

A expressão "Meu Deus" é uma locução introjetiva (locução de interjeição) que exprime sentido de admiração ou espanto.

**PEGADINHA** DA BANCA

A banca afirmará que se trata de palavra de outra classe gramatical, não de uma interjeição.

**EXEMPLO** DE QUESTÃO

- **(Quadrix - 2015 - CRF-RJ - Agente Administrativo)** Releia a seguinte passagem da tirinha: "Nossa! Então ele também é pão-duro!"

  Agora, assinale a alternativa **incorreta** quanto às palavras nela encontradas.

  a) A palavra "também", no contexto em que aparece, pertence a uma classe de palavras invariáveis.

  b) A palavra "ele", no contexto em que aparece, pertence à classe dos pronomes pessoais.

  c) A palavra "nossa", no contexto em que aparece, pertence à classe dos pronomes possessivos.

  d) A palavra "é", no contexto em que aparece, pertence a uma classe de palavras variáveis.

  e) O composto "pão-duro", no contexto em que aparece, pertence à classe dos adjetivos.

  *Resposta:* C

  Comentário: a palavra "nossa" aparece exclamativamente na sentença e indica um estado emotivo momentâneo de admiração ou espanto; logo, trata-se de uma interjeição, não de um pronome possessivo.

## 11.2. Invariabilidade da interjeição

Lembre-se de que uma interjeição é uma expressão que não pode ser passada para o plural nem para o feminino.

**APLICAÇÃO** DA REGRA:

A menina gritou:
– **Ai**! Morderam meu braço.

A interjeição "ai" não pode ser flexionada na sentença, do contrário, pertencerá a outra classe.

**PEGADINHA** DA BANCA

A banca há de variar a palavra e pedir se ela continua sendo uma interjeição.

**EXEMPLO** DE QUESTÃO

- **(Pablo Jamilk – inédita)** Leia a frase:

  Eu preciso de um bálsamo para aliviar os meus ais.

  Na frase em questão, a palavra "ais" classifica-se como uma interjeição.

  **Resposta**: errado.

  **Comentário**: trata-se de um substantivo, haja vista que o artigo está determinando a mudança de classe da palavra. Note-se também que, na frase em questão, houve flexão da palavra para o plural.

CAPÍTULO

3

Gramática

# Sintaxe

## 1. ANÁLISE SINTÁTICA

Chegamos à parte mais importante da gramática. Sem saber analisar sintaticamente uma oração, consequentemente você terá dificuldade em acertar questões de período composto, concordância, regência, crase, pontuação e emprego dos pronomes pessoais oblíquos. Esses assuntos estão diretamente ligados à análise sintática e por isso teci o passo a passo para que não haja dúvidas.

### 1.1. Frase, oração e período / Tipos de frase / Período simples e composto

**APLICAÇÃO DA REGRA**

▶ **Frase**

É todo enunciado de sentido completo, podendo ser formada por uma só palavra ou por várias, podendo ter verhos ou não. Pode exprimir: ideias, emoções, ordens ou apelos.

▶ **Tipos de frase**

| | | |
|---|---|---|
| **Interrogativas** | Uma pergunta é feita e se deseja obter alguma informação. A interrogação pode ser direta ou indireta. | Você estuda comigo domingo? = Interrogação direta<br>Desejo saber se você estuda comigo domingo. = Interrogação indireta |
| **Imperativas** | O emissor da mensagem dá uma ordem, um conselho ou faz um pedido, utilizando o verbo no modo imperativo (afirmativo ou negativo). | Faça-o entrar no carro! = Afirmativa<br>Não faça isso. = Negativa |

| | | |
|---|---|---|
| **Exclamativas** | Possuem estado afetivo e apresentam entoação ligeiramente prolongada. | Que prova difícil!<br>É uma delícia esse sanduíche! |
| **Declarativas** | É a constatação um fato. Informa ou declara alguma coisa. Podem ser afirmativas ou negativas. | Obrigaram o aluno a sair.<br>= Afirmativa<br>Ela não está na escola.<br>= Negativa |
| **Optativas** | Usadas para exprimir um desejo. | Deus te abençoe!<br>Bons ventos o tragam! |

- **Construção da frase**

| | | |
|---|---|---|
| **Frase Nominal** | Não há verbo. | Socorro!<br>Cuidado!<br>Belo quadro o seu! |
| **Frase Verbal** | Possui verbo. | A lua ilumina a cidade<br>e inspira os poetas.<br>Os músicos saíram para o show. |

- **Oração:** Oração possui estrutura sintática, ou seja, possui verbo.

Se a frase (precisa ter sentido completo) possuir verbo, será também uma oração.

| | |
|---|---|
| A lua ilumina a cidade e inspira os poetas. | Oração = possui verbo. |
| | Frase = possui sentido. |

- **Período:** O período é formado por oração e pode ser classificado em simples ou composto.

| | | |
|---|---|---|
| **Período Simples** | Uma oração, um verbo. | A lua ilumina a cidade. |
| **Período Composto** | Mais de uma oração,<br>mais de um verbo | A lua ilumina a cidade<br>e inspira os poetas. |

## PEGADINHA DA BANCA

Você precisa saber encontrar as frases, orações e períodos, já que em enunciados as bancas usam: no segundo período do terceiro parágrafo; na primeira oração do segundo período etc. É raro, mas podem exigir também a classificação das frases.

**EXEMPLO** DE QUESTÃO

▸ **(CONSULPLAN)** Assinale a alternativa que é frase, mas não é oração:

a) *"Tudo sobre amor."*
b) *"Adoramos um novo bezerro de ouro."*
c) *"Porque o tudo não existe."*
d) *"Sim, o amor é ótimo."*
e) *"... e é ela que dá sabor ao amor."*

*Resposta:* "a"

Simples: a frase não precisa ter verbo, mas sim sentido. Se a frase possui verbo, será também uma oração e a única alternativa que não possui verbo é a A (note que possui sentido).

b) Frase (possui sentido) e oração (possui verbo: adoramos).
c) Frase e oração (existe).
d) Frase e oração (é).
e) Frase e período composto (duas orações – dois verbos: é, dá)

## 1.2. Sujeito

**APLICAÇÃO** DA REGRA

Para encontrar o sujeito faz-se a pergunta **o quê?** (para coisa) e **quem?** (para pessoa).

Atente-se: se há voz ativa, voz passiva e voz reflexiva, o sujeito não é apenas o ser que pratica ação. Pode praticar, sofrer ou praticar e sofrer a ação.

<table>
<tr><td>Simples</td><td>um núcleo</td><td colspan="2">Muitos fatos estranhos ocorriam naquela situação.<br>= o que ocorriam?</td></tr>
<tr><td>Composto</td><td>mais de um núcleo</td><td colspan="2">Música e literatura fazem bem à alma.<br>– o que fazem bem?</td></tr>
<tr><td>Simples e implícito ou elíptico ou desinencial ou oculto</td><td>não está explícito na oração</td><td colspan="2">Fez o texto ontem.<br>= quem fez? Ele, mas o pronome não está explícito.</td></tr>
<tr><td rowspan="2">Indeterminado</td><td rowspan="2">não se sabe quem é o sujeito. Pode ocorrer em duas situações:</td><td>1. Verbo na terceira pessoa do plural;</td><td>Fizeram ótima prova.<br>= quem fizeram?<br>Não se sabe.</td></tr>
<tr><td>2. Verbo na terceira pessoa do singular + se (índice de indeterminação do sujeito)</td><td>Necessita-se de silêncio.<br>= quem necessita, necessita de algo (V.T.I.)<br>– de silêncio é O.I.</td></tr>
</table>

| | | | |
|---|---|---|---|
| **Oração sem sujeito** | não há sujeito e pode ocorrer em três situações: | 1. Verbo haver no sentido de existir ou ocorrer; | **Havia** pessoas. = existiam |
| | | 2. Verbos ser, estar e fazer indicando tempo ou fenômeno meteorológico; | **São** duas horas. = ser indicando tempo<br>**Está** muito calor. = estar indicando fenômeno meteorológico |
| | | 3. Verbos que indicam fenômenos da natureza. | **Faz** três anos que não a vejo. = fazer indicando tempo decorrido<br>Ontem **choveu** demais. = fenômeno da natureza |

**PEGADINHA** DA BANCA

- **Indeterminado:** Sempre muito pedida a diferença do **SE**.

| | | | |
|---|---|---|---|
| **Índice de indeterminação do sujeito** | Verbo no singular + se. | Intransitivo, transitivo indireto e verbo de ligação. | Dormiu-se bem. Precisa-se de livros. |
| **Pronome apassivador** | Verbo no singular ou no plural + se. Admite plural porque possui sujeito. | transitivo direto + se ou transitivo direto e indireto + se | Encontrou-se o local da prova = encontraram-se os locais da prova.<br>Dão-se aulas aos necessitados = aulas são dadas aos necessitados. |

- **Oração sem sujeito**

Fixando a concordância:

| ORAÇÃO SEM SUJEITO verbo no singular | SUJEITO verbo admite plural |
|---|---|
| **Havia** alunos. | **Existiam** alunos. |
| **Devia** haver alunos. | **Deviam** existir alunos. |
| **Havia** de haver alunos. | **Haviam** de existir alunos. |
| Alunos: **objeto direto** | Alunos: **sujeito**<br>*Por isso o verbo admite plural |

- Verbo **FAZER** indicando tempos decorrido: singular.
    - **Faz** dois anos. **Vai** fazer dois anos.

Em: **O dia amanheceu calmo**, embora o verbo indique fenômeno da natureza, **o dia** possui função de sujeito.

- Sujeito **ORACIONAL**

Se possuir verbo no sujeito, significará que existe uma oração = verbo no singular. Aprofundamento em concordância.

- *Exemplo:* Convém que você leia melhor o edital.

– O que convém?

– Que você **leia** melhor o edital = sujeito oracional. **O verbo da oração principal deve permanecer no singular.**

**EXEMPLO** DE QUESTÃO

- **(IBFC)** Assinale a opção em que ocorre erro na análise da classificação do tipo de sujeito dos verbos em destaque.

a) "**Existe** gente-casa e gente-apartamento." - Sujeito composto.

b) "**há** pessoas pequenas" - Sujeito inexistente.

c) "Ninguém **é** simples." - Sujeito indeterminado.

d) "**É** sempre arriscado prejulgar" - Sujeito oracional.

*Resposta:* "c"

- Quem é simples?

- Ninguém: sujeito simples.

**Observação:**

Na D:

- O que é sempre arriscado?

- Prejulgar: sujeito. Perceba que o sujeito é o verbo = sujeito oracional.

## 1.3. Predicação verbal – Estados do verbo de ligação

**APLICAÇÃO** DA REGRA

Predicação é a classificação do verbo.

| Classificação | Teoria | Exemplo | Dica |
|---|---|---|---|
| Intransitivo | o verbo não exige complemento, por isso o prefixo IN. | O vulto desapareceu na planície. | Nunca caberão as palavras *algo* e *alguém* após o intransitivo. |
| Transitivo direto | o verbo exige complemento SEM preposição. | "Tenho duas mãos e o sentimento do mundo." | quem tem, tem **algo** |
| Transitivo indireto | o verbo exige complemento COM preposição. | Todos precisam de felicidade. | quem precisa, precisa **DE algo** |
| Transitivo direto e indireto | o verbo exige dois complementos: com e sem preposição | Alguém ofereceu flor à Iemanjá. | quem oferece, oferece **algo a alguém** |
| Verbo de ligação | liga o sujeito ao predicativo (termo que qualifica) e **não indica ação. Indica estado.** | Todos ficaram felizes. | Para haver verbo de ligação, é preciso haver **predicativo**. |

### Estados do verbo de ligação

Por não indicar ação (movimento), o verbo de ligação pode expressar diferentes estados.

| Estado | Verbo | Exemplo |
|---|---|---|
| **permanente** | ser, viver | Ele é alegre.<br>Ele vive alegre. |
| **transitório** | estar, andar, achar-se, encontrar-se | Nós estamos felizes.<br>Eles andam felizes. |
| **mutatório** | ficar, virar, tornar-se, fazer-se | Ficaram cansados.<br>Tornaram-se exaustos. |
| **continuidade de estado** | continuar, permanecer | Todos continuam desconfiados.<br>Alguém permanece desatento. |
| **estado aparente** | parecer | Ela parece satisfeita. |

## PEGADINHA DA BANCA

Para haver verbo de ligação, é preciso haver predicativo (próxima dica - é o termo que qualifica).

| Eles **estavam** | exaustos. |
|---|---|
| V.L. | ptivo sujeito |

| Eles **estavam** | em Londres. |
|---|---|
| intransitivo | adjunto adverbial de lugar |

| Elas **ficaram** | nervosas. |
|---|---|
| V.L. | ptivo sujeito |

| Elas **ficaram** | na escola. |
|---|---|
| intransitivo | adjunto adverbial de lugar |

**EXEMPLO** DE QUESTÃO

**(FCC)** ... *e favoreça os seus amores por ela...* O verbo que exige o mesmo tipo de complemento que o grifado acima está empregado em:

a) A jovem é irmã de Hersé...
b) ... este espetáculo a corrói...
c) ... Palas Atena vai à morada da Inveja...
d) ... e ordena-lhe que...
e) Assiste com despeito aos sucessos dos homens...

*Resposta:* "b"

– Favoreça algo (os seus amores) = V.T.D. + objeto direto.
– Corrói alguém (a) = V.T.D. + objeto direto.

a) é = verbo de ligação + predicativo do sujeito.
c) vai = intransitivo + adjunto adverbial de lugar.
d) ordena a alguém = V.T.I. + objeto indireto.

*Cuidado!* Fica claro que o verbo foi empregado como transitivo direto e indireto por ter a conjunção integrante "que" em seguida, mas a banca retirou o complemento. O verbo seria transitivo direto e indireto.
e) assiste a algo (aos sucessos) = V.T.I. + objeto indireto.

## 1.4. Predicativo

**APLICAÇÃO** DA REGRA

Predicativo é o termo que qualifica o sujeito ou o objeto.

Muito importante: para haver predicativo é necessário o verbo de ligação e para haver verbo de ligação é necessário o predicativo.

Fácil assim:

- Predicativo → **Verbo de ligação**
- Verbo de ligação → **Predicativo**

| | |
|---|---|
| **Predicativo do sujeito** | **A plateia** aplaudiu o espetáculo **emocionada.** |
| | A plateia (sujeito) aplaudiu o espetáculo *(e estava = V.L.)* emocionada. |

| | |
|---|---|
| **Predicativo do objeto** | Encontrei **mortos os soldados.** |
| | Encontrei (transitivo direto) os soldados (objeto direto) *(e eles estavam)* mortos. |

### Morfossintaxe dos predicativos

| | | |
|---|---|---|
| **Predicativo do sujeito** | adjetivos ou locuções adjetivas | A lua é **branca.** |
| | substantivos | Ele é **engenheiro.** |
| | pronomes substantivos | Para Vinícius de Moraes, a beleza era **tudo.** |
| | numerais substantivos | Os irresponsáveis eram **cinco.** |
| | palavra substantivada | A vida é um **querer** sem fim. |
| | oração subordinada substantiva | A verdade é **que ele foi aprovado.** |
| **Predicativo do objeto** | adjetivo | Todos consideraram a prova **difícil.** |
| | substantivo | Nomearam-no **síndico.** |

**PEGADINHA** DA BANCA

Para não confundir o predicativo do sujeito com o predicativo do objeto, encontre o sujeito e veja se o termo está se referindo a ele.

**EXEMPLO** DE QUESTÃO

**(FUNCAB)** A alternativa em que o termo destacado tem a função de adjunto adnominal e não a de predicativo do sujeito é:

a) "(...) ela estava muito mais VIVA(...)"
b) "(...) um peixe SOZINHO num tanque era algo muito solitário. (...)"
c) "(...) a mãe era BOA para dar ideias. (...)"
d) "(...) Mas ele estava SOZINHO. (...)"
e) "(...) Só então notou como estava CANSADO."

*Resposta:* "b"

**DICA**

Para ser predicativo, é necessário haver o verbo de ligação (mesmo que implícito).

– O que era algo muito solitário?

– Um peixe sozinho = sujeito; núcleo = peixe; um, sozinho = adjunto adnominal (não cabe verbo de ligação dentro do sujeito). Confira as alternativas abaixo:

a) Ela (sujeito) estava (verbo de ligação) viva = predicativo do sujeito.

c) A mãe (sujeito) era (verbo de ligação) boa = predicativo do sujeito.

d) Ele (sujeito) estava (verbo de ligação) sozinho = predicativo do sujeito.

e) Duas orações = dois verbos. A análise deve ser da oração em que há termo destacado. Sujeito implícito - ou simples - (ele), estava (verbo de ligação) cansado = predicativo do sujeito.

▶ **(FCC)** *Este conceito é relativo, pois em arte não há originalidade absoluta. ... a sua contribuição maior foi a liberdade de criação e expressão.*

Ambos os elementos acima grifados exercem nas respectivas frases a função de

a) adjunto adverbial.
b) objeto direto.
c) complemento nominal.
d) predicativo.
e) objeto indireto.

*Resposta:* "d"

❶ é **relativo** = verbo de ligação + **predicativo do sujeito**

❷ foi **a liberdade de criação e expressão** = verbo de ligação + **predicativo do sujeito**

## 1.5. Predicado

**APLICAÇÃO** DA REGRA

Predicado é a declaração feita do sujeito, isto é, retirando-se o sujeito obtém-se o predicado. Pode haver oração sem sujeito, mas não há como existir oração sem predicado. São classificados em **verbal, nominal e verbo-nominal.**

| PREDICADO | Teoria | Exemplo | Dica |
|---|---|---|---|
| Verbal | o núcleo é o verbo | Todos CAMINHAVAM tranquilamente pela praia. | menos o verbo de ligação |
| Nominal | o núcleo é o predicativo | Alguns estavam FELIZES. | há verbo de ligação |
| Verbo-nominal | há dois núcleos: verbo e predicativo | Todos CAMINHAVAM FELIZES pela praia. | verbo (+ V.L. oculto) + predicativo |
| | Todos CAMINHAVAM (e estavam) FELIZES pela praia. | | |

## PEGADINHA DA BANCA

| Predicados | Verbo significativo | Verbo de ligação | Predicativo |
|---|---|---|---|
| P.V. | sim | não | não |
| P.N. | não | sim | sim |
| P.V.N. | sim | não explícito | sim |

**Verbos significativos** são os intransitivos, transitivos diretos, transitivos indiretos, transitivos diretos e indiretos.

**Importante:** é raro grandes instituições (como FCC, CESPE e ESAF) exigirem a classificação do predicado.

## EXEMPLO DE QUESTÃO

- **(CONSESP)** Em "Nosso filho chegou atrasado.", o predicado é
  a) nominal.
  b) verbal.
  c) verbo-nominal.
  d) predicativo do sujeito.

*Resposta:* "c"

| Nosso filho | chegou | atrasado. |
|---|---|---|
| sujeito | predicado | |
| | intransitivo | predicativo do sujeito |

- Onde está o verbo de ligação?

- Implícito: chegou (e estava) atrasado = predicado verbo-nominal.

*Cuidado!* É impossível o predicado ser classificado como predicativo do sujeito (alternativa d). Ele pode apenas possuir predicativo.

## 1.6. Objeto direto

### APLICAÇÃO DA REGRA

Completa a significação de verbos transitivos diretos sem acompanhamento de preposição obrigatória.

Importante notar que dentro do objeto direto pode haver, também, o adjunto adnominal.

| As mãos cálidas | encontram | o estático olhar. |
|---|---|---|
| sujeito | V.T.D. | O.D. |

**O estático olhar**: objeto direto.

Núcleo: olhar (substantivo)

Adjunto Adnominal: o, estático.

| Abriu | os longos braços | ao chegar. |
|---|---|---|
| V.T.D. | O.D. | |

**Os longos braços**: objeto direto

Núcleo: braços (substantivo)

Adjunto adnominal: os, longos.

### PEGADINHA DA BANCA

Verbos intransitivos aparecem, frequentemente, como verbos transitivos diretos. Facilite: verbos não são intransitivos, apenas estão, pois no contexto podem sofrer alterações na predicação.

- "... me sorri **um sorriso** pontual..."
- Viveu **uma vida** tranquila.

### EXEMPLO DE QUESTÃO

- **(FUNCAB** - Trecho para a questão.) O recente interesse na regulamentação da astrologia como profissão oferece a oportunidade de refletir sobre questões que vão desde as raízes históricas da ciência até a percepção, infelizmente muito popular, de seu dogmatismo. Preocupa-me, e imagino que a muitos dos colegas cientistas, a rotulação do cientista como um sujeito inflexível, bitolado, que só sabe pensar dentro dos preceitos da ciência. Ela vem justamente do desconhecimento sobre como funciona a ciência. Talvez esteja aqui a raiz de tanta confusão e desentendimento. [...]

Essa caracterização da astrologia como não ciência não é devida ao dogmatismo dos cientistas. É importante lembrar que, para a ciência progredir, dúvida e erro são fundamentais. Teorias não nascem prontas, mas são refinadas com o passar do tempo, a partir da comparação constante com dados. Erros são consertados, e, aos poucos, chega-se a um resultado aceito pela comunidade científica.

A ciência pode ser apresentada como um modelo de democracia: não existe o dono da verdade, ao menos a longo prazo. (Modismos, claro, existem sempre.) Todos podem ter uma opinião, que será sujeita ao escrutínio dos colegas e provada ou não. E isso tudo ocorre independentemente de raça, religião ou ideologia. Portanto, se cientistas vão contra alguma coisa, eles não vão como donos da verdade, mas com o mesmo ceticismo que caracteriza a sua atitude com relação aos próprios colegas. Por outro lado, eles devem ir dispostos a mudar de opinião, caso as provas sejam irrefutáveis.

(GLEISER, Marcelo. Folha de São Paulo, 22 set. 2002)

O termo oracional em destaque que funciona como objeto direto encontra-se em:

a) "Ela vem justamente do desconhecimento sobre com o funciona A CIÊNCIA ."
b) " Preocupa -me [ . . . ] A ROTULAÇÃO DO CIENTISTA COMO UM SUJEITO INFLEXÍVEL, BITOLADO [...]"
c) " [...] existem MUITO MAIS ASTRÓLOGOS do que astrônomos."
d) " [...] que caracteriza A SUA ATITUDE COM RELAÇÃO AOS PRÓPRIOS COLEGAS."

*Resposta:* "d"

Há pronome relativo, certo? Que = *o qual* e retoma *ceticismo.*

Ordem direta: o mesmo ceticismo (sujeito) caracteriza (verbo transitivo direto) **a sua atitude com relação aos seus próprios colegas** (objeto direto).

Para evitar erro, encontre o sujeito antes:

a) O que funciona? A ciência = sujeito.
b) O que preocupa-me? A rotulação... = sujeito.
c) O que existem? Muito mais astrólogos = sujeito.

**DICA**

Não faça a pergunta "o quê?" para encontrar objeto direto. Essa pergunta se faz ao verbo para encontrarmos o **sujeito.**

## 1.7. Objeto direto preposicionado

### APLICAÇÃO DA REGRA

Completa o sentido de um verbo transitivo direto (não exige preposição) e a preposição pode ser retirada sem que prejudique a estrutura. Pode ser preposicionado em algumas situações:

| | |
|---|---|
| O pronome pessoal oblíquo tônico é objeto direto. | Ela amava **a si** mesma. Enganaram **a ti**. |
| Pronome relativo quem. | Era a moça **a quem** amava. |
| Evitar ambiguidade. | **Ao dono**, nenhum cão abandona. |
| Numeral ambos. | Aprovou **a ambos**. |
| Nomes próprios ou comuns. | Ele traiu **ao pai**. |
| Pronomes substantivos indefinidos ou demonstrativos. | Aprecio **a este**. |
| Reciprocidade. | Todos se odiavam uns **aos outros**. |
| Ênfase. | Pegou **da viola**. Bebeu **do vinho**. Comeu **do bolo**. |

### PEGADINHA DA BANCA

Não confunda **objeto indireto** com **objeto direto preposicionado**.

**DICA**

**A preposição**, no objeto direto preposicionado, **pode ser retirada**; no objeto indireto não.

### EXEMPLO DE QUESTÃO

**(CAIP-IMES)** Na frase: "Os homens amam <u>**a Deus**</u>", o termo grifado exerce a função sintática de:

a) sujeito.

b) objeto direto preposicionado.

c) objeto indireto.

d) adjunto adverbial.

*Resposta:* "b"

1. Quem ama, ama **alguém** = verbo transitivo direto;
2. Retirando a preposição, a oração não fica incorreta: Os homens amam Deus.
3. Se houver dúvida quanto à predicação (verbo transitivo direto ou transitivo indireto), use o pronome de tratamento "você": Os homens amam você. Perceba que a preposição não foi exigida.

## 1.8. Objeto direto pleonástico

**APLICAÇÃO** DA REGRA

Ocorre repetição do objeto direto através de um pronome oblíquo átono. O pronome tem de se referir ao objeto direto.

| Estes livros, | já | os | li. |
|---|---|---|---|
| O.D. | | O.D. pleonástico | V.T.D. |

| A mim, | ninguém | me | engana. |
|---|---|---|---|
| O.I. (tônico) | | O.I. pleonástico (átono) | |

**PEGADINHA** DA BANCA

O objeto pleonástico pode ser tanto o pronome que repete o termo, ou o próprio termo, tanto faz. Analisando as alternativas, você perceberá facilmente.

**EXEMPLO** DE QUESTÃO

- **(Duda Nogueira - Questão inédita)** Assinale a alternativa que possui objeto direto pleonástico.
  a) Revele-me suas verdades!
  b) Às flores do jardim, nunca lhes poupei amor.
  c) Nas reuniões, sempre havia muitos candidatos.
  d) Aos políticos, pedimos-lhes dignidade.
  e) Meus leitores, eu os conheço muito bem.

  *Resposta:* "e"

  Ordem direta:

| Eu | conheço | meus leitores | muito | bem. |
|---|---|---|---|---|
| sujeito | V.T.D. | O.D. | adjunto adverbial de intensidade | adjunto adverbial de modo |

O pronome pessoal oblíquo "os" retoma a expressão "meus leitores" que possui função de objeto direto. Por isso, é objeto direto pleonástico (repete).

**DICA**

Para que seja complemento pleonástico, deve se referir ao mesmo termo.

a) Sujeito implícito (ou simples): você; revele algo (suas verdades = O.D.) a alguém (me = O.I.: a mim) = verbo transitivo direto e indireto.

b) Sujeito implícito (ou simples): eu; nunca (adjunto adverbial de negação ou tempo); poupei algo (amor: O.D.) a algo (às flores: O.I.). O pronome pessoal oblíquo "lhes" refere-se a flores. Repetiu o objeto indireto = objeto indireto pleonástico.

c) Nas reuniões: adjunto adverbial de lugar; sempre: adjunto adverbial de tempo; havia: verbo transitivo direto; muitos candidatos: objeto direto.

d) Sujeito implícito (ou simples): nós; pedimos algo (dignidade: O.D.) a alguém (aos políticos: O.I.). O pronome pessoal oblíquo "lhes" refere-se a políticos. Repetiu o objeto indireto = objeto indireto pleonástico.

## 1.9. Objeto indireto

**APLICAÇÃO DA REGRA**

Completa a significação de verbos transitivos indiretos, com acompanhamento de preposição obrigatória.

Importante notar que dentro do objeto direto pode haver, também, o adjunto adnominal e, claro, a preposição.

| Desobedeço | a meus patrões. |
|---|---|
| V.T.I. | O.I. |

– Desobedece A alguém.

a: preposição

meus: adjunto adnominal

| Precisamos | de silêncio | para estudar. |
|---|---|---|
| V.T.I. | O.I. | |

– Precisamos DE algo.

| Enviou | – lhe | o livro. |
|---|---|---|
| V.T.D.I. | O.I. | O.D. |

– Enviou algo A alguém.

**PEGADINHA** DA BANCA

Não confunda objeto indireto com complemento nominal.

– O **objeto direto** é preposicionado, mas é **ligado ao verbo**;

– O **complemento nominal** também é preposicionado, mas é **ligado ao nome**. Aprofundaremos mais adiante – na dúvida de complemento nominal.

**EXEMPLO** DE QUESTÃO

▶ **FUNCAB** - Assinale a opção que apresenta, correta e respectivamente, a função sintática de cada um dos pronomes destacados em: "Mas a fração QUE LHES cabe está lá, escondidinha como é próprio às minorias."

a) Sujeito – objeto indireto
b) Objeto direto – objeto indireto
c) Predicativo – objeto direto
d) Adjunto adverbial – sujeito
e) Complemento nominal – sujeito

*Resposta:* "a"

Questão que exige função sintática do "que".

❶ QUE retoma "fração" = mas a fração **a qual**;

❷ A função do pronome relativo é a mesma do termo que ele retoma;

❸ Ordem direta para saber a função sintática do pronome relativo: A fração (**sujeito**) cabe a vocês = lhes (**objeto indireto**).

## 1.10. Objeto indireto pleonástico

**APLICAÇÃO** DA REGRA

Ocorre repetição do objeto indireto através de um pronome oblíquo átono. O pronome tem de se referir ao objeto indireto.

| Aos pobres, | nega | -lhes | tudo. |
|---|---|---|---|
| O.I. | V.T.D.I. | O.I. pleonástico | O.D. |

| Ao estudante relapso, | nenhuma disciplina | lhes | interessa. |
|---|---|---|---|
| O.I. | SUJEITO | O.I. pleonástico | V.T.I. |

Gramática

**PEGADINHA** DA BANCA

O pronome "lhe" pode ser objeto indireto, complemento nominal ou adjunto adnominal.

1. Entregou-lhe o gabarito: objeto indireto – completa o verbo;
2. Não lhe serei fiel: não serei fiel a ele – não serei **fiel** a alguém: complemento nominal - completa o nome (fiel);
3. Ajeitou-lhe os sonhos: adjunto adnominal – possui valor de posse = ajeitou **seus** sonhos.

**EXEMPLO** DE QUESTÃO

- **(IBFC)** O autor escreve "não faças ao outro o que não queres que te façam a ti'. Ele obteve um efeito enfático por meio do emprego reiterado de uma mesma função sintática na última oração. Trata-se:
  a) do objeto direto.
  b) do sujeito.
  c) do adjunto adnominal
  d) do objeto indireto.

  *Resposta:* "d"

  Belo exemplo de objeto indireto pleonástico: façam a alguém (objeto indireto): façam a ti. Pleonástico: **te.**

- **Morfossintaxe dos complementos verbais**

Os objetos podem ser representados por:

| | |
|---|---|
| **Substantivo** | Leu **bons livros.**<br>Gosta de **bons livros.** |
| **Pronome Substantivo** | Nunca li **aquilo.**<br>Confiam **em mim.** |
| **Numeral substantivo** | – Quantos irmãos você tem?<br>– Tenho **três.** |
| **Palavra substantivada** | Disse um sonoro "**sim**". |
| **Oração subordinada** | Espero **que você seja aprovado.** |

## 1.11. Agente da passiva

**APLICAÇÃO** DA REGRA

É o termo da oração que se refere a um verbo na voz passiva, sempre introduzido por preposição, com a finalidade de indicar o ser que pratica a ação verbal sofrida pelo sujeito.

Facilitando: é o termo que age na voz passiva.

Quanto à transposição da voz ativa para a passiva analítica (ser + particípio), já aprofundamos os estudos no capítulo de verbo.

| A prova | foi adiada | pela banca. |
|---|---|---|
| sujeito paciente | ser + particípio | *agente da passiva* |

Note que o agente da passiva passa a ser sujeito na voz ativa e que o sujeito paciente passa a objeto direto:

| A banca | adiou | a prova. |
|---|---|---|
| *sujeito ativo* | V.T.D. | O.D. |

Por isso é necessário o objeto direto para haver transposição da voz ativa para a passiva.

Exemplo com três verbos:

| Os gabaritos | tinham sido encontrados | no pátio da escola | pelos candidatos. |
|---|---|---|---|
| sujeito paciente | ser particípio | adj. adverbial de lugar | agente da passiva |

Se na voz passiva há três verbos, na ativa haverá dois: retira-se o **ser**.

| Os candidatos | tinham encontrado | no pátio da escola | os gabaritos. |
|---|---|---|---|
| sujeito | = encontraram: V.T.D. | adj. adverbial de lugar | O.D. |

### Morfossintaxe do agente da passiva

O agente da passiva é representado por um substantivo ou por uma palavra ou oração com valor de substantivo.

| | | | |
|---|---|---|---|
| O poema | foi escrito | por um grande poeta. | núcleo: **poeta = substantivo** |
| O poema | foi escrito | por ele. | núcleo: **ele = pronome substantivado** |
| O poema | foi feito | pelos três. | núcleo: **três = numeral substantivado** |

## PEGADINHA DA BANCA

Em provas recentes, a pegadinha das bancas é retirar o verbo **ser**, deixando explícito apenas o particípio.

**DICA**

Tente transpor a oração para a voz ativa:

| A passeata | feita | por estudantes. |
|---|---|---|
| sujeito paciente | (ser implícito) particípio | agente da passiva |

| Estudantes | fizeram | a passeata. |
|---|---|---|
| sujeito ativo | V.T.D. | objeto direto |

## EXEMPLO DE QUESTÃO

- **(CESGRANRIO** – questão adaptada) Há omissão do agente da ação verbal pelo recurso à voz passiva em:

a) "o comércio ambulante é visto como política compensatória, reservada a alguns grupos"

b) "Há políticas que reconhecem a informalidade como exceção permanente do capitalismo"

c) "Nessa concepção, 'gerenciar' a informalidade significa tolerá-la"

d) " 'domesticar' a informalidade significa destinar ao comércio ambulante apenas alguns espaços na cidade"

e) "quando, na verdade, as leis são instrumentos de exclusão dos trabalhadores das ruas"

*Resposta:* "a"

A questão parece difícil e por esse motivo foi inserida aqui.

Note há apenas uma oração na voz passiva e que não se sabe quem praticou a ação, ou seja, não existe o agente do passiva: por quem o comércio ambulante é visto como política compensatória?

Não sabemos = há omissão do agente da ação verbal.

Para reforçar, vamos aos sujeitos das orações na voz ativa:

b) **políticas** reconhecem...

c) **'gerenciar' a informalidade** significa...

d) **'domesticar' a informalidade** significa...

e) **as leis** são...

- **(IBFC** – questão adaptada) Assinale a alternativa que indica corretamente a função sintática do termo destacado:

O corpo encontrado **pelos policiais.**

a) sujeito
b) agente da passiva
c) objeto direto
d) objeto indireto

*Resposta:* "b"

Questão adaptada porque foi retirado o verbo "ser" da oração.

Ao se deparar com termo preposicionado, tente transpor a oração para a voz ativa:

Os policiais encontraram o corpo; pelos policiais possui função de agente da passiva.

Forma original da questão: O corpo foi encontrado pelos policiais.

## 1.12. Complemento nominal

**APLICAÇÃO DA REGRA**

É o termo da oração que se liga a um nome – substantivo, adjetivo ou advérbio – sempre por meio de uma preposição. Possui a função de completar o sentido do nome.

| O novo projeto | é | acessível | aos membros do grupo. |
|---|---|---|---|
| sujeito | V.L. | predicativo do sujeito | C.N. |

Faz-se a pergunta ao nome (regência nominal): é <u>acessível</u> **a algo** = completa adjetivo.

| Alguns | tinham | medo | do futuro. |
|---|---|---|---|
| sujeito | V.T.D. | O.D. | C.N. |

Quem tem medo, tem <u>medo</u> **de algo** = completa substantivo.

| Agiu | contrariamente | ao esperado. |
|---|---|---|
| I. | adj. adverbial de modo | C.N. |

Agiu <u>contrariamente</u> **a algo** = completa advérbio

### Morfossintaxe do complemento nominal

O complemento nominal possui função substantiva, isto é, será representado por um substantivo ou palavra ou oração com valor de substantivo.

| A obediência às **leis** | é necessária. |
|---|---|

*Leis: substantivo*

| A necessidade **dela** | era a mesma dos outros. |
|---|---|

*Ela: pronome substantivo*

| A confiança **nos dois** | é fundamental para o futuro. |
|---|---|

*Dois: numeral substantivado*

| Tinha necessidade | **de que o ajudassem**. |
|---|---|

*De que o ajudasse: oração subordinada substantiva*

Caminhar a pé **lhe** era necessário.

*Lhe: pronome oblíquo = saudável a ele*

O remédio **nos** era prejudicial.

*Nos: pronome oblíquo = prejudicial a nós*

## PEGADINHA DA BANCA

A tentativa de confundir o candidato é tão gritante que foram sintetizadas - no tópico a seguir - as prováveis pegadinhas.

*Atenção!* A banca **FGV** sempre cobra (e muito) a diferença entre complemento nominal e adjunto adnominal.

## EXEMPLO DE QUESTÃO

▸ **(FGV)** Uma das maneiras de estabelecer-se a diferença entre adjunto adnominal e complemento nominal é a de ver-se a diferença entre agente (adjunto) e paciente (complemento).

Assinale a alternativa em que o termo sublinhado funciona como adjunto adnominal.

a) Desenvolvimento de remédios.
b) Uso de animais.
c) Vítima de diversos tipos de molestias.
d) Emprego de cobaias.
e) Eliminação do sofrimento físico.

*Resposta:* "c"

**DICA**

**Adjunto adnominal** – termo preposicionado, dentro do sujeito e com sentido ativo.

**Complemento nominal** - termo preposicionado, dentro do sujeito e com sentido passivo.

**Fixe:** Adjunto adnominal = ativo (temos o **A** em todos os termos).

Na alternativa **c**, diversos tipos de moléstias atacaram as vítimas = sentido ativo = adjunto adnominal.

a) os remédios **foram desenvolvidos** por alguém = sentido passivo: complemento nominal.

b) os animais **foram usados** por alguém = sentido passivo: complemento nominal.

d) as cobaias **foram empregadas (usadas)** por alguém = sentido passivo: complemento nominal.

e) o sofrimento físico **foi eliminado** por alguém = sentido passivo: complemento nominal.

## 1.13. Diferença entre complemento nominal e objeto indireto - complemento nominal e agente da passiva - complemento nominal e adjunto adnominal

### 1.13.1. Diferença entre complemento nominal e objeto indireto

Muito fácil se pensar assim:

1) Os dois termos são preposicionados;
2) O objeto indireto vem após o verbo;
3) O complemento nominal vem após um nome (não pode ser conjugado).

| Todos | gostaram | do resumo. |
|---|---|---|
| sujeito | V.T.I. | O.I. |

– Quem gosta, gosta de algo = complementa o verbo.

| Todos | tinham | receio | da reprovação. |
|---|---|---|---|
| sujeito | V.T.D. | O.D. | C.N. |

– Quem tem receio, tem receio de algo = completa o substantivo.

E como diferenciar os dois termos em outra situação? Mais fácil ainda! Vamos lá:

| Entregaram | o prêmio | ao vencedor. |
|---|---|---|
| V.T.D.I. | O.D. | O.I. |

*Retire o objeto direto: Entregaram ao vencedor.*

– Retirou-se o objeto direto e manteve o sentido. Significa que o termo preposicionado está ligado ao verbo, ou seja, é objeto indireto.

| Tinham | medo | da reprovação. |
|---|---|---|
| V.T.D. | O.D. | C.N. |

*Não é possível retirar o objeto direto e continuar correta oração.*

– Se retirar o objeto direto e a frase ficar incoerente, significa que o termo preposicionado está ligado ao nome, isto é, trata-se de um complemento nominal.

### 1.13.2. Diferença entre complemento nominal e agente da passiva

A dica é tentar transpor a oração para a voz ativa. Simples, não é?

| Candidatos | foram inscritos | pelos agentes. |
|---|---|---|
| Sujeito paciente | ser + particípio | agente da passiva |

*Voz ativa = Os agentes inscreveram os candidatos.*

| Candidatos | ficaram atentos | ao resultado. |
|---|---|---|
| sujeito | V.L + predicativo do sujeito | complemento nominal |

*A oração já se encontra na voz ativa!*

### 1.13.3. Diferença entre complemento nominal e adjunto adnominal

Muito importante dar ênfase neste tópico.

Para que haja diferença entre os dois termos é necessário atentar-se a três itens:

1. O termo deve estar dentro do sujeito;
2. O termo é preposicionado;
3. O termo vem ligado a um substantivo.

Feitas as três análises, passemos ao segundo passo:

- **Sentido Ativo: Adjunto Adnominal**

| A resposta | **DO ALUNO** | convenceu a classe. |
|---|---|---|

*O aluno respondeu: sentido ativo*

- **Sentido Passivo: Complemento Nominal**

| A resposta | **AO ALUNO** | convenceu a classe. |
|---|---|---|

*O aluno recebeu a resposta: sentido passivo*

| A crítica | **DO TÉCNICO** | **AOS JOGADORES** | foi severa. |
|---|---|---|---|
| | *O técnico criticou:* do técnico *= adjunto adnominal* | *Os jogadores foram criticados:* aos jogadores *= complemento nominal* | |

**PEGADINHA DA BANCA**

Todas as diferenças até aqui mencionadas fazem parte de pegadinhas de bancas (e são de todas as bancas), por isso é muito importante exercitar para saber diferenciar as funções dos termos.

**EXEMPLO DE QUESTÃO**

- **(FGV)** Nas alternativas a seguir, o termo sublinhado funciona como paciente do termo anterior, à exceção de uma. Assinale-a.
  a) ânsia por cigarro.
  b) dependência do tabaco.
  c) consumo de tabaco.
  d) relaxamento de todo o corpo.
  e) técnica de meditação.

  *Resposta:* "e"

  – **A meditação** possui técnica, isto é, o termo possui sentido ativo e possui função sintática de adjunto adnominal.

  a) ânsia por cigarro = alguém possui ânsia por cigarro e não o cigarro possui ânsia: complemento nominal.

  b) dependência do tabaco = alguém depende do tabaco e não o tabaco depende de alguém: complemento nominal.

  c) consumo de tabaco = alguém consome o tabaco e não o tabaco consome alguém: complemento nominal.

  d) relaxamento de todo o corpo = alguém relaxa todo o corpo e não todo o corpo relaxa alguém: complemento nominal.

## 1.14. Adjunto adnominal

**APLICAÇÃO DA REGRA**

É o termo que **determina**, **especifica** ou **explica** um substantivo. Possui função adjetiva na oração, a qual pode ser desempenhada por adjetivos, locuções adjetivas, artigos, pronomes adjetivos enumerais adjetivos.

Agrupam-se ao redor dos substantivos dentro de qualquer termo da oração – essencial, integrante ou mesmo acessório (adjunto adverbial).

| **Aqueles dois** rapazes **interessados** | estudaram | **toda a** matéria. |
|---|---|---|
| Sujeito. Núcleo: rapazes (substantivo) | V.T.D. | O.D. Núcleo: matéria |
| **Aqueles, dois** e **interessados:** adjunto adnominal | | **Toda e a:** adjunto adnominal |

### Morfossintaxe do adjunto adnominal

| | |
|---|---|
| **Artigo** | **A** prova foi aplicada |
| **Numeral adjetivo** | **Três** candidatos chegaram. |
| **Pronome adjetivo** | **Aqueles** candidatos fizeram boa prova. |
| **Pronome pessoal oblíquo** (equivalendo a possessivo) | Roubaram-**me** a prova. = roubaram a minha prova. |
| | Não **te** reconheci a voz. = a tua voz. |
| **Adjetivo** | Candidatos **insatisfeitos** faltaram. |
| **Locução adjetiva** | Candidatos **da capital** chegaram. |
| **Oração subordinada** | O aluno **que estuda** é aprovado. |
| | O aluno estudioso = oração subordinada adjetiva. |

**PEGADINHA** DA BANCA

**Predicativo e Adjunto Adnominal:** para haver predicativo, obrigatoriamente haverá verbo de ligação (mesmo que implícito). O adjunto adnominal vem **dentro de um termo da oração** e não exige verbo de ligação.

**EXEMPLO** DE QUESTÃO

- **(IDECAN)** Assinale a alternativa em que o termo em destaque **NÃO** é um adjunto adnominal.

  a) "Sobre os meus quadros..."
  b) "Nossos pregos já não nos seguram."
  c) "... ele descrevia exatamente a mesma situação."
  d) "Alessandro Baricco não procura desvendar esse mistério,..."
  e) "Dois quadros que tenho na parede da sala despencaram juntos."

  *Resposta:* "c"

  "Exatamente" é adjunto adverbial – está ligado ao verbo "descrevia" – equivale a "perfeitamente".

  – Por que foi inserida a tabela de função morfossintática?

  – Para que você possa se certificar de que os outros termos possuem função de adjunto adnominal:

  a) artigo.
  b) pronome adjetivo (possessivo).

**DICA**

É pronome adjetivo por acompanhar um substantivo: nossos pregos (substantivo).

d) pronome adjetivo (demonstrativo).

e) numeral adjetivo.

## 1.15. Adjunto adverbial / Classificação do adjunto adverbial

**APLICAÇÃO DA REGRA**

É o termo da oração que indica **circunstância.** Pode modificar o sentido de um verbo (faz-se uma pergunta), de um adjetivo (intensidade) ou de um advérbio (intensidade).

Facilitando: indica circunstância do verbo e pode intensificar o sentido do adjetivo ou do próprio advérbio.

| O verão | chegou | **cedo.** |
|---|---|---|
| | quando? | tempo |

| Leram | o livro | **na biblioteca.** |
|---|---|---|
| onde? | | lugar |

| O verão | chegou | **muito** | **cedo.** |
|---|---|---|---|
| | quando? | intensidade | tempo |

| Ele | estava | **muito** | atrasado. |
|---|---|---|---|
| | | intensidade | predicativo (adjetivo) |

▸ **Classificação**

| Circunstância | Exemplo | Dica |
|---|---|---|
| **Acréscimo** | **Além da alegria**, sentia cansaço. | + |
| **Afirmação** | **Certamente** será aprovado. | Não é necessário fazer pergunta. |
| **Assunto** | Falávamos **sobre política.** | Sobre o quê? |
| **Causa** | **Com o frio**, os animais morreram. | Por quê? |
| **Companhia** | **Com quem** você saiu ontem? | Com quem? |
| **Concessão** | **Apesar do nervosismo**, fez boa prova. | Embora, apesar de. |

| Circunstância | Exemplo | Dica |
|---|---|---|
| **Condição** | **Sem a autorização do fiscal**, você não poderá sair. | Se, caso. |
| **Conformidade** | Fez tudo **conforme o combinado.** | Regra. |
| **Dúvida** | **Quiçá** acertemos todas as questões. | Não é necessário fazer pergunta. |
| **Fim, finalidade** | Eles vivem **para estudar.** | Para quê? |
| **Frequência** | **Sempre** vêm aqui. | Quando? |
| **Instrumento** | Desenhava **a lápis**. | Com o quê? |
| **Intensidade** | Todos corriam **bastante.** | Não é necessário fazer pergunta. |
| **Limite** | Estudava **até cansar.** | Até. |
| **Lugar** | Nasceu **em Ribeirão Preto.** | Onde? |
| **Matéria** | Era feito **de ferro.** | De quê? |
| **Meio** | Foi **de avião.** | De quê? |
| **Modo** | Ficamos **à vontade.** | Como? |
| **Negação** | **Não** pode haver enganos. | Não é necessário fazer pergunta. |
| **Preço** | Os livros são vendidos **a preços baixos.** | Quanto? |
| **Substituição ou troca** | Abandonou os estudos **por trabalhos rentáveis.** | Por o quê? |
| **Tempo** | **Ontem à noite** saiu com amigos. | Quando? |

### Morfossintaxe

O adjunto adverbial é representado por um advérbio (invariável) ou por uma locução adverbial (variável).

## PEGADINHA DA BANCA

### Diferença entre adjunto adverbial e predicativo

Para ser predicativo, precisa-se do verbo de ligação (mesmo que implícito) e para ser adjunto adverbial, deve-se fazer pergunta ao verbo para saber a circunstância ou deve indicar intensidade do adjetivo ou advérbio.

Facilitando:

| predicativo | varia |
|---|---|
| **adjunto adverbial** | não varia |

- Ele estava muito **atrasado** = Ela estava muito **atrasada**.

EXEMPLO DE QUESTÃO

**(AERONÁUTICA)** Em *"Eu nasci em Guaratinguetá, pequena cidade do interior paulista que marcou minha vida. Lá, a infância e minha alegria de menino, assim como os aviões da Escola de Especialistas, passaram rapidinho."*, os termos grifados, do ponto de vista sintático, são classificados, respectivamente, como:

a) adjunto adverbial, adjunto adverbial.
b) adjunto adnominal, adjunto adverbial.
c) adjunto adverbial, adjunto adnominal.
d) adjunto adnominal, adjunto adnominal.

*Resposta:* "a"

Simples! Faça pergunta ao verbo:

1. **Onde** eu nasci? Em Guaratinguetá = adjunto adverbial de lugar;
2. **Onde** a infância e minha alegria de menino passaram rapidinho? Lá = adjunto adverbial de lugar.

## 1.16. Aposto

APLICAÇÃO DA REGRA

É o termo que se junta a outro de valor substantivo ou pronominal para explicá-lo ou especificá-lo. Pode vir separado dos demais termos da oração por vírgula, dois-pontos ou travessão.

Recentemente, o mais pedido em provas é o aposto especificativo – não possui sinal de pontuação. Compare:

| Carlos Drummond de Andrade | , grande poeta mineiro, | escrevia sobre a arte de escrever. |
|---|---|---|
| | Aposto explicativo<br>= com pontuação | |

| O poeta **Carlos Drummond de Andrade** | escrevia sobre a arte de escrever. |
|---|---|
| **Aposto especificativo = sem pontuação** | |

**Morfossintaxe**

O aposto possui função substantiva na oração. Seu núcleo é representado por um substantivo ou palavra substantivada.

### Classificação do aposto

| | | |
|---|---|---|
| **Explicativo** | Traduz, ou seja, dá significado a uma frase, geralmente vem entre vírgulas, dois pontos ou parênteses. | Foi aqui, **neste lugar tranquilo**, que o encontrei. |
| **Enumerativo** | É representado por dois pontos, e estabelece uma sequência de elementos que são usados para complementar a ideia fundamental da frase. | À tarde, irei à casa de dois amigos: **Fernando e Júnior**. |
| **Resumidor ou Recapitulativo** | É representado por um pronome que resume tudo o que foi expresso anteriormente. | Henrique, Adilson, Sten, Paulo, **todos** foram aprovados. |
| **Comparativo** | É usado para comparar. | Seus olhos, **lindos oceanos**, fazem–me acreditar no amor. |
| **Distributivo** | Distribui as informações de termos separadamente. | Marcelo e Adriano são amigos. **Este** é um baiano divertido, **aquele**, carioca. |
| **Aposto de Oração** | Usado para resumir termos anteriores. | Ele tem um único desejo: **que todos os candidatos sejam aprovados no concurso.** |
| **Especificativo** | Individualiza um substantivo de sentido genérico. | A rua **Garibaldi** está muito longe do bairro **Irajá**. |

## PEGADINHA DA BANCA

1. Não confunda aposto especificativo com adjunto adnominal.

   A obra **de Machado de Assis** é símbolo da literatura brasileira.

   – Obra de Machado de Assis = obra **machadiana** (adjetivo). Se possui função de adjetivo, é adjunto adnominal.

2. Aposto é muito exigido em questões de pontuação (CESPE, FCC, ESAF, VUNESP, FGV, CESGRANRIO etc.)

## EXEMPLO DE QUESTÃO

- **(CESPE -** Trecho para a questão.) (...) No total, foram 16.227.736 páginas acessadas, o que 10 representa um aumento de 244,59% em relação ao número obtido em janeiro de 2012, que foi de 4.709.335 páginas acessadas. Outro indicador importante, o número de visitantes únicos, obteve 13 um significativo crescimento no período: 80,13%. (...)

  Internet: (com adaptações)

O trecho "o número de visitantes únicos" está entre vírgulas porque se classifica como aposto explicativo.

( ) certo ( ) errado

*Resposta:* "certo"

Explica qual é o outro indicador importante.

## 1.17. Vocativo

**APLICAÇÃO DA REGRA**

O vocativo é um termo independente dentro da oração. Não faz parte do sujeito, nem do predicado, nem dos termos integrantes ou acessórios da oração.

Possui função de chamar ou interpelar o interlocutor (é com quem se fala). Vem, sempre, separado por sinal de pontuação.

- "**Pai**, afasta de mim esse cálice." (Chico Buarque de Holanda e Milton Nascimento).

▸ **Morfossintaxe**

Por se referir a um ser, o vocativo é representado por um substantivo ou por um pronome substantivo.

**PEGADINHA DA BANCA**

O **vocativo** não pode ser confundido com o **sujeito**.

1) A pontuação é obrigatória no vocativo;
2) A pontuação nunca poderá separar o sujeito.

No exemplo de Chico Buarque, "**Pai**, afasta de mim esse cálice", temos

- Pai: vocativo
- Sujeito: tu, pois o verbo está no imperativo afirmativo (afasta tu).

**EXEMPLO DE QUESTÃO**

▸ A função sintática do termo destacado em "Não sei mesmo onde estava com a cabeça quando me casei com você, VELHO." é:

a) vocativo.
b) objeto direto.
c) aposto.
d) complemento nominal.
e) sujeito.

*Resposta:* "a"

**Observação:** Questão 2015.

Está claro que o emissor está se dirigindo ao "velho" = vocativo (com quem se fala).

## 2. PERÍODO COMPOSTO

### 2.1. Relação de coordenação

Dentro do período composto, é comum haver questões a respeito da composição do período. Um dos processos a ser compreendido é o processo de coordenação.

**APLICAÇÃO DA REGRA**

Deve-se entender que, na coordenação, NÃO HÁ DEPENDÊNCIA SINTÁTICA ENTRE AS ORAÇÕES, isto é: pode haver relação entre os sentidos, mas a orações são autônomas estruturalmente.

**PEGADINHA DA BANCA**

A banca costuma utilizar orações intercaladas para disfarçar a relação de coordenação.

**EXEMPLO DE QUESTÃO**

- **(CESPE - Analista Judiciário - Área Administrativa - TRE-AL 2004)**

Apostando na leitura

Se a chamada leitura do mundo se aprende por aí, na tal escola da vida, a leitura de livros carece de aprendizado mais regular, que geralmente acontece na escola. Mas leitura, quer do mundo, quer de livros, só se aprende e se vivencia, de forma plena, coletivamente, em troca contínua de experiências com os outros.

Marisa Lajolo. Folha de S. Paulo, 19/9/1993 (com adaptações).

A partir da análise do emprego das classes de palavras e da sintaxe das orações e dos períodos do texto I, julgue o item que se segue.

No segundo período do texto, a relação entre as orações dá-se por coordenação.

( ) Certo ( ) Errado

*Resposta:* Certo.

**Comentário**: note que as orações coordenadas que compõem o segundo período são introduzidas pelo par "quer...quer", que se trata de um par de conjunções de natureza coordenativa. Por tal razão, diz-se que se trata de uma composição por uma relação de coordenação.

## 2.2. Coordenação assindética

Apesar de ser um conteúdo extremamente simples, há quem se confunda quando estuda as orações coordenadas assindéticas.

**APLICAÇÃO** DA REGRA

A oração será dita assindética quando não for "encabeçada" por uma conjunção coordenativa, mas isso não quer dizer que não pode haver conjunção coordenativa dentro de uma oração coordenada assindética.

**PEGADINHA** DA BANCA

A banca aposta no fato de o aluno não reconhecer a diferença entre a relação entre as orações e a relação entre os termos dentro de uma oração.

**EXEMPLO** DE QUESTÃO

- **(Pablo Jamilk – inédita)** *O povo e o soberano não desejam o mesmo resultado, não querem o mesmo querer, não lutam a mesma luta. Quando o soberano ergue a mão, o povo abaixa a cabeça, ou a perde! (Pablo Jamilk – inédito)*

  A conjunção empregada no primeiro período do texto evidencia que a primeira oração se trata de uma oração coordenada sindética.

  ( ) Certo ( ) Errado

  *Resposta:* Errado.

  **Comentário**: a primeira conjunção conecta dois núcleos do sujeito do verbo "desejar". A relação de soma não é entre duas orações dentro do mesmo período, mas entre dois termos dentro da mesma oração.

## 2.3. Coordenação sindética

A coordenação sindética depende do reconhecimento da conjunção para unir os elementos oracionais dentro do período. É preciso lembrar que o sentido da conjunção determina a nomenclatura da oração.

### APLICAÇÃO DA REGRA

Há de se considerar que a coordenação será sindética quando a conjunção introduzir um termo oracional, ou seja, com um verbo como núcleo da expressão.

### PEGADINHA DA BANCA

Usualmente, a banca emprega uma sentença com duas conjunções e leva o candidato a acreditar que as duas possuem a mesma função ou introduzem duas orações da mesma natureza.

### EXEMPLO DE QUESTÃO

- **(CESPE – SEDU ES - Professor Língua Portuguesa 2010)**

O computador não ensina nada sozinho.

Não háÁ como a escola negar a existência do computador e da Internet e ensinar apenas à moda antiga. Sitios de pesquisa, redes sociais e *software* fazem parte do processo de socialização dos alunos tanto quanto os livros e a televisão. Se é impossível virar as costas para a tecnologia, como tirar proveito dela a favor da educação? A pergunta pode parecer simples, mas é uma preocupação constante entre pesquisadores e professores. "O computador é apenas mais uma ferramenta. O livro didático, o dicionário e a lousa devem continuar sendo usados", diz Maria Cristina Lindstron, professora de História do ensino básico.

Juliana Vines. Gazeta do Povo. 17/3/2010 (com adaptações)

A respeito das estruturas linguísticas do texto acima, julgue o próximo item.

Em ambas as ocorrências na linha 2, a conjunção "e" introduz oração coordenada sindética aditiva.

( ) Certo ( ) Errado

*Resposta:* Errado.

**Comentário**: a primeira conjunção conecta os termos "do computador" e "da Internet", que funcionam como complementos do termo "existência", ou seja: trata-se de um complemento nominal composto. A segunda conjunção introduz a oração aditiva em relação à anterior. Note que a conjunção que introduz o segundo elemento é seguida por um verbo, logo, é possível dizer que se trata de uma oração coordenada sindética aditiva.

## 2.4. Relação de subordinação

A relação de subordinação pressupõe uma dependência entre os termos da sentença, ou seja: a oração subordinada é "alguma coisa" da outra oração: um sujeito, um complemento, um aposto, assim por diante.

**APLICAÇÃO DA REGRA**

A subordinação de uma oração é sempre em relação à sua oração dita principal, ou seja: para compreendê-la, é necessário descobrir qual é o tipo de papel sintático que a oração subordinada desempenha.

**PEGADINHA DA BANCA**

A pegadinha consiste em tentar confundir o candidato entre coordenação e subordinação nas sentenças.

**EXEMPLO DE QUESTÃO**

- **(CESPE - TRT - 9ª REGIÃO/PR – Administrador 2007)**

Há séculos os estudiosos tentam entender os motivos que levam algumas sociedades a evoluir mais rápido que outras. Só recentemente ficou patente que, além da liberdade, outros fatores intangíveis são essenciais ao desenvolvimento das nações. O principal deles é a capacidade de as sociedades criarem regras de condutas que, caso desrespeitadas, sejam implacavelmente seguidas de sanções.

Veja, 5/9/2007 (com adaptações)

Julgue os seguintes itens, a respeito da organização das ideias no texto acima.

O emprego da preposição **de** separada do artigo que determina "sociedades", em "a capacidade de as sociedades" (L.5-6), indica que o termo "as sociedades" é o sujeito da oração subordinada.

( ) Certo ( ) Errado

*Resposta:* certo.

Comentário: a oração "de as sociedades criarem regras de conduta" funciona como complemento do nome "capacidade". Uma vez que possui tal função (de complemento nominal), entende-se que se trata de uma relação de dependência sintática, ou seja, de subordinação.

## 2.5. Subordinação substantiva

Um dos tipos de subordinação é a substantiva. Nele, a oração assume a função que poderia ser desempenhada por um substantivo na sentença.

**APLICAÇÃO** DA REGRA

Quando desenvolvida, uma oração substantiva costuma vir introduzia por uma conjunção subordinativa integrante. Isso é o usual, mas não é exclusividade. A questões costumam exigir comparação de função entre elementos, e – para isso – empregam as orações dessa natureza.

**PEGADINHA** DA BANCA

A banca pode aposta em uma oração substantiva introduzida por outro elemento que não uma conjunção integrante.

**EXEMPLO** DE QUESTÃO

► **(Pablo Jamilk – inédita)** Dentre as orações abaixo, assinale aquela que tem um valor substantivo:

a) Há pessoas **que se dedicam diariamente a seus objetivos.**
b) Não sei **como ele pôde fazer aquilo.**
c) **Se ele vier**, eu certamente sairei.
d) **Uma vez que o preço subiu**, hei de esperar mais algum tempo.
e) Estudou **para acelerar sua aprovação.**

*Resposta:* B

**Comentário**: apesar de introduzida por um advérbio interrogativo de modo (como), a oração destaca na letra B funciona como o complemento verba da forma "sei", ou seja, como uma oração subordinada substantiva objetiva direta. Desse modo, entende-se que esse elemento possua valor substantivo.

## 2.6. Subordinação adjetiva

O processo de subordinação adjetiva é um dos mais cobrados em provas de concurso público. É preciso dominá-lo de maneira completa.

**APLICAÇÃO** DA REGRA

Uma oração terá valor adjetivo de subordinação quando desempenhar o papel de uma espécie de adjunto adnominal oracional, isto é, quando surgir para modificar um substantivo a que se referir. Usualmente, uma oração subordinada adjetiva será introduzida por um pronome relativo (quando desenvolvida).

## PEGADINHA DA BANCA

A banca pode apostar no fato de o candidato não perceber uma oração adjetiva reduzida de particípio e tentar confundi-lo com um simples adjetivo.

## EXEMPLO DE QUESTÃO

► **(CESPE - DETRAN-DF- Agente de trânsito 2009)**

Os acidentes de trânsito representam uma das principais causas externas de morte no Brasil – só não ultrapassam os homicídios. De acordo com a publicação Saúde Brasil 2007, divulgada pelo Ministério da Saúde, 35.155 pessoas morreram em 2006 por causa da violência no trânsito.

As mortes, de acordo com a pesquisa, concentraram-se em homens com idade entre 20 e 59 anos, residentes em municípios de pequeno porte populacional. No caso de atropelamentos, o risco de morte foi maior entre os idosos; para ocupantes de veículos, o risco foi maior para o grupo de 20 a 59 anos. Entre os motociclistas, o risco concentra-se na faixa de 20 a 29 anos.

As regiões Centro-Oeste e Sul apresentaram os maiores riscos de morte por acidente de trânsito. Na região Centro-Oeste, registrou-se, segundo o ministério, o maior risco de morte para acidentes que envolvem motociclistas e ocupantes de veículo. Já o maior risco de morte por atropelamento foi registrado na região Norte. Santa Catarina, Mato Grosso e Paraná foram os estados que apresentaram as maiores taxas de morte provocadas pela violência no trânsito.

O ranking de óbitos, de acordo com o estudo, é liderado pelos atropelamentos de pedestres, com o total de 27,9% dos casos – a maioria deles entre idosos, pessoas com idade igual ou superior a 60 anos e cianças. Em segundo lugar, estão os ocupantes de automóveis, com 21%, e, em terceiro, os motociclistas, com 19,8%. Dados da publicação apontam que os motociclistas mortos no trânsito saltaram de 300, em 1990, para quase 7 mil, em 2006.

Internet: wwww.detran.sp.gov.br (com adaptações)

Em relação ao texto acima, julgue os itens que se seguem. O trecho "divulgada pelo Ministério da Saúde" (L.4) está entre vírgulas porque constitui oração subordinada adjetiva explicativa.

( ) Certo ( ) Errado

*Resposta:* certo

Comentário: trata-se de uma oração adjetiva explicativa reduzida de particípio. O particípio do verbo "divulgar" pode fazer o candidato se confundir e pensar que se trata penas de uma forma adjetiva, mas – como é possível desenvolver a oração da seguinte maneira: que o Ministério da Saúde divulgou – deve-se entender que se trata de uma oração adjetiva.

## 2.7. Subordinação adverbial

Trata-se do terceiro tipo de subordinação que se encontra no estudo do período composto. A subordinação adverbial costuma vir nas questões voltadas à semântica das orações.

**APLICAÇÃO** DA REGRA

Uma oração terá subordinação adverbial quando desempenhar a função de adjunto adverbial oracional em relação à sua oração principal. Quando desenvolvidas, vêm introduzidas por uma **conjunção subordinativa adverbial**.

**PEGADINHA** DA BANCA

As pegadinhas da banca ficam a cargo do sentido das orações ou de sua diferenciação em relação aos adjuntos adverbiais não oracionais.

**EXEMPLO** DE QUESTÃO

**(Banca: CESPE – CPRM - Técnico de Geociências 2013)**

A 1.500 km da costa do Rio de Janeiro, a aproximadamente 2.000 m de profundidade, repousa, abaixo do Oceano Atlântico, um pequeno continente perdido. Esse pedaço de terra, chamado Elevado do Rio Grande e de tamanho próximo ao do estado de São Paulo, provavelmente se desprendeu do território que hoje forma o Brasil, em algum ponto de separação da África e da América, iniciada há cerca de 60 milhões de anos. por isso, recebeu o apelido de a Atlântida Brasileira, em referência ao mítico continente que teria sido submerso pelo mar. A suspeita de que a região não era uma porção comum do fundo do atlântico, mas uma parte continental afundada, surgiu há dois anos, quando um trabalho de dragagem feito pelo Serviço Geológico do Brasil encontrou granito no local. A presença dessa espécie de rocha no elevado surpreendeu os pesquisadores, uma vez que ela é típica de terras não submersas.

Humberto Rezende. Atlântida brasileira.
In: Correio Brasiliense 7/5/2013.
Caderno Ciência, p. 18 (com adaptações)

Julgue os seguintes itens, relativos a aspectos linguísticos do texto acima.

As vírgulas empregadas nas linhas 4 e 5 isolam oração adverbial de sentido causal.

( ) Certo ( ) Errado

*Resposta:* errado.

Comentário: note que a oração em questão não está desenvolvida, o que dificulta sua análise. Apesar disso, não é necessário desenvolvê-la para descobrir que não se trata de uma oração de caráter adverbial. O verbo no particípio revela que se trata de uma oração cujo conteúdo apresenta uma explicação em relação ao referente anterior, portanto se trata de uma oração subordinada adjetiva, não adverbial.

## 2.8. Oração subjetiva

Uma oração será subjetiva quando desempenhar função de sujeito de outro verbo no período.

**APLICAÇÃO DA REGRA**

A oração subjetiva é de natureza subordinada, ou seja, depende de sua oração principal, ou seja, desempenha uma função em relação a ela. A função em questão é a de sujeito.

**PEGADINHA DA BANCA**

Usualmente, a banca examinadora aposta em uma tentativa de confundir o candidato entre a oração substantiva e a oração completiva nominal. Nesse caso, basta perceber que a subjetiva não deve iniciar por preposição.

**EXEMPLO DE QUESTÃO**

- **(FUMARC – TJ MG - Oficial Judiciário - Oficial de Justiça 2013)** Em "É assustador **que ninguém tenha ouvido um termo desses.**", a oração destacada tem a função de

  a) sujeito.
  b) predicativo.
  c) objeto direto.
  d) complemento nominal.

  *Resposta:* A

  **Comentário:** a oração em questão funciona como sujeito da forma verbal "é". Para chegar a essa conclusão basta proceder à análise da seguinte maneira:

É assustador **que ninguém tenha ouvido um termo desses**

*Deve-se identificar que a palavra "que" é uma conjunção integrante. Nesse caso, é conveniente substituir toda a sentença introduzida por ela por um a palavra como o termo "isto".*

É assustador **isto.**

*Para facilitar a análise, basta inverter a ordem da frase:*

**Isto** é assustador.

*Facilmente, identifica-se que se trata de uma oração com função de sujeito.*

## 2.9. Oração objetiva direta

A oração objetiva direta funciona como o complemento verbal direto de uma forma verbal na sentença.

**APLICAÇÃO DA REGRA**

Deve-se identificar a relação de complementação entre a forma verbal e a oração que a completa.

**PEGADINHA DA BANCA**

Nesses casos, é comum que a banca examinadora inquira a respeito de uma comparação entre funções de termos diferentes, pois o candidato pode não perceber a semelhança entre um objeto direto nominal (sem verbo) e um oracional (com verbo).

**EXEMPLO DE QUESTÃO**

▸ **(COPEVE-UFAL - Procurador Municipal 2010)** No período "Concluiu que os cães tinham fome", a oração "que os cães tinham fome" exerce a função de

a) complemento nominal.
b) predicativo.
c) aposto.
d) sujeito.
e) objeto direto.

**Resposta:** E

O verbo "concluir" é transitivo direto, ou seja, solicita complemento verbal. Na frase em questão, a oração introduzida pela conjunção "que" funciona como o complemento do verbo concluir. Basta que o candidato pergunte a si: o que (ele) concluiu? A resposta será, por força da transitividade, o complemento do verbo. Como não há solicitação de preposição, o complemento é direto, ou seja, um objeto direto.

## 2.10. Oração completiva nominal

A oração completiva nominal desempenha a função de complemento de um elemento de natureza nominal, principalmente de um substantivo.

**APLICAÇÃO** DA REGRA

Para identificar uma oração completiva nominal, é necessário reconhecer a introdução desse elemento por uma preposição essencial.

**PEGADINHA** DA BANCA

De longe, a maior pegadinha das bancas examinadoras é tentar fazer o candidato pensar que se trata de um objeto indireto oracional. Tal confusão é impossível, pois o objeto indireto é um complemento verbal, não nominal.

**EXEMPLO** DE QUESTÃO

- **(AOCP – INES - Assistente de Alunos 2013)** "Para libertários como Williams, ninguém, nem o governo, tem o direito de ameaçar...
  A oração destacada funciona como
  a) objeto indireto.
  b) adjunto adverbial.
  c) objeto direto.
  d) adjunto adnominal.
  e) complemento nominal.

  *Resposta:* E

  Comentário: como a oração "de ameaçar" é iniciada por uma preposição e se relaciona com o substantivo abstrato "direito", é possível dizer que desempenha a função de complemento nominal. Trata-se de um complemento nominal oracional, ou seja, uma oração subordinada substantiva completiva nominal reduzida de infinitivo, nesse caso.

## 2.11. Oração apositiva

A oração subordinada substantiva apositiva possui valor de aposto dentro do período de que faz parte.

**APLICAÇÃO DA REGRA**

Para que um elemento seja considerado de natureza apositiva, é necessário que ele possua identificação semântica com seu referente, ou seja, que traduza o sentido do referente. Além disso, para ser uma oração apositiva, é necessário que haja um verbo como núcleo do elemento expresso.

**PEGADINHA DA BANCA**

O mais comum é que o examinador tente criar uma armadilha por utilizar uma oração subordinada adjetiva explicativa. Nesse caso, é preciso analisar a natureza da oração.

**EXEMPLO DE QUESTÃO:**

- **(OBJETIVA - Prefeitura de Porto Barreiro – PR 2015)** Assinalar a alternativa que apresenta uma oração subordinada apositiva:
  a) A verdade é esta.
  b) O problema é só um: a impunidade impera.
  c) Convenci-me disto.
  d) Tenho certeza de que vou mudar de escola.

  *Resposta:* B

  Comentário: a oração "a impunidade impera" traduz o sentido da expressão "só um". Note que o termo apositivo possui um verbo e, por isso, se trata de uma oração apositiva. Como se trata de uma oração sem a introdução de uma conjunção e sem redução por formas nominais, é possível dizer que é uma oração subordinada apositiva justaposta.

## 2.12. Oração predicativa

A oração predicativa possui função de predicativo, ou seja, introduz uma caracterização imediata de um referente frasal.

**APLICAÇÃO DA REGRA**

É importante perceber que – na maior parte dos casos – a oração será predicativa quando houver – em sua oração principal – um verbo de ligação.

**PEGADINHA DA BANCA**

Atente para a tentativa de fazer uma oração subjetiva se passar por uma predicativa.

**EXEMPLO** DE QUESTÃO:

- **(Instituto Pró-Município 2015)** A oração: "A verdade é que você mentiu para o fiscal", pode ser classificada como subordinada substantiva:

   a) Subjetiva;

   b) Objetiva Direta;

   c) Objetiva Indireta;

   d) Predicativa.

   *Resposta:* D

   Comentário: na análise do período, identifica-se os seguintes elementos:

   "A verdade é" = oração principal.

   "Que você mentiu para o fiscal" = oração subordinada substantiva predicativa.

   Perceba que o verbo da oração principal é de ligação e que o sujeito está expresso na sentença.

## 2.13. Oração adjetiva explicativa

O nome **oração adjetiva** se deve ao fato de a oração possuir – com efeito – valor de adjetivo em relação ao termo a que se refere.

**APLICAÇÃO** DA REGRA

Uma oração adjetiva – quando desenvolvida – será introduzida por um pronome relativo. Para ser uma oração de natureza explicativa, é necessário que a oração apareça isolada de seu referente textual.

**PEGADINHA** DA BANCA

O examinador pode afirmar que qualquer termo entre vírgulas terá valor explicativo, ou mesmo dizer que a vírgula tem valor restritivo. Essas são frases clássicas em questões incorretas.

**EXEMPLO** DE QUESTÃO

- **(CESPE - STF - 2008)**

   Um Brasil com desemprego zero. Um Brasil bem distante das estatísticas que apontam para uma taxa de desocupação em torno de 9%. E um Brasil que coloca o seu mercado de trabalho nas mãos de empreendedores locais, formais e informais. Cerca de 30 cidades devem integrar esse Brasil fora das estatísticas. São exceções e prova viva da força empreendedora do interior e de seu papel empregador. E representam, ainda, a força do agronegócio, o avanço ao consumo da classe C e os efeitos na economia dos programas de transferência de renda, afirmou Luiz Carlos Barboza, diretor do SEBRAE Nacional.

O Globo, 6/4/2008, p. 33 (com adaptações)

A oração que se inicia com "que" (l.2) é adjetiva explicativa.

( ) Certo ( ) Errado

**Resposta:** Errado.

Comentário: a oração "que apontam para a taxa de desocupação em torno de 9% não está isolada do seu referente "estatísticas". Logo, compreende-se que se trata de uma oração restritiva.

## 2.14. Oração adjetiva restritiva

A oração de natureza restritiva introduz uma restrição semântica em relação ao elemento ao qual se refere.

**APLICAÇÃO DA REGRA**

O princípio de construção de uma oração subordinada adjetiva restritiva é semelhante ao da oração subordinada adjetiva explicativa. A diferença repousa no fato de que a oração restritiva não poderá ficar isolada de seu referente

**PEGADINHA DA BANCA**

Não caia na armadilha de pensar que não pode haver vírgulas em uma oração restritiva. Veja o exemplo a seguir:

- O aluno **que estuda, que trabalha, que se dedica, que investe em si** merece ser aprovado.

Note que as orações em negrito não estão isoladas do referente "aluno". Entre si, estão separadas por serem coordenada, ou seja, possuírem a mesma função.

**EXEMPLO DE QUESTÃO**

- **(FUMARC - Câmara Municipal de Mariana MG - 2014)** São orações adjetivas restritivas, **EXCETO:**

a) "Aumenta o número de adultos **que não consegue focar sua atenção em uma única coisa por muito tempo.**"

b) "[...] de repente, me dei conta de que estava em temas **que em nada se relacionavam com meu tema primeiro."**

c) "O problema é **que alguns textos exigem a leitura atenta de palavra por palavra, de frase por frase** [...]."

d) "Elas já sabem usar programas complexos em seus aparelhos eletrônicos, brincam com jogos desafiantes **que exigem atenção constante aos detalhes** [...]."

*Resposta:* C

Comentário: a única sentença que não se classifica como oração subordinada adjetiva restritiva é a que é iniciada pela conjunção integrante. A, B e D possuem pronome relativos na introdução das sentenças, a C inicia por uma conjunção integrante – que introduz uma oração subordinada substantiva predicativa.

## 2.15. Oração adverbial causal

A oração causal recebe esse nome porque indica a causa daquilo que se exprime em sua oração principal.

**APLICAÇÃO** DA REGRA

Para reconhecer uma oração causal, é necessário perceber na oração principal que compõe o período um verbo que indica um fato ocorrido ou corriqueiro. O sentido fundamental que deve ser expresso é o de certeza, para – só então – indicar que houve uma oração causal.

**PEGADINHA** DA BANCA

Como praxe, a banca examinadora aposta na confusão entre oração causal e oração explicativa. Para uma oração ser explicativa, a coordenada que aparece anteriormente deve conter um verbo no imperativo ou uma hipótese.

**EXEMPLO** DE QUESTÃO

▶ **(CETREDE - Prefeitura de Itapipoca – CE - 2016) Em qual das alternativas temos uma conjunção subordinativa causal?**

a) Não fale alto que as crianças dormem.

b) Nós não saímos porque chovia muito.

c) Não brigue tanto, pois a vida vale pouco.

d) Ela não veio, pois a sua sala está fechada.

e) Ande depressa porque o trem não espera.

*Resposta:* B

Comentário: a sentença apresenta a primeira oração como um fato dado como certo (Nós não saímos), logo a segunda sentença indica a causa de os indivíduos não terem saído.

## 2.16. Oração adverbial concessiva

A ideia de concessão é expressa como uma contraposição a uma conclusão que se espera de uma ideia. Algo como uma exceção ou um precedente.

**APLICAÇÃO** DA REGRA

Usualmente, reconhecemos as orações concessivas pelas conjunções que as introduzem, a exemplo das conjunções **embora, ainda que, mesmo que, por mais que, apesar de que** e **conquanto**.

**PEGADINHA** DA BANCA

Além das óbvias pegadinhas com trocas de questões, há a tentativa de confundir os candidatos nas orações reduzidas (aquelas que não apresentam conjunções).

**EXEMPLO** DE QUESTÃO

- **(IMA - Prefeitura de Paraibano – MA - 2014)** Temos uma oração subordinada adverbial concessiva em:

  a) Se eu tivesse dinheiro, compraria hoje um carro.

  b) Fizemos a consulta, conforme a solicitação dos auditores.

  c) Enquanto a mídia entrevistava o especialista, os telespectadores assistiam impávidos.

  d) O especialista não concordará com sua opinião, por mais que você insista.

  *Resposta:* d

  Comentário: a oração concessiva pode ser reconhecida por meio da locução conjuntiva de natureza concessiva empregada na frase (por mais que).

## 2.17. Oração adverbial modal

A oração modal é a que entrega o sentido de modo em relação à principal. As gramáticas usualmente não retratam esse tipo de oração, pois ela foi removida da Nomenclatura Gramatical Brasileira. Apesar disso, ainda são muito recorrentes em provas de concursos públicos.

**APLICAÇÃO DA REGRA**

Locuções conjuntivas como "sem que" e "a maneira que" costumam introduzir orações modais. Também não é raro vê-las em orações reduzidas de gerúndio.

**PEGADINHA DA BANCA**

A questão sobre orações modais por si só já é uma pegadinha, pois a maior parte dos alunos desconhece essa modalidade de questão.

**EXEMPLO DE QUESTÃO**

- **(EJEF - TJ-MG - 2007)** "Seu vizinho está há meses **sem pagar o condomínio** [...]" (linha 1) É **CORRETO** afirmar que a oração destacada nesse período tem um sentido

  a) concessivo.

  b) explicativo.

  c) modal.

  d) temporal.

  *Resposta:* C

  Comentário: note que a preposição "sem" introduz uma oração reduzida de infinitivo com o sentido de modo.

## 2.18. Oração adverbial final

Como o próprio nome indica, a oração final introduz uma noção de finalidade na sentença de que faz parte.

**APLICAÇÃO DA REGRA**

As orações finais costumam vir reduzidas de infinitivo com a preposição "para" com vistas a introduzir a noção de finalidade.

**PEGADINHA DA BANCA**

A pegadinha mais comum é a questão indicar que se trata de uma oração causal.

**EXEMPLO DE QUESTÃO**

- **(FCC - TRT - 23ª REGIÃO (MT) - 2016)** Há noção de finalidade em:

a) *Porque não seria certo ficar pregando moscas no espaço...*
b) *O poeta escreve por alguma deformação na alma.*
c) "*Acho que um poeta usa a palavra para se inventar.*"
d) ... *graças ao voluntário trabalho de divulgação feito por jornalistas...*
e) ... *mas sempre "numa tela grande, sala escura e gente quieta do meu lado.*"

*Resposta:* c

Comentário: a oração "pare se inventar" apresenta sentido de finalidade em relação à ação antecedente. Note a estrutura "preposição **para** acrescida do verbo no infinitivo"



## 2.19. Oração adverbial proporcional

O sentido pretendido pela oração proporcional é o de indicar a proporção em que alguma ação transcorre.

**APLICAÇÃO** DA REGRA

As locuções conjuntivas proporcionais introduzem o sentido pretendido pelo autor, são elas: à medida que, à proporção que, quanto mais... mais, quanto menos... menos etc.

**PEGADINHA** DA BANCA

Não raro, as bancas removem o acento grave indicativo de crase das locuções que a possuem, mas aí a questão já é de crase, não de sintaxe. Basta ficar de olho nos sentidos.

**EXEMPLO** DE QUESTÃO

► **(FUMARC - Órgão: TJ-MG - 2012)** "Quanto mais aparelhos telefônicos possuir, mais feliz parecerá."

Na frase acima há uma relação de

a) condição.
b) adversidade.
c) proporcionalidade.
d) explicação.

*Resposta:* C

Comentário: a locução "quanto mais... mais" não deixa mentir que se trata de uma oração de natureza proporcional. É preciso atentar para as relações de sentido nesse tipo de construção.

## 2.20. Período misto

O período misto é formado por dois processos de composição de período que ocorrem simultaneamente, ou seja, há coordenação e subordinação no mesmo período.

**APLICAÇÃO** DA REGRA

Uma oração será equipolente, ou seja, pertencente a um período misto quando estiver coordenada a uma e subordinada a outra.

**PEGADINHA** DA BANCA

A banca tende a dizer que há apenas um tipo de oração na sentença.

**EXEMPLO** DE QUESTÃO

- **(Quadrix - CRA-AC - 2016)** Em "Sabemos que este ano será difícil e precisamos ter um cuidado especial nos investimentos":
  a) há apenas orações coordenadas entre si, já que as ideias são sintaticamente independentes
  b) ocorre período misto, já que há relações de coordenação e de subordinação.
  c) ocorrem apenas relações de subordinação entre as orações, já que todas são sintaticamente dependentes entre si.
  d) há apenas uma oração que, portanto, classifica-se como "absoluta".
  e) ocorre período simples, já que, apesar de haver mais de uma forma verbal, trata-se simplesmente de locuções de verbos.

  *Resposta:* b

  Comentário: vou decompor a oração para que você possa entender o ajuste sintático:

  - Sabemos que este ano será difícil e precisamos ter um cuidado especial nos investimentos

  **Sabemos** – oração principal

  **Que este ano será difícil** – oração subordinada substantiva objetiva direta.

  **E precisamos ter um cuidado especial nos investimentos** – oração subordinada substantiva objetiva direta.

  Pode-se ressaltar que entre si as duas últimas orações são coordenadas, e a conjunção integrante da segunda oração subordinada está elíptica. Uma reescrita possível seria a seguinte:

  Sabemos que este ano será difícil e **que** precisamos ter um cuidado especial nos investimentos.

## 2.21. Oração interferente

Uma oração interferente também costuma ser entendida como comentário do autor dentro do texto, uma oração dessa natureza não possui função sintática em relação ao resto do período.

**APLICAÇÃO DA REGRA**

Uma sentença interferente deve sempre vir isolada do resto do período por vírgulas, travessões ou parênteses.

**PEGADINHA DA BANCA**

As bancas costumam dizer que essas orações são apenas orações explicativas.

**EXEMPLO DE QUESTÃO**

- **(Pablo Jamilk – Inédito)** As pessoas – não acredito que estou dizendo algo dessa natureza – deveriam se ater mais aos seus problemas do que aos problemas dos outros.
  Os travessões isolam um segmento de natureza explicativa.
  ( ) Certo ( ) Errado.

  *Resposta:* errado.

  Comentário: a sentença intercalada não possui função sintática no período, além disso é evidente que se trata de um juízo do autor a respeito do que enuncia. Logo, trata-se de uma oração interferente.

## 2.22. Reduzindo orações

Uma oração reduzida possui uma estrutura bem delimitada na gramática normativa. É fundamental que o aluno saiba como reduzir orações em um período.

**APLICAÇÃO DA REGRA**

Para reduzir uma oração, basta remover o conector que introduz a oração (conjunção) ou o remover o pronome relativo e passar o verbo para uma forma nominal, a saber: infinitivo, gerúndio ou particípio.

**PEGADINHA DA BANCA**

As pegadinhas se concentram na mudança de sentido que pode ocorrer quando se opera uma redução. Não ocorre sempre, mas se a redução for feita sem atenção, altera-se o sentido.

**EXEMPLO** DE QUESTÃO

**(FGV – CODEBA - 2016)** A frase em que houve adequada substituição de uma oração desenvolvida por uma oração reduzida é:

a) *Uma crença não é verdadeira porque ela é útil.* / por sua utilidade.
b) *O mundo não pode ser dividido sem deixar resto.* / sem que deixe resto.
c) *Em algumas coisas é preciso acreditar para que sejam vistas.* / para serem vistas.
d) *Morrer por uma causa não faz com que essa causa seja justa.* / justiça a essa causa.
e) *Eu jamais morreria por uma crença porque eu poderia estar errado.* / por poder que eu estivesse errado.

*Resposta:* c

Comentário: a oração "para que sejam vistas" foi reduzida com a remoção da conjunção "que" da locução conjuntiva, bem como com a passagem do verbo "ser", que estava conjugado, para o infinitivo pessoal.

## 2.23. Desenvolvendo orações

Desenvolver orações é uma atividade importante para compreender a composição do período na análise sintática. Nem sempre o processo é facilitado; na maior parte dos casos, é necessário ater-se aos princípios composicionais das orações.

**APLICAÇÃO** DA REGRA

Para desenvolver uma oração reduzida, o primeiro passo é identificar o tipo de oração com que se está trabalhando: se for uma substantiva, será necessário incluir uma conjunção integrante; se for uma adjetiva, será necessário incluir um pronome relativo; se for uma adverbial, será necessário incluir uma conjunção subordinativa adverbial.

Veja um exemplo:

- *Jonas disse **não saber a resposta da prova**. (Oração subordinada substantiva objetiva direta reduzida de infinitivo)*
- *Jonas disse **que não sabia a resposta da prova**. (Oração subordinada substantiva objetiva direta desenvolvida)*

**PEGADINHA** DA BANCA

A tradição das bancas é apostar nas mudanças de sentido que ocorrem quando não se desenvolve corretamente uma oração. Isso é identificado principalmente nas orações adverbiais. Um bom conselho é atentar para a relação entre tempos e modos verbais, a fim de poder identificar o correto desenvolvimento da oração.

**EXEMPLO** DE QUESTÃO

- **(FGV - PC-MA - 2012)** "É importante *salientar* que essa é uma reforma que não necessita de alterações no texto constitucional".

Se desenvolvermos a forma sublinhada nesse segmento do texto, a forma verbal adequada será:

a) que se saliente.
b) que salientemos.
c) salientarmos.
d) que se salientasse.
e) que salientássemos.

**Resposta:** a

Comentário: para não cometer equívocos no desenvolvimento da oração reduzida em questão, é preciso identificar o verbo conjugado no presente do indicativo "é" em "é importante" (oração principal). Depois disso, passa-se à inclusão da conjunção integrante "que", a qual exige o verbo no subjuntivo. Para atender à prescrição gramatical, é necessário conjugar o verbo em questão no presente do modo subjuntivo.

# 3. CONCORDÂNCIA

## 3.1. Verbo "haver", no sentido de "existir, ocorrer ou acontecer"

Nesse caso, o verbo é impessoal, ou seja, ele deve permanecer no singular pelo fato de não possuir um sujeito expresso. Esse é um dos itens mais cobrados em concursos públicos, portanto, não vacile: O VERBO, NESSE CASO, NÃO PODE SER EMPREGADO NO PLURAL.

**APLICAÇÃO** DA REGRA

Veja o exemplo da sentença:

- **Havia** muitas meninas em minha classe.

Esse verbo deve ficar assim, no singular, pois o verbo "haver" está empregado no sentido de "existir". Isso quer dizer que ele é impessoal, ou seja, não possui sujeito.

**PEGADINHA** DA BANCA

As bancas examinadoras adoram criar questões de reescrita de sentença, ou mesmo solicitar para realizar a substituição de palavras e, nesse momento, empregam a forma incorreta, para tentar enganar o candidato.

**EXEMPLO DE QUESTÃO**

▸ **(CESPE - Eng (CEF)/CEF/Engenharia Agronômica/2014)** A busca de uma convenção para medir riquezas e trocar mercadorias é quase tão antiga quanto a vida em sociedade. Ao longo da história, os mais diversos artigos foram usados com essa finalidade, como o chocolate, entre os astecas, e o bacalhau seco, entre os noruegueses, tendo cabido aos gregos do século VII a.C. a criação de uma moeda metálica com um valor padronizado pelo Estado. "Foi uma invenção revolucionária. Ela facilitou o acesso das camadas mais pobres às riquezas, o acúmulo de dinheiro e a coleta de impostos – coisas muito difíceis de fazer quando os valores eram contados em bois ou imóveis", afirma a arqueóloga Maria Beatriz Florenzano, da Universidade de São Paulo. A segunda grande revolução na história do dinheiro, o papel-moeda, teve uma origem mais confusa. **Existiam** cédulas na China do ano 960, mas elas não se espalharam para outros lugares e caíram em desuso no fim do século XIV.

As notas só apareceram na Europa – e daí para o mundo – em 1661, na Suécia. Há quem acredite que cartões de crédito e caixas eletrônicos em rede já representam uma terceira revolução monetária. "Com a informática, o dinheiro se transformou em impulsos eletrônicos invisíveis, livres do espaço, do tempo e do controle de governos e corporações", afirma o antropólogo Jack Weatherford, da Faculdade Macalester, nos Estados Unidos da América.

*Internet: <http://super.abril.com.br> (com adaptações).*

A forma verbal "Existiam" poderia ser corretamente substituída por **Haviam**.

( ) Certo ( ) Errado

*Resposta:* errado.

O verbo deveria estar no singular – Havia.

## 3.2. Verbo "fazer", no sentido de tempo transcorrido

Nesse caso, o verbo é impessoal, ou seja, não possui um sujeito. Isso quer dizer que, nesse caso, não pode ser passado para o plural. Lembre-se de que, se o verbo indicar tempo já passado, ficará no singular.

**APLICAÇÃO DA REGRA**

Veja a frase abaixo:

- **Faz** dois meses que vi Juliana em Orlando.

**PEGADINHA DA BANCA**

A banca vai colocar o verbo no plural, apostando que você fará a concordância com o complemento do verbo.

EXEMPLO DE QUESTÃO

- **CESPE / 2013 – TCDF** - Há décadas, países como China e Índia têm enviado estudantes 13 para países centrais, com resultados muito positivos. Provavelmente, o programa brasileiro vai acelerar a mobilidade internacional e proporcionar avanços na ciência brasileira.

  A forma verbal "Há" poderia ser corretamente substituída por **Fazem.**

  ( ) Certo ( ) Errado

  **Resposta**: errado.

  **O** verbo foi empregado no sentido de tempo transcorrido, portanto, não pode ser empregado no plural.

## 3.3. Verbo "ir", no sentido de tempo transcorrido

Nesse caso, o verbo é impessoal, ou seja, não possui um sujeito. Isso quer dizer que, nesse caso, não pode ser passado para o plural. Lembre-se de que, se o verbo indicar tempo já passado, ficará no singular.

APLICAÇÃO DA REGRA

Veja a frase abaixo:

- **Vai** três semanas que nossos caminhos se cruzaram.

PEGADINHA DA BANCA

A banca vai colocar o verbo no plural, apostando que você fará a concordância com o complemento do verbo.

EXEMPLO DE QUESTÃO

- **(Pablo Jamilk – inédita)** A sentença "Vai cinco dias que o ministro assinou o pedido" está adequada a uma correspondência oficial.

  ( ) Certo ( ) Errado

  **Resposta**: certo.

  O verbo "ir" foi empregado no singular, pois é impessoal, ou seja, foi empregado corretamente.

## 3.4. Verbo "ser", empregado no sentido de tempo

Apesar de o verbo "ser" tratar-se de um verbo impessoal, há um caso de concordância curioso para essa situação. O verbo deve concordar com o seu predicativo, ou seja, poderá ser variável.

**APLICAÇÃO DA REGRA**

Veja a frase abaixo:

- Hoje são 5 de março.

**PEGADINHA DA BANCA**

A banca vai colocar o verbo no singular, apostando que você não conseguirá reconhecer a regra na frase.

**EXEMPLO DE QUESTÃO**

- **(Pablo Jamilk – inédita)** Na frase: "soubemos que amanhã serão 6 de março", há incorreções gramaticais.

( ) Certo ( ) Errado

*Resposta:* errado.

Comentário: trata-se de concordância do verbo de ligação "ser" com o predicativo "6 de março". Registre-se que, nessa forma, há elipse da expressão "dias passados de", ou seja, é como se disséssemos "soubemos que amanhã serão 6 dias passados de março". Nesse caso, faz-se a concordância com o elemento que mais indica a noção do número do substantivo.

## 3.5. Verbo "ser", empregado no sentido de distância

Apesar de o verbo "ser" tratar-se de um verbo impessoal, há um caso de concordância curioso para essa situação. O verbo deve concordar com o seu predicativo, ou seja, poderá ser variável.

**APLICAÇÃO DA REGRA**

Veja a frase abaixo:

- De Cascavel a São Paulo, são muitos quilômetros.

**PEGADINHA DA BANCA**

A banca vai colocar o verbo no singular, apostando que você não conseguirá reconhecer a regra na frase.

**EXEMPLO DE QUESTÃO**

- **(Pablo Jamilk – inédita)** Na frase, "deste lugar até o destino final, seriam 260 mil metros", o verbo está no plural para concordar com a expressão 260 mil.

( ) Certo ( ) Errado

**Resposta**: errado.

**Comentário**: a sentença está correta, mas não sua justificativa. O verbo de ligação deve concordar com o substantivo "metros" e não com o numeral, pois a concordância é realizada com o núcleo do predicativo.

## 3.6. Concordância com sujeito oracional

Quando o sujeito de um verbo for outra oração, esse verbo deve permanecer no singular, a fim de manter a correção gramatical.

**APLICAÇÃO DA REGRA**

Veja a frase abaixo:

✦ É preciso **que o país avance nas políticas públicas.**

**PEGADINHA DA BANCA**

A banca vai questionar se o verbo poderia ser empregado no plural. Ou vai questionar a razão de o verbo estar no singular. Usualmente ela fornece uma informação errada sobre isso.

**EXEMPLO DE QUESTÃO**

- **(Cespe / 2013 – MPU)** A beleza do direito transfunde-se no cipoal entrançado do formalismo. Ao que nele penetrou espanta somente encontrar fórmulas, só ouvir fórmulas, só conseguir fórmulas — tudo amarelo, cor de ouro, e nada, nada azul, a cor da justiça. O azul, a justiça, a harmonia, a equidade — puras ilusões da ótica humana.

A forma verbal "espanta" flexiona-se no singular para concordar com o sujeito oracional "Ao que nele penetrou".

( ) Certo ( ) Errado

**Resposta**: errado.

**Comentário**: na sentença ocorre sujeito oracional, entretanto ele não é a expressão "ao que nele penetrou". O sujeito é a expressão "encontrar fórmulas, só ouvir fórmulas, só conseguir fórmulas", cujos núcleos são orações reduzidas de infinitivo, com função de sujeito.

## 3.7. Palavra "se" na função de pronome apassivador

O pronome "se" será apassivador se estiver relacionado a um verbo transitivo direto ou a um verbo transitivo direto e indireto (bitransitivo) e, por exceção, ao verbo "obedecer". Para facilitar o entendimento, é preciso saber que não há sentido reflexivo nesse caso. Note-se que o verbo deve sempre concordar com o sujeito da sentença.

**APLICAÇÃO** DA REGRA

✦ Vendem-**se** diplomas naquela universidade.

**PEGADINHA** DA BANCA

Usualmente, a banca mantém o verbo no singular, enquanto o verbo deveria ser empregado no plural. Essas questões são mais comuns em provas de múltipla escolha.

**EXEMPLO** DE QUESTÃO

▸ **(FCC – 2002 – TRE – PI)** ......, na última hora, as normas que ...... com tanta antecedência.

a) Alterou-se - havia sido estabelecidas
b) Alteraram-se - haviam sido estabelecidas
c) Alterou-se - haviam sido estabelecidas
d) Alteraram-se - havia sido estabelecidas
e) Alterou-se - havia sido estabelecido

**Resposta**: B

O verbo "alterar" é transitivo direto e está acompanhado pela palavra "se" nesse caso, trata-se de uma voz passiva sintética. Nessa situação, a concordância é realizada com o sujeito "as normas". O segundo caso, do verbo "haver" no plural, ocorre o verbo desse modo em virtude de ele ser auxiliar na sentença e poder ser flexionado para concordar com o sujeito.

## 3.8. Palavra "se" na função de índice de indeterminação de sujeito

Nessa situação, o verbo deve ser empregado obrigatoriamente no singular, pois assim exige a prescrição gramatical. Basta identificar o verbo que acompanha o pronome: ele deve ser intransitivo, de ligação ou transitivo indireto.

**APLICAÇÃO** DA REGRA

✦ Necessita-**se** de pessoas capacitadas para o serviço.

**PEGADINHA DA BANCA**

A estratégia da banca aqui é deixar o verbo no plural para o candidato distraído errar a questão.

**EXEMPLO DE QUESTÃO**

▶ **(FCC – 2005 – TER – RN)** A concordância está correta APENAS na frase:

a) Os que estavam em campo era os assuntos diplomáticos.
b) A cobertura dos jogos mostravam as imagens das principais autoridades.
c) Não se tratam de forças revolucionárias capazes de transformar uma nação.
d) Jogos de futebol podem ser vistos como um enorme espelho que reflete a sociedade.
e) Uma partida entre 22 jogadores podem ser considerados um reflexo da comunidade.

**Resposta**: D

**Comentário**: vou comentar a alternativa em que aparece a regra discutida. Na frase: Não se tratam de forças revolucionárias capazes de transformar uma nação, o verbo deve ser empregado no singular, pois se trata de verbo transitivo indireto, acrescido da palavra "se". Como o verbo foi empregado no plural, a alternativa está errada.

## 3.9. Sujeito composto, posposto ao verbo

Nessa situação, o verbo pode concordar com o núcleo mais próximo ou com os dois núcleos simultaneamente.

**APLICAÇÃO DA REGRA**

✦ Chegaram / Chegou **o presidente de seus assessores.**

As duas formas de concordância são válidas, pois o verbo pode concordar com o núcleo mais próximo "presidente" ou com os dois núcleos.

**PEGADINHA DA BANCA**

Usualmente a banca afirma que apenas uma das concordâncias seria possível.

**EXEMPLO DE QUESTÃO**

▶ **(CESPE – 2013 - IBAMA)** Em 1985, foi criado o Ministério do Desenvolvimento Urbano e Meio Ambiente e, em 1989, o Instituto Brasileiro do Meio

Ambiente e dos Recursos Naturais Renováveis (IBAMA), originado da fusão da SEMA com a Superintendência do Desenvolvimento da Pesca e com o IBDF. A locução verbal "foi criado", empregada no singular para concordar com o núcleo do sujeito mais próximo a ela – "o Ministério do Desenvolvimento Urbano e Meio Ambiente" –, poderia ser corretamente substituída por foram criados, caso em que passaria a concordar com ambos os núcleos do sujeito composto da oração.

( ) Certo ( ) Errado

*Resposta:* errado.

Comentário: apesar de existir a possibilidade de concordância, aqui percebemos uma pegadinha da banca examinadora. Note que os órgãos foram criados em datas distintas, o que quer dizer que para cada data, presume-se um predicado diferente (um núcleo verbal). Ou seja, o erro da questão está no fato de que apenas o Ministério do Desenvolvimento Urbano e Meio Ambiente foi criado em 1985.

## 3.10. Palavra "bastante"

Essa palavra oferece algumas dificuldades quando aparece em uma questão. Para acertar a questão basta identificar sua classificação gramatical.

**APLICAÇÃO** DA REGRA

a) Como advérbio: é invariável (não vai para o plural).

- Eles estudaram **bastante**. (Troque pela palavra "muito" e veja que não vai para o plural).

b) Como pronome indefinido: é variável (pode ir para o plural)

- Eles estudaram **bastantes** matérias. (Troque pela palavra "muitos" e veja que vai para o plural).

c) Como adjetivo: é variável (pode ir para o plural).

- Eles possuem provas **bastantes** para o caso. (Veja que a palavra "bastantes" é sinônima de "suficientes").

**PEGADINHA** DA BANCA

A banca examinadora vai trocar a classe das palavras e vai empregar plural no momento em que não é possível.

**EXEMPLO** DE QUESTÃO

- **(2015 - Sercomtel S.A Telecomunicações – Agente – adaptada)** Assinale a alternativa que não esteja de acordo com a norma-padrão de concordância nominal.

a) As botas estão caras.
b) A água custa barato.
c) Os sapatos custam caro.
d) Estas alunas são bastantes esforçadas.

**Resposta:** D

**Comentário**: a palavra "bastante" deveria permanecer no singular, pois se trata de um advérbio que incide sobre o adjetivo "esforçadas". Basta fazer a substituição pela palavra "muito" para verificar como esse termo deve permanecer no singular.

## 3.11. Palavra "anexo"

Trata-se de uma palavra variável, que deve concordar com o substantivo a que se relaciona.

**APLICAÇÃO** DA REGRA

- Seguem **anexas** as provas do caso.

**PEGADINHA** DA BANCA

A banca examinadora costuma deixar a palavra no singular, a fim de confundir o candidato.

**EXEMPLO** DE QUESTÃO

- **(FCC - 2002 - TRE-PI - Técnico Judiciário)** Estas folhas também ...... ao processo.

a) deve ir anexo
b) deve irem anexo
c) devem ir anexo
d) devem irem anexas
e) devem ir anexas

**Resposta:** E

O verbo "dever" (auxiliar na sentença) deve concordar com o sujeito "estas folhas". Além disso, o adjetivo "anexas" concorda com o substantivo "folhas".

## 3.12. Expressões como "é permitido", "é necessário" e "é proibido"

Essas expressões apenas variam (flexionam) se houver um determinante (artigo, pronome ou numeral) à esquerda do núcleo do sujeito.

**APLICAÇÃO DA REGRA:**

- É proibido venda de bebidas alcoólicas.
- É proibida a venda de bebidas alcoólicas.

**PEGADINHA DA BANCA**

A banca costuma flexionar a palavra (no feminino, usualmente) e não empregar o determinante.

**EXEMPLO DE QUESTÃO**

- **(IBFC - 2013 - MPE-SP - Analista de Promotoria)** Considere as orações abaixo.

I. É necessário paciência.
II. É necessária a participação de todos.
III. É proibido a entrada de pessoas estranhas.

A concordância está correta somente em:

a) Apenas I
b) Apenas II
c) Apenas III
d) Apenas I e II
e) Apenas II e III

*Resposta:* D

Comentário: na primeira sentença, não há determinante antes do sujeito "paciência", logo não é necessário flexionar o termo. Na segunda sentença, há um determinante "a" antes do núcleo do sujeito, logo o termo deve ser flexionado (como está no texto). Na última sentença, há o determinante, mas o termo "proibido" não foi flexionado.

## 3.13. Palavra "meio"

A palavra "meio" costuma oferecer algumas dificuldades relativas à concordância. Para facilitar o processo basta classificá-la morfologicamente.

**APLICAÇÃO DA REGRA**

a) Como advérbio: é invariável (pode ser trocada por "um pouco")

- Minha amiga anda **meio** nervosa.

b) Como numeral: é variável (e indica o sentido de "metade")

✦ Ele falou **meias** verdades.

c) Como substantivo: é variável (e indica maneira)

✦ Há vários **meios** de vencer.

**PEGADINHA** DA BANCA

A banca vai flexionar o advérbio para criar a impressão de concordância. Entretanto, isso deixará a frase incorreta.

**EXEMPLO** DE QUESTÃO

▶ **(2015 - CIS - AMOSC - SC - Auxiliar Administrativo)** Indique a alternativa incorreta em relação à concordância nominal:

a) Ela andava meio nervosa.

b) Ela fez bastantes trabalhos.

c) Ele não é de meias palavras.

d) A mãe da menina estava meia preocupada.

*Resposta:* D

Comentário: a palavra "meia" foi flexionada sem que isso fosse possível, pois se trata de um advérbio na sentença.

## 3.14. Palavra "incluso"

Essa palavra deve ser flexionada para concordar com o substantivo a que se refere.

**APLICAÇÃO** DA REGRA

Seguem **inclusos** os formulários do protocolo.

Pegadinha da banca: normalmente, a banca fará a concordância incorreta na sentença, ou seja, vai ignorar o elemento de referência para a concordância.

**EXEMPLO** DE QUESTÃO

▶ **(CESGRANRIO - 2011 - Petrobras - Inspetor de Segurança)** A frase em que a concordância nominal está INCORRETA é:

a) A confusão formada diante do prédio da instituição era meio grande.
b) Enviaremos incluso no imposto a taxa de iluminação pública.
c) Ela não devia deixar as crianças sós por tantas horas.
d) Finalmente, meu colega está quite com a Receita Federal.
e) Elas próprias descobriram o teor daquele documento.

*Resposta:* B

O adjetivo "incluso" deve concordar com o substantivo "taxa" para manter a correção gramatical.

## 3.15. Só / Sós

A palavra só pode variar, desde que seja um adjetivo na frase, ou seja, desde que seja um sinônimo da palavra "sozinho".

**APLICAÇÃO** DA REGRA

Ficamos sós depois de todo o problema.

**PEGADINHA** DA BANCA

Usualmente, a banca examinadora deixa a palavra no singular, para fazer o candidato se confundir com um advérbio (que, nesse caso, seria um sinônimo de "somente").

**EXEMPLO** DE QUESTÃO

▶ **(CESGRANRIO - 2011 - Petrobras - Inspetor de Segurança – adaptada)** A frase em que a concordância nominal está correta é:

a) A confusão formada diante do prédio da instituição era meia grande.
b) Enviaremos inclusa no imposto a taxa de iluminação pública.
c) Ela não devia deixar as crianças sós por tantas horas.
d) Finalmente, meu colega está quites com a Receita Federal.
e) Elas mesmo descobriram o teor daquele documento.

*Resposta:* C

O adjetivo "sós" concorda com o substantivo "crianças" na sentença. Para compreender isso, basta tentar fazer a troca desse adjetivo pela palavra "sozinhas".

## 3.16. Sujeito formado com expressão com indicativo de porcentagem

Nessa situação, a concordância deve ser feita com o sentido expresso pelo numeral.

**APLICAÇÃO** DA REGRA

Somente 2% votaram em branco na última eleição.

**PEGADINHA** DA BANCA

É comum que a banca use um verbo no plural para uma situação em que o verbo deve ficar no singular.

**EXEMPLO** DE QUESTÃO

- **(FGV - 2010 - CAERN - Agente Administrativo)** Hoje, apenas 16% dos 192 milhões de brasileiros vivem na zona rural, de acordo com o IBGE.

  Com base no conhecimento das regras de concordância, assinale a alternativa em que se manteve correção gramatical ao se alterar a estrutura acima.

  a) Hoje, apenas 0,99% vivem na zona rural.
  b) Hoje, apenas 1,6 milhão vivem na zona rural.
  c) Hoje, apenas um quarto vivem na zona rural.
  d) Hoje, apenas 1,6% vive na zona rural.
  e) Hoje, apenas dois terços vive na zona rural.

  *Resposta:* D

  O verbo "viver" concorda com a orientação singular que o numeral 1, presente na forma, 1,6%. A concordância deve ser feita com a noção expressa pela unidade – mesmo que seja um numeral que representa um valor fracionado.

## 3.17. Sujeito composto por pessoas gramaticais diferentes

É preciso fazer a concordância com o plural da pessoa predominante. Podemos facilitar isso, seguindo a tabela abaixo:

| Eu + Tu | Nós |
|---|---|
| Tu + Tu | Vós |
| Tu + Ele | Vós |
| Ele + Ele | Eles |

**APLICANDO** A REGRA

✦ **Os amigos de Janete e eu** iremos a uma grandiosa festa.

Nota-se aqui a soma da terceira pessoa do plural com a primeira pessoa do singular.

**PEGADINHA** DA BANCA

É comum que a banca utilize a terceira pessoa do plural indistintamente.

**EXEMPLO** DE QUESTÃO

- **(FGV - 2014 - COMPESA - Analista de Gestão – Administrador – adaptada)** "Eu e o computador jamais seríamos íntimos." Assinale a opção que indica a frase que não segue as regras de concordância verbal da norma culta.
  a) Tu e eu jamais seremos íntimos.
  b) Tu e ele jamais sereis íntimos.
  c) Você e eu jamais seremos íntimos.
  d) Vocês e ele jamais sereis íntimos.
  e) Ela e ele jamais serão íntimos.

  **Resposta:** D

  **Comentário**: na alternativa incorreta, nota-se o emprego da terceira pessoa do plural duas vezes (vocês + ele), o que configura a conjugação do verbo para a terceira pessoa do plural.

## 3.18. Palavra "que"

Se o pronome relativo "que" estiver na função de sujeito de um verbo, necessariamente esse verbo deverá concordar com o referente do pronome relativo.

**APLICAÇÃO** DA REGRA

- As pessoas que **têm** dinheiro costumam viajar bastante.

**PEGADINHA** DA BANCA

É normal que a banca não faça a concordância com o antecedente e deixe o verbo em uma forma incorreta.

EXEMPLO DE QUESTÃO

▸ **(CESPE - 2012 - ANATEL - Técnico Administrativo)** A análise dos dados da Pesquisa Nacional de Amostra por Domicílios relativa ao ano de 2004 traz um resultado surpreendente: em todas as faixas de renda, o número de domicílios que têm apenas telefone celular aumentou. O maior salto ocorreu nas faixas entre um e dois salários mínimos e entre dois e cinco salários mínimos: mais 7% em cada uma delas. Entretanto, a presença unicamente do celular também expandiu-se na menor faixa de renda (menos de um salário mínimo), mais 4%, e na maior faixa de renda (mais de 20 salários mínimos), mais 0,32%. Em decorrência do fenômeno da expansão **dos que** só têm celular — a taxa de penetração passou de 11,20%, em 2003, para 16,47%, em 2004 —, houve uma diminuição dos telefones fixos. A presença do telefone fixo na casa dos brasileiros caiu de 50,83% para 48,89%.

Internet: (com adaptações).

A forma verbal "têm" está no plural porque concorda com o antecedente do pronome relativo.

**Resposta**: certo.

**Comentário**: note que o antecedente do pronome relativo é uma contração da preposição "de" com o pronome demonstrativo "os". Nesse caso, o pronome concorda com o referente do seu sujeito, por isso, está no plural.

## 3.19. Palavra "quem"

Quando o pronome relativo "quem" estiver empregado como sujeito de um verbo na sentença, a recomendação gramatical é que se use na terceira pessoa do singular. Em caso de exceção, algumas gramáticas aceitam sua adequação ao número do referente do pronome.

APLICAÇÃO DA REGRA

✦ Foram os bandeirantes **quem** desbravou essa terra.

Note que o verbo está no singular para concordar com o pronome relativo, que exige tal concordância.

PEGADINHA DA BANCA

É comum que a banca apresente a concordância com o referente, e não com o pronome. Também pode ser que a banca apele para a forma de exceção a essa regra, como descrito anteriormente.

**EXEMPLO** DE QUESTÃO

- **(CESGRANRIO – 2007 – TCE – RO)** Todas as frases abaixo estão corretas quanto à concordância verbal. Uma delas, porém, admite uma outra concordância também correta. Assinale-a.

  a) Atende a diferentes propósitos o uso do computador.

  b) Precisa-se urgentemente de um novo computador.

  c) Nunca se venderam tantos portáteis.

  d) Malograram todas as suas tentativas.

  e) Sou eu quem dependo mais dele.

  *Resposta:* E

  Comentário: aqui a banca se valeu da possibilidade (por exceção) de estabelecer a concordância com o referente do pronome. É o que apresentou na redação original da questão (eu quem dependo). O candidato deveria saber que também é correta (e preferível, diga-se de passagem) a forma "eu quem depende mais dele".

## 3.20. Verbo "parecer" + infinitivo

Quando o verbo parecer for empregado ao lado de um verbo no infinitivo, caso o sujeito esteja no plural, é possível passar para o mesmo número o verbo parecer ou o infinitivo. Nunca os dois ao mesmo tempo!

**APLICAÇÃO** DA REGRA

✦ **Os alunos** parece estudarem para a prova.

✦ **Os alunos** parecem estudar para a prova.

**PEGADINHA** DA BANCA

Pode ser que a banca examinadora apresente a primeira forma (que não soa assim tão bem) como incorreta, mas não está.

**EXEMPLO** DE QUESTÃO

- **(CESGRANRIO - 2014 - EPE - Analista de Pesquisa Energética - Conhecimentos Básicos)** O verbo em destaque está flexionado de acordo com a norma-padrão em:

  a) Como **haviam** muitos interessados na viagem, foi feito um sorteio.

  b) Muitos turistas **parecem** não respeitar os limites de horário impostos pelas agências.

c) Existem pessoas que parecem **estarem** sempre à procura de roteiros de viagens.

d) Convêm os turistas estarem conscientes das leis de cada localidade conhecida.

e) Para os turistas, parecem não existirem lugares difíceis de conhecer.

**Resposta**: B

O verbo parecer foi flexionado corretamente, pois – nesse caso –apenas a primeira forma deveria ser flexionada. Deve-se considerar a regra do verbo "parecer + verbo no infinitivo".

Gramática

# 4. REGÊNCIA

## 4.1. Verbo chegar

O verbo "chegar" é intransitivo e – quando se coloca um adjunto adverbial de lugar (no sentido de destino) formado por uma locução adverbial – é preciso utilizar a preposição "a".

**APLICAÇÃO** DA REGRA

Veja o exemplo da sentença:

- Os meninos chegaram **a**o salão antes dos amigos.

**PEGADINHA** DA BANCA

As bancas examinadoras apostam no fato de que – coloquialmente – os falantes empregam a preposição "em" no lugar da preposição "a".

**EXEMPLO** DE QUESTÃO

- **(IDHTEC - Prefeitura de Itaquitinga - 2016)**

Na charge acima há um desvio de regência. Assinale a alternativa em que ele foi corrigido de acordo com as regras da norma padrão da língua.

a) "como eu faço pra chegar à praia?"
b) "como faço pra chegar na praia?"
c) "como eu faço para chegar na praia?"
d) "siga àquela lama."
e) "siga à lama."

*Resposta:* A.

Comentário: a correção foi feita corretamente na alternativa A, pois a preposição empregada nesse caso deve ser "a", não "em".

## 4.2. Verbos "esquecer" e "lembrar"

Esses verbos possuem uma característica muito interessante: são transitivos diretos quando empregados sem um pronome reflexivo. Quando possuírem o pronome reflexivo, serão transitivos indiretos, com complementos regidos pela preposição "de".

### APLICAÇÃO DA REGRA

Veja o exemplo da sentença:

- Eu **me** lembrei **de** seu nome. / Eu lembrei seu nome.
- Eu **me** esqueci **de** suas características. / Eu esqueci suas características.

### PEGADINHA DA BANCA

A estratégia da banca examinadora é apostar na utilização "popular" desses verbos, ou seja, com a preposição, mas sem o pronome.

### EXEMPLO DE QUESTÃO

- **(Instituto Cidades – Confere 2016)** Marque a opção em que a regência verbal foi DESOBEDECIDA:

a) Todos os países devem se lembrar de que a responsabilidade do equilíbrio ambiental é coletiva.
b) Todos os países devem lembrar que a responsabilidade do equilíbrio ambiental é coletiva.
c) Todos os países não devem esquecer-se de que a responsabilidade do equilíbrio ambiental é coletiva.
d) Todos os países não devem esquecer de que a responsabilidade do equilíbrio ambiental é coletiva.

*Resposta:* D.

Comentário: de acordo com as regras de regência verbal, o verbo "esquecer" – quando pronominal – deve receber a preposição "de". Na frase em questão, a preposição está, mas não está o pronome.

### 4.3. Verbo "perdoar"

O verbo "perdoar" é bitransitivo e seus complementos são divididos – de acordo com a maioria dos estudiosos de regência – da seguinte maneira: o objeto direto é de coisa e o indireto é de pessoa.

**APLICAÇÃO** DA REGRA

Veja o exemplo da sentença:

- O homem perdoou **as ofensas** aos amigos.

**PEGADINHA** DA BANCA

O que é de se esperar é que a banca inverta a ordem dos complementos

**EXEMPLO** DE QUESTÃO

- **(VUNESP - MPE-SP – 2016)** Assinale a alternativa correta quanto à regência verbal, de acordo com a norma-padrão.

a) Todos perdoavam do defeito ao Joaquim por não ser culpa dele.

b) Todos perdoavam o defeito para o Joaquim por não ser culpa dele.

c) Todos perdoavam ao defeito do Joaquim por não ser culpa dele.

d) Todos perdoavam o defeito ao Joaquim por não ser culpa dele.

e) Todos perdoavam ao defeito no Joaquim por não ser culpa dele.

*Resposta:* D.

Comentário: única opção correta traz o objeto direto (o defeito) de coisa e o objeto indireto (ao Joaquim) de pessoa.

### 4.4. Verbo "desobedecer"

Esse verbo, assim como seu antônimo (obedecer), deve ser aplicado como um transitivo indireto, cujo complemento será regido pela preposição "a".

**APLICAÇÃO** DA REGRA

Veja o exemplo da sentença:

- Marina desobedeceu ao regulamento. / Luciana desobedeceu à observação feita.

**PEGADINHA** DA BANCA

A banca examinadora há de indicar que se trata de um verbo transitivo direto, ou seja, sem a preposição necessária.

**EXEMPLO** DE QUESTÃO

- **(IBAM - Prefeitura de Santo André SP 2015)** "Condutor de veículo pesado desobedeceu_____ordem de parada do agente de trânsito."

  Considerando as regras de regência verbal, assinale a alternativa que preenche corretamente a lacuna acima.

  a) à.
  b) a.
  c) por.
  d) sob.

  *Resposta:* A.

  Comentário: a preposição "a", proveniente do verbo "desobedecer", há de se fundir com o artigo "a", antecedente do artigo "ordem". Por tal razão, surge o acento grave indicativo de crase.

## 4.5. O verbo "preferir"

O verbo "preferir" é bitransitivo, ou seja, possui dois complementos: um direto e um indireto. É preciso considerar que o complemento indireto é regido pela preposição "a".

**APLICAÇÃO** DA REGRA

Veja o exemplo da sentença:

- Prefiro estudar **a** ficar sem objetivos.

**PEGADINHA** DA BANCA

A banca examinadora aposta na regência popular, ou seja, no emprego da expressão "prefiro mais isto do eu aquilo". Há duas incorreções nesse caso: a preposição empregada incorretamente e o reforço do verbo "preferir" não pode ser reforçado (mais, ainda, mil vezes etc.).

**EXEMPLO** DE QUESTÃO

- **(IESES - CRM-SC 2015)** Indique a alternativa correta na qual a regência utilizada obedece ao padrão da gramática normativa.

a) Depois de jantar, foram no cinema.

b) Prefiro um bom livro a um filme qualquer.

c) Os alunos assistiram o filme.

d) Os funcionários visavam o cargo.

*Resposta:* B.

O verbo "preferir" foi empregado corretamente, segundo os princípios da regência verbal da língua portuguesa.

## 4.6. O verbo "visar"

No sentido de "almejar" ou "pretender", o verbo "visar" é transitivo indireto, com complemento regido pela preposição "a".

**APLICAÇÃO** DA REGRA

Veja o exemplo da sentença:

- Meu irmão visava AO cargo de gerente.

**PEGADINHA** DA BANCA

Esse verbo, na maior parte dos casos, gera conflito entre os candidatos. Isso se afirma por duas razões: uma delas é o fato de o verbo perder a preposição se o complemento for uma oração. A segunda razão é o fato de o verbo ser empregado sem a preposição, a fim de confundir o candidato.

**EXEMPLO** DE QUESTÃO

- **(CESGRANRIO – Petrobras 2014)** O acento grave está empregado de acordo com a norma- padrão em:

a) Ensinar implica à necessidade de também aprender.

b) Os professores sempre visam à evolução dos alunos.

c) A educação se constrói à duras penas.

d) Recorrer à métodos pedagógicos alternativos é fundamental.

e) É importante criar discussões à cerca do ensino.

*Resposta:* B.

O verbo "implicar" foi empregado como um transitivo indireto, razão pela qual o acento grave deve ser empregado na sentença.

## 4.7. O verbo "visar" como transitivo direto

No sentido de "mirar" ou "pôr visto em algo", o verbo "visar" é transitivo direto.

**APLICAÇÃO DA REGRA**

Veja o exemplo da sentença:

- Meu gerente já visou o contrato. (Assinou)
- O atirador visava o alvo. (Mirou em algo)

**PEGADINHA DA BANCA**

O mais comum é que a banca examinadora tente alterar a regência do verbo sem aviso prévio.

**EXEMPLO DE QUESTÃO**

- **(IF-PE)** Técnico em Assuntos Educacionais 2014 - No verso "Uma noite ele chegou no bar Vinte de Novembro", percebe-se que há um desvio da norma padrão escrita no que diz respeito à regência do verbo "chegar".

  Assinale a alternativa na qual a regência verbal também se desvia da norma.

  a) Ele se concentra e visa ao alvo todas as vezes em que participa da competição de tiro.
  b) O professor informou o estudante da nota.
  c) Finalmente, ele conseguiu pagar ao banco.
  d) Elas se esqueceram do material a ser apresentado na reunião.
  e) Nós sempre assistimos aos jogos juntos.

  *Resposta:* A.

  Comentário: a forma correta seria "visa o alvo", pois o sentido empregado é o de "mirar" em algo.

## 4.8. O verbo "pagar"

O verbo "pagar" costuma apresentar a predicação como um verbo bitransitivo. Nesse caso, usualmente o objeto direto é de coisa e o indireto é de pessoa.

**APLICAÇÃO DA REGRA**

Veja o exemplo da sentença:

- A empresa pagou o salário **ao colaborador**. (O salário = objeto direto; ao colaborador = objeto indireto)

**PEGADINHA DA BANCA**

A pegadinha mais comum é inverter esses complementos para confundir o candidato.

**EXEMPLO DE QUESTÃO**

- **(INSTITUTO PRÓ-MUNICÍPIO - Prefeitura de São Gonçalo do Amarante – CE - 2014)** Marque a opção em que a regência verbal está de acordo com a Gramática Normativa:

a) Assisti o jogo no estádio;

b) O diretor chamou-lhe para uma reunião;

c) O patrão pagou-lhe todas as verbas rescisórias;

d) Esqueceu dos deveres religiosos que aprendera;

e) Ele o obedecia com veemência.

*Resposta:* C.

Comentário: nota-se o correto emprego da forma regencial do verbo "pagar", uma vez que o pronome "lhe" cumpre a função de objeto indireto, e o termo "todas as verbas rescisórias" cumpre o papel de objeto direto.

## 4.9. O verbo "proceder"

O verbo "proceder" pode ser transitivo indireto quando indicar "dar início a algo", assim como pode ser intransitivo no sentido de "fazer sentido, ter cabimento". Também é possível dizer que se trata de um verbo intransitivo na acepção de "portar-se".

**APLICAÇÃO DA REGRA**

**Veja o exemplo da sentença:**

- Seus argumentos não procedem. (Não têm cabimento)
- Eles procederam à contagem dos votos. (Começaram a contar)
- Mariana procedeu bem durante o jantar. (Comportar-se)

**PEGADINHA** DA BANCA

O que costuma ocorrer é a tentativa de ludibriar o candidato na troca das regências. Atenção para as preposições.

**EXEMPLO** DE QUESTÃO

▸ **(CETRO - FUNDAÇÃO CASA – 2014)** De acordo com a norma-padrão da Língua Portuguesa e quanto à regência verbal, assinale a alternativa correta.

a) O resultado do julgamento não agradou o público.

b) A decisão implicou à prisão de cinco adolescentes.

c) Ao toque da campainha, não entre e não saia do pavilhão.

d) O delegado procederá ao inquérito.

e) "Prefiro ser morto do que ser preso", disse o menor infrator.

*Resposta:* D.

Comentário: no sentido de "dar início a", o verbo "proceder" é transitivo indireto. Nesse caso, basta observar a presença da preposição "a" na introdução do complemento.

## 4.10. O verbo "namorar"

Esse verbo é transitivo direto, ou seja, seu complemento não necessita de preposição.

**APLICAÇÃO** DA REGRA

Veja o exemplo da sentença:

✦ O menino não sabia, mas namorava **sua prima** há duas semanas.

**PEGADINHA** DA BANCA

A regência popular costuma incluir a preposição "com", o que não se trata de um erro, mas de uma mudança drástica de sentido. Dizer que alguém namora "com" outrem significa que duas pessoas namoram uma terceira, ou seja, apresenta a ideia de companhia.

**EXEMPLO** DE QUESTÃO

▸ **(CETRO - IF-PR – 2014)** De acordo com a norma-padrão da Língua Portuguesa e quanto à regência verbal, assinale a alternativa correta.

a) Ela esqueceu do caderno.

b) Maria namora um rapaz vinte anos mais jovem.
c) Vou no banheiro e já volto.
d) Se não obedecer os pais, não vai ganhar presente no Natal.
e) Não estou incriminando a ninguém de ter roubado minha carteira

*Resposta:* B.

O verbo "namorar" foi empregado com a regência correta na questão em apreço.

# 5. CRASE

## 5.1. Formação do acento grave

O acento grave indicativo de crase surge quando uma preposição "a" se funde com um artigo definido feminino, com um pronome demonstrativo "a" ou com os pronomes "aquele, aquela ou aquilo".

**APLICAÇÃO** DA REGRA

Veja o exemplo da sentença:

✦ Mandaremos um recado à mulher do caixa.

Perceba que o verbo apresentou duas formas complementares: uma direta (um recado) e outra indireta, regida pela preposição "a" (à mulher do caixa). Como o substantivo feminino se encontra determinado por um artigo, o acento grave deve ser empregado.

**PEGADINHA** DA BANCA

A banca examinadora costuma retirar o acento grave

**EXEMPLO** DE QUESTÃO

▸ **(INAZ do Pará - Prefeitura de Itaúna – MG – 2016)** Quanto a uso do acento grave em: "... agradece mentalmente à cadeia alimentar por estar com o seu jantar garantido...",

a) justifica-se por estar em frente à palavra feminina somente;
b) justifica-se porque o verbo agradece requer complemento verbal regido pela preposição A;
c) não se justifica, pois não há ambiente para tal ocorrência;
d) justifica-se, porque se tem tanto a preposição A, regida pelo verbo agradece, como se tem também o artigo feminino A, aceito pelo substantivo cadeia;

e) ocorreu porque a expressão à cadeia alimentar é uma locução adverbial de núcleo feminino.

*Resposta:* D - A opção em questão é a única que indica a verdadeira razão de haver o acento grave indicativo de crase nessa sentença.

## 5.2. De onde vem a preposição?

Uma das maiores dificuldades em relação ao acento grave é descobrir de qual termo é proveniente a preposição "a". Noções de regência verbal e nominal, bem como princípios de morfologia são fundamentais para compreender a presença da preposição.

**APLICAÇÃO** DA REGRA

Ao lado de cada sentença, colocarei a justificativa para a presença da preposição que motiva o acento grave.

- 1. Devo o título à reputação mencionada. (Regência do verbo "dever")
- 2. Falavam sobre o combate às drogas. (Regência do substantivo "combate")
- 3. Àquela altura, todos queriam sair de casa. (Locução adverbial de tempo)

**PEGADINHA** DA BANCA

A ideia do elaborador é que você não consiga identificar qual elemento está exigindo a preposição da sentença.

**EXEMPLO** DE QUESTÃO

**(INAZ do Pará - Prefeitura de Itaúna – MG – 2016)** Em relação ao uso do acento grave em: "O próximo passo é assegurar que as células cancerosas não se tornem resistentes à medicação", podemos afirmar:

a) que se deu por haver presença de preposição A, regida pelo adjetivo resistentes; e do artigo A, aceito pelo substantivo feminino medicação;

b) que ocorreu por haver um caso de regência verbal;

c) que se efetivou devido à presença de artigo A anterior à palavra resistentes e da preposição A posterior à palavra medicação;

d) que ocorreu por conta da presença de artigo A posterior à palavra resistentes e da preposição A anterior à palavra medicação;

e) que seu uso está inadequado, constituindo um mau uso do acento.

*Resposta:* A - A sentença "a" é a única que indica corretamente o processo de formação do acento grave com a representação correta da origem da preposição.

## 5.3. Crase com palavra no plural

Ocorre acento grave com palavra no plural em duas situações: se houver a determinação no plural ou se houver um substantivo pressuposto na sentença.

**APLICAÇÃO** DA REGRA

- Eu me refiro às situações inusitadas. (Artigo no plural para determinar o substantivo)
- Levou o caso à homicídios. (Pressuposta a expressão "delegacia de" antes do substantivo).

**PEGADINHA** DA BANCA

A banca examinadora colocará o "a" no singular e o substantivo posterior no plural sem qualquer possibilidade de haver o acento grave.

**EXEMPLO** DE QUESTÃO

**(VUNESP - Câmara Municipal de Jaboticabal – SP – 2015)** O acento indicativo de crase está empregado corretamente em:

a) O cheiro do café recém-coado à fez despertar.
b) Assim que acordou, foi à cômodos distintos
c) O texto refere-se às diferentes maneiras de se tomar café.
d) Ela relaciona o ato de tomar café à uma experiência única.
e) Atualmente, temos acesso à vários tipos de café.

*Resposta:* C

O acento grave é justificado nesse caso, pois o substantivo "maneiras" está determinado pelo artigo feminino. As demais sentenças apresentam impossibilidades de acento grave.

## 5.4. Crase com a ideia de hora

Costumeiramente, pensa-se que o acento grave deve ser empregado sempre que houver uma ideia de tempo (horas) em uma frase. A situação não é bem assim. Há algumas variáveis envolvidas nesse processo.

**APLICAÇÃO DA REGRA**

A regra em questão se trata dos casos em que há uma locução adverbial de tempo com núcleo feminino. Veja o exemplo:

- Irineu chegou **às** duas horas.

O acento grave surge da união entre a preposição "a" e o artigo "as", que determina o substantivo "horas".

**PEGADINHA DA BANCA**

A pegadinha usual é inserir uma preposição diferente antes do determinante e, ainda assim, inserir o acento grave, conforme o exemplo a seguir:

- Espero você desde as duas horas.

Não ocorre o acento grave nessa sentença, pois a preposição "desde" já foi empregada. Logo, não é possível fundir o artigo com a preposição "a".

**EXEMPLO DE QUESTÃO**

- **(MPE-SC - Promotor de Justiça – 2014)** Analise o enunciado da Questão abaixo e assinale se ele é Certo ou Errado.

  Na frase: "Atendendo a insistentes pedidos, atenderemos de segunda a sexta-feira, das 8 às 18 horas", não há reparos a fazer quanto ao emprego do sinal de crase.

  ( ) Certo ( ) Errado

  *Resposta:* certo.

  Observe que os princípios de paralelismo sintáticos foram observados na frase. Atenderemos das (de + as) 8 às (a + as) 18 horas. O acento grave foi corretamente empregado na construção da locução adverbial de tempo.

## 5.5. Crase com palavra repetida

Há muito mistério sobre o acento grave em expressões formadas por palavras repetidas. Vejamos as explicações.

**APLICAÇÃO DA REGRA**

Na realidade, a proibição ocorre quando há uma espécie de locução adverbial com palavras repetidas, em razão de manutenção do paralelismo. Para exemplificar, pense em expressões como "dia a dia", "hora a hora", "face a face" entre outras.

**PEGADINHA** DA BANCA

Evidentemente há alguns acasos da língua quer permitirão o acento grave. Veja o seguinte exemplo:

- Declaramos guerra à guerra.

O acento grave nessa sentença é obrigatório, mas não se trata de uma exceção à regra mencionada. A preposição é oriunda da regência nominal do primeiro substantivo "guerra". Qualquer substantivo feminino que viesse posteriormente determinado receberia o acento grave. Nesse caso, a coincidência reside no fato de o substantivo ser semelhante ao anterior.

**EXEMPLO** DE QUESTÃO

- **(CAIP-IMES - Câmara Municipal de São Caetano do Sul – SP – 2012)** O uso da crase está incorreto na alternativa:

a) Ficamos face à face diante do medo.

b) Às duas horas, começaremos a palestra.

c) Estou à procura de um amigo que não vejo há muito tempo.

d) As pessoas dirigiam-se àquele lugar quando a tempestade começou.

*Resposta:* A

Não ocorre acento grave na expressão "face a face" porque se trata de uma expressão formada por duas palavras iguais ligadas por uma preposição.

## 5.6. Crase com palavra masculina

Não se emprega o acento grave diante de substantivos masculinos a menos que a expressão indique "à moda de" ou "ao estilo de".

**APLICAÇÃO** DA REGRA

Como o único artigo possível para definir um substantivo masculino é o artigo "o" (ou seu plural), deve-se considerar que o acento grave será proibitivo.

**PEGADINHA** DA BANCA

**A** banca apenas aposta no fato de o candidato desconhecer a regra e insere um acento grave diante de um substantivo masculino.

**EXEMPLO** DE QUESTÃO

- **(FIDESA - SESI-PA 2012)** Veja a placa de trânsito:

No que concerne à crase, o acento grave foi empregado

a) corretamente, porque ***à 1 Km*** exprime distância.
b) corretamente, porque ***à 1 Km*** indica localização.
c) equivocadamente, porque ***à 1 Km*** apresenta numeral.
d) equivocadamente, porque ***à 1 Km*** é expressão masculina.

*Resposta:* D

Na expressão empregada acima, o acento grave foi empregado incorretamente, uma vez que "um quilômetro" é uma expressão masculina.

## 5.7. Crase com pronome de tratamento

Não se emprega o acento grave indicativo de crase diante de pronomes de tratamento.

**APLICAÇÃO** DA REGRA

Veja o exemplo abaixo:

- Enviamos a correspondência à Vossa Excelência para conferência.

O acento grave está incorretamente empregado, pelo fato de não haver determinação do artigo diante de um pronome de tratamento.

**PEGADINHA** DA BANCA

Principalmente nas questões de Redação Oficial, as bancas inserem o acento grave antes dos pronomes de tratamento.

EXEMPLO DE QUESTÃO

▸ **(CONSULPLAN - Prefeitura de Congonhas – MG 2010)** No trecho "*E até que isso aconteça, esbanjam energia à toa.*" o sinal indicativo da crase foi utilizado corretamente. Assinale a alternativa em que isso NÃO acontece:

a) Fui à feira.

b) Sentaram-se à sombra.

c) Voltamos cedo à casa dos amigos.

d) Dirijo-me à Vossa Excelência.

e) Assisti àquele filme ontem.

*Resposta:* D

Não se pode empregar acento grave indicativo de crase diante de pronomes de tratamento.

## 5.8. Crase com nome de lugar

Alguns nomes de lugar não aceitam determinação pelo artigo definido. Nesses casos, o acento grave é proibitivo.

APLICAÇÃO DA REGRA

Veja os casos seguintes:

✦ Houve uma homenagem a São Paulo.

Não ocorre o acento grave em razão de o topônimo (nome do lugar) não permitir a determinação pelo artigo.

✦ Houve uma homenagem à Alemanha.

Ocorre o acento grave pelo falto de o topônimo permitir a determinação pelo artigo.

✦ Houver uma homenagem à São Paulo de Mário de Andrade.

Nesse caso, houve duas determinações: uma para especificar (de Mário de Andrade) e outra para definir o referente (o artigo antes do substantivo). Nesse caso, o acento é liberado.

PEGADINHA DA BANCA

Deliberadamente, a banca examinadora opta por empregar o acento grave diante de topônimos que não o permitem.

**EXEMPLO** DE QUESTÃO

- **(Prefeitura do Rio de Janeiro – RJ 2014)** "Fui *ao* presídio feminino Nelson Hungria..." – 1º parágrafo. Destacou-se a combinação da preposição *a* com o artigo definido masculino *o*. Quando o artigo é feminino, ocorre contração ou crase das duas vogais *a*, marcada pelo acento grave – *à*. **NÃO** há crase em:

  a) Fui *a* cerimônia ontem.

  b) Fui *a* escola de meus filhos.

  c) Fui *a* Bahia.

  d) Fui *a* Copacabana.

  *Resposta:* D - Copacabana é um topônimo que não admite determinação. Por tal razão, não se emprega o acento grave indicativo de crase na sentença. Uma dica para facilitar esse processo é trocar o verbo "ir" pelo verbo "ficar": fiquei EM Copacabana. Nesse caso, fica claro que não há artigo na sentença.

## 5.9. Crase com pronome possessivo

O acento grave será facultativo diante pronomes possessivos femininos. Esse é o ensinamento básico, mas há alguns detalhes para estudarmos.

**APLICAÇÃO** DA REGRA

O acento somente será facultativo se o pronome for feminino, estiver no singular e em função adjetiva (acompanhando um substantivo). Veja o exemplo.

- Ele fez referência à minha tese. (Acento facultativo)
- Ele fez referência às minhas teses. (Acento obrigatório, pois há um artigo definido plural na sentença)
- Ele fez referência a minhas teses. (Acento proibitivo, pois não há artigo determinando o substantivo)

**PEGADINHA** DA BANCA

Indistintamente, a banca afirma que o acento grave é facultativo.

**EXEMPLO** DE QUESTÃO

- **(MS CONCURSOS - TRE-SC – 2009)** Observe o trecho: "Que diabo! Dizia o comendador à sua mulher". Em relação ao acento grave –indicativo de crase – utilizado, pode-se afirmar que é:

  a) Empregado incorretamente, pois não ocorre crase antes de pronome.

b) Facultativo, pois ocorre antes de pronome possessivo.
c) Empregado corretamente, pois está diante de uma palavra feminina.
d) Obrigatório, pois está anteposto a um pronome possessivo.

*Resposta:* B - Em "à sua mulher", o pronome possessivo é feminino, está no singular e em função adjetiva. Logo, o acento grave é facultativo.

## 5.10. Crase em locução prepositiva

O acento grave pode ser empregado em algumas locuções prepositivas de nossa língua.

**APLICAÇÃO** DA REGRA

Emprega-se o acento grave se o núcleo da locução prepositiva for feminino e estiver determinado na sentença.

- O anúncio foi colado **à vista de** todos. (À vista de = locução prepositiva com núcleo feminino determinado).

**PEGADINHA** DA BANCA

Usualmente, a banca examinadora retira o acento grave dessas expressões ou coloca o acento em expressões cujos núcleos são verbos ou palavras masculinas.

**EXEMPLO** DE QUESTÃO

- **(FCC – MANAUSPREV – 2015)** O sinal indicativo de crase não pode ser corretamente suprimido em:

a) *...nos permitimos fabricá-las à delírio dos nossos sonhos..*
b) *..não está à mercê dos botânicos...*
c) *...não incorpora a árvore à coisas diversas...*
d) *..incapazes de trazê-lo à nossas domesticidades...*
e) *Renunciamos assim à árvores...*

*Resposta:* B - O acento grave não pode ser suprimido da expressão "à mercê dos", pois se trata de uma locução prepositiva com núcleo feminino.

# 6. PONTUAÇÃO

## 6.1. Vírgula entre sujeito e verbo

Um tópico de conteúdo que é muito cobrado, por qualquer banca examinadora, é o da vírgula entre sujeito e verbo. As bancas apostam nisso porque é muito comum o aluno achar que pode inserir uma vírgula toda vez em que parar para respirar. No fluxo de uma oração, isso costuma ocorrer entre o sujeito e o verbo. Apesar disso, **saiba: não se pode separar o sujeito de seu verbo com uma vírgula. Não importa o que digam alguns gramáticos a respeito do assunto.**

**APLICAÇÃO** DA REGRA

Veja a sentença abaixo:

- Os dias mais longos do inverno da alma **impactam no coração dos amantes.**

Nessa frase, o sujeito do verbo "impactar" está sublinhado. Note sua extensão. A banca examinadora vai dizer que, para deixar a sentença mais clara, seria possível inserir uma vírgula após a palavra "alma". Isso não é possível! A frase ficaria incorreta.

**PEGADINHA** DA BANCA

A banca examinadora aposta na ideia de vírgula para tornar o período mais claro. Não caia nessa! Isso cria um erro na sentença! Preste atenção às questões em que a banca pedir para você retirar a vírgula de algum lugar: usualmente vai sobrar outra separando sujeito e verbo.

**EXEMPLO** DE QUESTÃO

- **(MPE-MS - 2011 - MPE-MS - Promotor de Justiça)** Assinale a alternativa em que há erro no emprego da vírgula:
  a) Na próxima semana, vou passar no escritório para assinar os documentos;
  b) À tarde, iniciarei os testes de aptidão física;
  c) O gerente do banco atendeu às reivindicações, e os clientes se acalmaram na fila;
  d) O piloto informou os passageiros da turbulência e a aeromoça, esqueceu-se de adotar as providências necessárias;
  e) No horário programado, a comissão de organizadores e os palestrantes do I Ciclo de Palestras sobre Direitos Humanos vão estar presentes.

  *Resposta:* D

  O sujeito do verbo "esquecer" é o termo "a aeromoça", portanto, ele não pode ficar separado do verbo por uma vírgula – do modo como aparece na questão.

## 6.2. Vírgula entre verbo e objeto

Não se pode empregar vírgula entre um verbo e seu complemento na ordem direta da sentença. Esse é outro mandamento muito cobrado em provas de concurso público.

**APLICAÇÃO DA REGRA**

Veja a sentença abaixo:

- Nas horas vagas, a mulher do vizinho gostava de assistir aos filmes mais novos no cinema.

Não se pode empregar a vírgula após o verbo "gostar" nessa frase, uma vez que o termo posterior (introduzido pela preposição) desempenha a função de complemento do verbo "gostar". Entretanto, é comum que a banca sugira esse emprego da vírgula. Só será possível tal troca quando houver um complemento deslocado na sentença.

**PEGADINHA DA BANCA**

Você já pode ficar esperto para as bandidagens das bancas examinadoras! Nesse caso, virá uma conversinha mole, dizendo que uma vírgula poderá ser empregada para dar clareza ou para facilitar a leitura. Está errado! Não pode!

**EXEMPLO DE QUESTÃO**

- **(CESPE - 2011 - BRB - Analista de Tecnologia da Informação – adaptada)** Em meio à turbulência financeira, essas nações também ganharam voz e importância no contexto geopolítico que culminou com a ascensão do G-20 – grupo que reúne as dezenove mais importantes economias do planeta e a União Europeia – ao topo da liderança do debate global. Criado na década de 90 do século passado, o bloco, inicialmente de natureza comercial, tornou-se a expressão do atual e do futuro pensamento mundial.

  ( ) Na linha 1, para dar mais destaque ao complemento da forma verbal "ganharam", duas vírgulas poderiam ser inseridas no período: uma antes e outra depois da expressão "voz e importância"

  **Resposta**: errado.

  **Comentário**: caso sejam empregadas duas vírgulas na sentença, o termo "voz e importância" desempenha função de complemento verbal do termo "ganharam". Como a sentença está na ordem direta, não se pode isolar tal elemento.

## 6.3. Vírgula deslocando adjunto adverbial

Emprega-se a vírgula para marcar o deslocamento de um adjunto adverbial em relação à sua posição original. Como a posição original é ao final da sentença, caso haja o deslocamento a vírgula poderá ser empregada. A esse aspecto, vale a seguinte observação:

- Caso o adjunto adverbial seja de pequeno corpo (até três palavras): emprega-se vírgula facultativamente.
- Caso o adjunto adverbial seja de corpo extenso (mais de três palavras): emprega-se vírgula obrigatoriamente.

**APLICAÇÃO** DA REGRA

Veja os exemplos

- Durante a tarde, houve uma palestra motivacional.
- Durante a maior parte do tempo, houve uma palestra motivacional.

Nos dois casos, emprega-se a vírgula para deslocar o adjunto adverbial de tempo. Ocorre que, no primeiro caso, a vírgula é de emprego facultativo. No segundo, é de emprego obrigatório.

**PEGADINHA** DA BANCA

As bancas tentam fazer o candidato se confundir ao mencionar que a vírgula isola um segmento de natureza explicativa.

**EXEMPLO** DE QUESTÃO

▸ **(CESPE - 2015 - DEPEN - Agente e Técnico - Todas as áreas - Conhecimentos Básicos)** Os condenados no Brasil são originários, na maioria das vezes, das classes menos favorecidas da sociedade. Esses indivíduos, desde a mais tenra infância, são pressionados e oprimidos pela sociedade, vivem nas favelas, nos morros, nas regiões mais pobres, em precárias condições de vida, em meio ao esgoto, à discriminação social, à completa ausência de informações e de escolarização.

( ) O segmento "na maioria das vezes" (l. 1) está entre vírgulas porque constitui expressão de natureza explicativa.

**Resposta:** errado

O segmento em questão trata-se de um adjunto adverbial de tempo. A vírgula é empregada para deslocar esse elemento em relação a sua posição original. Não se trata de termo com natureza explicativa.

## 6.4. Vírgula deslocando oração adverbial

Caso se proceda ao deslocamento de uma oração subordinada adverbial, deve-se empregar obrigatoriamente a vírgula, a fim de manter a correção gramatical.

**APLICAÇÃO DA REGRA**

Veja o exemplo:

- Se houver alterações no sistema, será necessário fazer a atualização.

A vírgula empregada após o substantivo "sistema" desloca uma oração subordinada adverbial condicional. O seu emprego é obrigatório.

**PEGADINHA DA BANCA**

Novamente, a banca examinadora pode sugerir que a oração tem sentido explicativo e, por isso, fica isolada na sentença.

**EXEMPLO DE QUESTÃO**

- **(INSTITUTO AOCP - 2015 - UFPEL - Advogado)** Em "Se passasse para 21, cairia 12%", a vírgula foi empregada para separar

  a) aposto.
  b) orações coordenadas.
  c) oração adverbial e oração principal.
  d) termos de mesmo valor sintático.
  e) data.

  *Resposta:* C

  Comentário: a oração "se passasse para 21" é uma oração subordinada adverbial causal deslocada no período. Portanto, a vírgula deve ser empregada obrigatoriamente.

## 6.5. Vírgula isolando aposto

O aposto explicativo é um termo sintático que deve ser isolado em relação a seu referente. Esse isolamento pode ser operado por vírgulas, travessões ou parênteses.

**APLICAÇÃO DA REGRA**

Veja a próxima sentença

- O líder do movimento estudantil, Janiceu Pueril, foi indicado como representante da classe.

O termo "Janiceu Pueril" é semanticamente equivalente ao termo "o líder do movimento estudantil". Isso quer dizer que se trata de um aposto de natureza explicativa. Esse elemento deve aparecer entre vírgulas na sentença.

**PEGADINHA** DA BANCA

A banca examinadora pode tentar fazer o candidato se enganar, ao afirmar que se trata de um vocativo na sentença. Apesar de ser um substantivo próprio, não pode ser um vocativo, pois não se trata de uma interpelação na sentença.

**EXEMPLO** DE QUESTÃO

- **(CESPE - 2008 - Instituto Rio Branco - Diplomata - Bolsa-prêmio de vocação para a Diplomacia - Objetiva)** A Alemanha vai enfrentar a pior recessão desde a 2.ª Guerra Mundial e já planeja, para 2009, um novo pacote de estímulo à economia. As medidas serão anunciadas assim que o novo presidente norte-americano, Barack Obama, tomar posse, no final de janeiro. Há menos de um mês, o governo alemão anunciou um pacote de medidas de US$ 63 bilhões para fortalecer a economia. Agora, a oposição quer que outros 25 bilhões sejam usados no pacote.

  ( ) O nome "Barack Obama" (l. 3) está entre vírgulas porque se trata de um aposto.

  *Resposta:* certo.

  Comentário: "Barack Obama" e "o novo presidente norte-americano" possuem identificação semântica, ou seja, aquele termo é um aposto explicativo deste, portanto será isolado na oração.

## 6.6. Vírgula isolando vocativo

Vocativo é o termo que indica com quem se fala em uma sentença. Trata-se de uma interpelação ou de um chamamento feito na sentença.

**APLICAÇÃO** DA REGRA

Veja a frase a seguir:

✦ Não é possível, João, que você tenha dito isso.

O substantivo "João", empregado na sentença, desempenha a função de vocativo na oração e indica quem é o interlocutor da sentença.

**PEGADINHA** DA BANCA

Para os menos atentos, a pegadinha é utilizar um substantivo próprio e fazer o candidato se confundir com um aposto na sentença. Basta percebe que um aposto deve ser semanticamente igual a um referente posto na frase.

**EXEMPLO** DE QUESTÃO

▸ **(FEPESE - 2012 - FATMA - Analista Técnico de Gestão Ambiental - Classe III - Técnico em Informática)** Assinale a alternativa em que a vírgula separa vocativo.

a) Homens e mulheres, o Planeta Terra pede socorro.

b) O Planeta Terra, em real ameaça, pede socorro a homens e mulheres.

c) Ele prefere natureza e eu, a comodidade da cidade.

d) Palavras, palavras, palavras, todas ditas em vão!

e) A solução para o Planeta, disse o técnico em análise ambiental, é a preservação das matas nativas.

*Resposta*: A

Comentário: na sentença A, percebe-se que o termo "Homens e mulheres" representa o interlocutor da sentença, ou seja, representa o vocativo da sentença.

## 6.7. Vírgula + e

Apesar de controverso, há situações em que o emprego de vírgula com a conjunção "e" é obrigatório. Isso, em algumas situações, pode ser alvo de questão.

**APLICAÇÃO** DA REGRA

Veja quais são as regras e como aplicá-las:

a) Entre orações coordenadas aditivas com sujeitos distintos.

✦ O menino fez a pergunta, **e** sua mãe lhe deu a resposta.

b) Entre orações em que ocorra polissíndeto.

✦ Trabalha, **e** teima, **e** lima, **e** sofre, **e** sua.

c) Entre orações em que o "e" possua valor adversativo.

✦ Houve medo na população, **e** todos combateram.

d) Entre orações em que a oração subsequente venha enfatizada.

✦ O bandido levou as joias, **e** teve a coragem de deixar um bilhete.

**PEGADINHA** DA BANCA

A banca examinadora apostará na lição antiga de que não é possível empregar vírgula com conjunção "e".

**EXEMPLO** DE QUESTÃO

- **(CESPE - 2012 - MCT - Todos os Cargos - Conhecimentos Básicos - Tema VII)** Em geral, os homens de ciência escrevem realmente como todos pensam que eles devem escrever sempre. O estilo é diferente, e o sábio em regra é um colecionador seco de fatos nus e crus. (Henry Smith Williams. A literatura na ciência. Internet: (com adaptações).

  No segundo período, o emprego da vírgula antes da conjunção coordenativa "e" justifica-se por separar orações com sujeitos diferentes.

  *Resposta:* certo.

  Comentário: no período em questão, o sujeito do primeiro verbo é o termo "O estilo" e o sujeito do segundo verbo é o termo "o sábio". Como são sujeitos distintos, deve-se empregar a vírgula antes da conjunção aditiva.

## 6.8. Vírgula isolando oração adjetiva explicativa

A oração subordinada adjetiva explicativa deve sempre vir isolada no período em que aparece. Isso quer dizer que vírgulas, travessões ou parênteses podem fazer esse papel.

**APLICAÇÃO** DA REGRA

- O meu amigo, **que é perito em Língua Portuguesa**, gabaritou a prova.

A oração destacada se trata de uma oração subordinada adjetiva explicativa. Para facilitar sua identificação, basta perceber que – quando desenvolvida – ela surge introduzida por um pronome relativo e se refere a um substantivo, a uma expressão substantivada ou a um pronome.

**PEGADINHA** DA BANCA

A banca examinadora dirá que se trata de um aposto explicativo. Nesse sentido, é importante perceber que o aposto explicativo não possui, como núcleo, uma oração.

**EXEMPLO** DE QUESTÃO

- **(CESPE - 2006 - IPAJM - Advogado)** Um novo modelo de assistência social está sendo implantado em todo o país, fruto de quase duas décadas de debates e construção, envolvendo governo (federal, estadual e municipal) e entidades da sociedade civil. É o Sistema Único de Assistência Social (SUAS), que vai reunir pela primeira vez os serviços, programas e benefícios para cerca de 50 milhões de brasileiros em todas as faixas etárias. (Em Questão, n.º 357, 26/9/2005. Adaptado)
O emprego da vírgula após "(SUAS)" justifica-se por isolar oração subordinada adjetiva explicativa.

*Resposta:* certo.

Comentário: veja que o pronome relativo "que" introduz uma oração adjetiva isolada por vírgulas na sentença, ou seja, introduzir uma ORAÇÃO SUBORDINADA ADJETIVA EXPLICATIVA.

## 6.9. Substituição da vírgula

Pode-se substituir a vírgula por travessão ou por parênteses nas situações em que ela estiver isolando um elemento na oração. O maior cuidado que se deve ter é observar que o termo isolado deve ser – preferencialmente – explicativo ou adverbial.

**APLICAÇÃO** DA REGRA

- Os deuses do Egito – **geralmente** – são populares no cinema contemporâneo.

Note que o termo destacado se trata de um adjunto adverbial. Os travessões podem ser trocados por vírgulas ou por parênteses sem haver prejuízo para a oração. A recomendação que eu faço é apenas tome cuidado para realizar trocas caso haja elementos separados por vírgulas dentro de um aposto ou de uma oração explicativa: se houver ambiguidade pela troca proposta, haverá erro na sentença.

**PEGADINHA** DA BANCA

A banca pode sugerir uma troca em um trecho no qual haveria criação de ambiguidade na sentença.

**EXEMPLO** DE QUESTÃO

- **(CESPE - 2007 - Banco do Brasil - Escriturário - 003)**

O século XX testemunhou o desenvolvimento de grandes eventos esportivos, tanto em escala mundial —

como os Jogos Olímpicos e a Copa do Mundo — quanto regional, com disputas nos vários continentes. Regionalmente, é inegável que o principal são os Jogos Pan-americanos. Todos esses verdadeiros espetáculos do esporte internacional se caracterizam como espaço de solidariedade e congraçamento entre os povos, momento de paz e exemplo de um mundo onde adversário não é inimigo e as batalhas entre os países ocorrem sem derramamento de sangue. Nas Américas, os jogos estimulam a reflexão sobre as possibilidades de um continente unido, pacífico, próspero, com a construção de uma rede de solidariedade e cooperação por meio do esporte, uma das principais expressões do pan-americanismo.

Fernando Vale Castro. Revista de História da Biblioteca Nacional, ano 2, n.º 22, jul./2007, p. 21 (com adaptações).

( ) A substituição dos travessões das linhas 2 e 3 por parênteses prejudica a correção gramatical do período.

*Resposta:* errado.

Comentário: como o elemento está isolado no período e se trata de um aposto explicativo, a substituição de travessões por parênteses não prejudica a correção gramatical do período.

## 6.10. Emprego de aspas

Empregam-se as aspas para indicar algum tipo de destaque. Esse destaque vale para indicar nomes de obras, neologismos, gírias, citações, ironia, deslocamento semântico (mudança do sentido usual de uma palavra), regionalismos, estrangeirismos, e até mesmo para indicar algum registro coloquial da língua.

**APLICAÇÃO DA REGRA**

- Quando eu li "Amar se aprende amando", achei que a obra não fosse me surpreender.
- Passava o tempo todo "desenvergonhando" o seu passado.
- Acho que ela é muito "inteligente".

**PEGADINHA DA BANCA**

Usualmente, a banca examinadora faz menção a todos os sinais de aspas empregados em um texto, alegando que todos estão condicionados a uma regra apenas. Geralmente, há mais de uma regra empregada (citação e ironia; citação e neologismo etc.)

Gramática

## EXEMPLO DE QUESTÃO

**(CESGRANRIO - 2012 - TERMOBAHIA - Técnico de Administração e Controle Júnior)**

**Crescimento da população é "desafio do século", diz consultor da ONU**

O crescimento populacional é o "desafio do século" e não está sendo tratado de forma adequada na Rio+20, segundo o consultor do Fundo de População das Nações Unidas, Michael Herrmann.

"O desafio do século é promover bem-estar para uma população grande e em crescimento, ao mesmo tempo em que se assegura o uso sustentável dos recursos naturais" [...] "As questões relacionadas à população estão sendo tratadas de forma adequada nas negociações atuais? Eu acho que não. O assunto é muito sensível e muitos preferem evitá-lo. Mas nós estaremos enganando a nós mesmos se acharmos que é possível falar de desenvolvimento sustentável sem falar sobre quantas pessoas seremos no planeta, onde estaremos vivendo e que estilo de vida teremos", afirmou.

No fim do ano passado, a população mundial atingiu a marca de sete bilhões de pessoas. As projeções indicam que, em 2050, serão 9 bilhões. O crescimento é mais intenso nos países pobres, mas Herrmann defende que os esforços para o enfrentamento do problema precisam ser globais.

"Se todos quiserem ter os padrões de vida do cidadão americano médio, precisaremos ter cinco planetas para dar conta. Isso não é possível. Mas também não é aceitável falar para os países em desenvolvimento 'desculpa, vocês não podem ser ricos, nós não temos recursos suficientes'. É um desafio global, que exige soluções globais e assistência ao desenvolvimento", afirmou. O consultor disse ainda que o Fundo de População da ONU é contrário a políticas de controle compulsório do crescimento da população. Segundo ele, as políticas mais adequadas são aquelas que permitem às mulheres fazerem escolhas sobre o número de filhos que querem e o momento certo para engravidar. Para isso, diz, é necessário ampliar o acesso à educação e aos serviços de saúde reprodutiva e planejamento familiar. [...]

MENCHEN, Denise. Crescimento da população é "desafi o do século", diz consultor da ONU. Folha de São Paulo. São Paulo, 11 jun. 2012. Ambiente. Disponível em:<http://www1.folha.uol.com.br/ambiente.1103277-crescimento-da-populacao-e-desafio-do--seculo-diz-consultor-da-onu.shtml>. Acesso em: 22 jun. 2012. Adaptado.

No Texto I, as aspas são usadas para

a) indicar desvio de significado original
b) citar falas de especialista em uma área
c) assinalar exposição de crítica irônica

d) destacar dados de estudos científicos
e) inserir trechos de publicação especializada

*Resposta:* B - Note que o texto todo se desenvolve com base na argumentação fundamentada na citação de uma autoridade no assunto do texto, logo, as aspas foram empregadas com a finalidade de destacar essa intertextualidade.

CAPÍTULO

4

Gramática

# AS PALAVRAS QUE, SE E COMO

## 1. A PALAVRA QUE

### 1.1. Pronome relativo (identificação)

O pronome relativo é mais facilmente identificado pela relação que estabelece com os seus elementos periféricos: ele relaciona um substantivo a outro substantivo, um pronome a um substantivo, um substantivo a um verbo, ou um pronome a um verbo. Uma dica que costuma funcionar para a palavra "que" é tentar trocá-la por "o qual" ou "a qual" em uma frase. Se a troca for bem sucedida, trata-se de um pronome relativo.

**APLICAÇÃO DA REGRA**

- A mulher **que** entrou na sala é minha prima.

  Note que o pronome destacado conecta o substantivo "mulher" ao verbo "entrar". Nessa relação, percebe-se a natureza relacional do pronome relativo. Grosso modo, pode-se trocar o termo "que" por "a qual" mantendo ainda o sentido da sentença.

**PEGADINHA DA BANCA**

Nesse jogo, a banca costuma tentar criar uma confusão entre o pronome relativo "que" e a conjunção "que". Não há erro: basta tentar realizar a troca mencionada, tudo dará certo!

**EXEMPLO DE QUESTÃO**

- **(AOCP - 2010 - Colégio Pedro II - Médico - Clínica Médica)** "O avanço resulta do trabalho de pesquisadores da USP, **que** descobriram novo uso para um equipamento importado **que** faz diagnóstico da nova gripe."

Os dois elementos destacados, são, respectivamente,

a) pronome relativo e pronome relativo.
b) pronome relativo e conjunção integrante.
c) pronome relativo e conjunção coordenativa explicativa.
d) conjunção integrante e pronome relativo.
e) pronome relativo e conjunção integrante.

*Resposta:* A - Troque o primeiro "que" por "os quais" e o segundo por "o qual". Viu como fez sentido e como a frase ficou correta? Logo, há dois pronomes relativos na sentença.

As próximas dicas são referentes às diferentes funções sintáticas que a palavra "que" (como pronome relativo) pode desempenhar.

## 1.2. Pronome relativo (função 1)

Algumas das próximas dicas estão centradas na identificação da função do pronome relativo, portanto, não será necessário repetir a introdução da dica, nem a regra, tampouco a pegadinha da banca. Basta que você observe o exemplo positivado nas questões propostas.

Essas dicas tratam da identificação da função sintática interna que um pronome pode desempenhar.

### APLICAÇÃO DA REGRA

Vou ensinar aqui como descobrir a função do pronome relativo em uma oração subordinada adjetiva. Siga os passos seguintes:

a. Identifique o pronome.
b. Identifique o referente do pronome.
c. Identifique os limites da oração.
d. Substitua o pronome pelo seu referente.
e. Se for preciso, coloque a frase na ordem direta.
f. Proceda à análise sintática.

### PEGADINHA DA BANCA

A banca costuma apostar na identificação inocente de que o pronome sempre será o sujeito do verbo na oração em que aparece.

### EXEMPLO DE QUESTÃO

- **(AOCP - 2010 - Colégio Pedro II - Médico - Clínica Médica)** "'Tendo certeza daquele caso, você pode intervir mais precocemente e ficar mais atento às situações de risco a **que** a dengue expõe o paciente.'"

A função sintática do pronome que é a de

a) complemento nominal.
b) objeto indireto.
c) adjunto adnominal.
d) objeto direto.
e) agente da passiva.

*Resposta:* B

O pronome relativo está antecedido pela preposição "a" que introduz o complemento indireto (objeto indireto) do verbo "expor". Portanto, trata-se de pronome na função de objeto indireto. Aplicando a regra:

– O referente do pronome é "as situações de risco".
– A frase inicia na preposição "a" e finaliza no ponto final.
– A reestruturação ficaria da seguinte maneira: A dengue expõe o paciente **às situações de risco.** Trata-se do objeto indireto do verbo.

## 1.3. Pronome relativo (função 2)

Igual ao item 1.2.

### PEGADINHA DA BANCA EM EXEMPLO DE QUESTÃO

**(Pablo Jamilk – inédita)** Identifique a função sintática do pronome destacado na sentença: "Os conceitos **que** serviram para ideólogos franceses implantarem uma revolução parcial na cultura estão ultrapassados".

a) Sujeito.
b) Objeto direto.
c) Objeto indireto.
d) Complemento nominal.
e) Aposto.

*Resposta:* A - Na aplicação do princípio ensinado, temos:

– O referente do pronome é "os conceitos".
– A oração a ser analisada é "**que** serviram para ideólogos franceses implantarem uma revolução parcial na cultura".
– A reestruturação ficaria da seguinte maneira: **os conceitos** serviram para ideólogos franceses implantarem uma revolução parcial na cultura. Nota-se que a função do termo é a de sujeito.

## 1.4. Pronome relativo (função 3)

Igual ao item 1.2.

**PEGADINHA** DA BANCA EM EXEMPLO DE QUESTÃO

**(Pablo Jamilk – inédita)** Identifique a função sintática do pronome destacado na sentença: "Não se sabe o paradeiro da pessoa a que fizemos alusão".

a) Sujeito.
b) Objeto direto.
c) Objeto indireto.
d) Complemento nominal.
e) Aposto.

*Resposta:* D - Na aplicação do princípio ensinado, temos:

- O referente do pronome é "a pessoa".
- A oração a ser analisada é "a que fizemos alusão".
- A reestruturação ficaria da seguinte maneira: fizemos alusão à pessoa. Como o termo "à pessoa" completa o sentido do substantivo "alusão", trata-se de um complemento nominal.

## 1.5. Pronome relativo (função 4)

Idem ao item 1.2.

**PEGADINHA** DA BANCA EM EXEMPLO DE QUESTÃO

**(Pablo Jamilk – inédita)** Identifique a função sintática do pronome destacado na sentença: "O carro **que** a montadora escolheu não foi capaz de superar o desafio".

a) Sujeito.
b) Objeto direto.
c) Objeto indireto.
d) Complemento nominal.
e) Aposto.

*Resposta:* B - Na aplicação do princípio ensinado, temos:

- O referente do pronome é "o carro".
- A oração a ser analisada é "que a montadora escolheu"
- A reestruturação ficaria da seguinte maneira: a montadora escolheu o carro. Como o termo "o carro" passou a desempenhar a função de complemento do verbo escolher, trata-se um objeto direto.

## 1.6. Pronome relativo (função 5)

Igual ao item 1.2.

**PEGADINHA** DA BANCA EM EXEMPLO DE QUESTÃO

**(Pablo Jamilk – inédita)** Identifique a função sintática do pronome destacado na sentença: "Aquela é a cidade em **que** ocorreu o jogo derradeiro".

a) Sujeito.
b) Objeto direto.
c) Objeto indireto.
d) Complemento nominal.
e) Adjunto adverbial.

*Resposta:* E - Na aplicação do princípio ensinado, temos:

- O referente do pronome é "a cidade".
- A oração a ser analisada é "em que ocorreu o jogo derradeiro".
- A reestruturação ficaria da seguinte maneira: o jogo derradeiro ocorreu na cidade. O termo "na cidade" desempenha a função de adjunto adverbia de lugar.

## 1.7. Pronome relativo (função 6)

Igual ao item 1.2.

**PEGADINHA** DA BANCA EM EXEMPLO DE QUESTÃO

**(Pablo Jamilk – inédita)** Identifique a função sintática do pronome destacado na sentença: "Meu amigo é o cantor **que** muitos querem ser".

a) Sujeito.
b) Objeto direto.
c) Predicativo do sujeito.
d) Complemento nominal.
e) Aposto.

*Resposta:* C - Na aplicação do princípio ensinado, temos:

- O referente do pronome é "o cantor".
- A oração a ser analisada é "que muitos querem ser".
- A reestruturação ficaria da seguinte maneira: muitos querem ser o cantor. O termo "o cantor" desempenha a função de predicativo do sujeito. Para facilitar, basta identificar o verbo de ligação na sentença.

## 1.8. Pronome relativo (função 7)

Igual ao item 1.2.

**PEGADINHA** DA BANCA EM EXEMPLO DE QUESTÃO

- **(Pablo Jamilk – inédita)** Identifique a função sintática do pronome destacado na sentença: "Não conseguimos encontrar o indivíduo por que Mário foi atacado."

  a) Agente da passiva

  b) Objeto direto.

  c) Objeto indireto.

  d) Complemento nominal.

  e) Aposto.

  *Resposta:* a

  Comentário: na aplicação do princípio ensinado, temos:

  – O referente do pronome é "o indivíduo".

  – A oração a ser analisada é "por que Mário foi atacado".

  – A reestruturação ficaria da seguinte maneira: Mário foi atacado pelo indivíduo. O termo "pelo indivíduo" desempenha a função de agente da passiva na sentença.

## 1.9. Conjunção subordinativa integrante (percepção da função)

A conjunção integrante não pode ser confundida com o pronome relativo. Esses dois termos introduzem orações de naturezas distintas: enquanto o pronome relativo introduz uma oração subordinada adjetiva, a conjunção integrante introduz uma oração subordinada substantiva.

**APLICAÇÃO** DA REGRA

Para identificar que uma conjunção está presente na sentença, é preciso considerar que ela não pode ser trocada pela forma "o qual / a qual". Além disso, a conjunção integrante não carrega um sentido particular (a exemplo das conjunções coordenativas).

**PEGADINHA** DA BANCA

A banca examinadora tentará fazer o candidato não conseguir identificar a função da oração que a conjunção introduz. Sintaticamente falando, não há uma função para a conjunção, mas sim para a oração como um todo.

**EXEMPLO** DE QUESTÃO

**(Pablo Jamilk – inédita)** Eu chegava todo dia no meu escritório às oito e trinta da manhã. O carro parava na porta do prédio e eu saltava, andava dez ou quinze passos, e entrava.

Como todo executivo, eu passava as manhãs dando telefonemas, lendo memorandos, ditando cartas à minha secretária e me exasperando com problemas. Quando chegava a hora do almoço, eu havia trabalhado duramente. Mas sempre tinha a impressão de que não havia feito nada de útil.

(Rubem Fonseca – O outro – Adaptado)

( ) O termo "de que", na sentença "de que não havia feito nada de útil", introduz uma oração com função de complemento do substantivo "impressão".

*Resposta:* certo.

O substantivo "impressão" é abstrato, logo, exige um complemento para seu sentido. Trata-se, portanto, de uma oração subordinada substantiva completiva nominal.

## 1.10. Conjunção coordenativa explicativa (semântica)

A conjunção coordenativa explicativa "que" pode ser identificada facilmente com uma simples operação de troca de conjunções. A sugestão é trocar a palavra "que" pela palavra "porque" se o sentido for mantido, trata-se de uma conjunção explicativa.

**APLICAÇÃO** DA REGRA

Leia a seguinte sentença:

- Não argumente com o senso-comum, que ele não serve de fundamentação.

Note que não há dependência sintática entre as sentenças. Além disso, caso se substitua a palavra "que" pela palavra "porque", não haveria alteração no sentido original da sentença. Trata-se, desse modo, de uma conjunção coordenativa explicativa.

**PEGADINHA** DA BANCA

Atente para o fato de a banca tentar fazer o candidato pensar que a conjunção explicativa seja, na verdade, uma conjunção integrante.

EXEMPLO DE QUESTÃO

- **(Pablo Jamilk – inédita)** Na sentença "Abandone esse posicionamento, **que** nada irá ser diferente", a conjunção destacada se trata de:
  a) Conjunção integrante.
  b) Conjunção coordenativa explicativa.
  c) Conjunção subordinativa adverbial causal.
  d) Conjunção subordinativa adverbial comparativa.
  e) Conjunção subordinativa adverbial final.

  *Resposta:* B

  Comentário: perceba que a primeira sentença apresenta um verbo no imperativo (abandone) e que é possível trocar a conjunção destacada pela conjunção "porque" (também coordenativa) sem alterar o sentido de explicação.

## 2. A PALAVRA SE

### 2.1. Conjunção subordinativa integrante (identificação)

A conjunção subordinativa integrante "se" introduz uma ORAÇÃO SUBORDINADA SUBSTANTIVA na sentença em que aparece.

APLICAÇÃO DA REGRA

Para identificar uma conjunção dessa natureza, é preciso perceber que não há um sentido próprio para a palavra, além disso, é preciso saber que não é possível realizar a permuta com a conjunção "caso" – que é subordinativa adverbial condicional.

PEGADINHA DA BANCA

A banca pode sugerir que a conjunção seja, na verdade, um pronome oblíquo. É um engano infantil, mas pode ocorrer. Lembre-se de que o pronome deverá retomar um referente, do contrário não poderá ser assim classificado.

EXEMPLO DE QUESTÃO

- **(COPEVE-UFAL - 2010 - CASAL – Advogado)** Em qual período o se é uma conjunção integrante?
  a) "Paraquedista **se** prepara para romper a barreira do som com salto da estratosfera."

b) "Um tecido comum pegaria fogo **se** fosse exposto diretamente a essa radiação."

c) "Sabe-**se** também que a alimentação materna pode ter impacto na chance de a criança vir a desenvolver câncer."

d) "Marilyn Monroe morreu aos 36 anos de forma trágica, vítima de uma overdose de medicamentos que até hoje não se sabe **se** foi intencional, acidental ou provocada por alguma misteriosa conspiração política."

e) "Não fale rápido demais. Se sua dicção não for boa, ninguém irá entender o que você diz."

*Resposta:* D - A palavra "se", na introdução da oração "se foi intencional...", introduz o sujeito oracional do verbo "saber". Além de não haver um referente, não é possível fazer a troca pela conjunção "caso", ou seja, a alternativa é afirmar que se trata de conjunção integrante.

## 2.2. Conjunção subordinativa adverbial (permuta)

Sugeri empregar essa dica para sinalizar para uma questão que ocorre em várias provas de concursos públicos: a de troca de conjunções adverbiais condicionais.

**APLICAÇÃO** DA REGRA

Quando se realiza a troca da conjunção "se" pela conjunção "caso", na maioria das vezes, é preciso fazer uma adaptação no verbo da oração – usualmente alterar o tempo da sentença, mas manter o modo verbal.

**PEGADINHA** DA BANCA

A banca examinadora poderá sugerir que a troca possa ser feita sem qualquer alteração na sentença.

**EXEMPLO** DE QUESTÃO

- **(CESPE - 2011 - Correios - Analista de Correios – Letras)**

Da memória e da reminiscência

1 A fenomenologia da memória aqui proposta estrutura-se em torno de duas perguntas:
De que há lembrança? De quem é a memória?

4 Essas duas perguntas são formuladas dentro do espírito da fenomenologia husserliana. Privilegiou-se, nessa herança, a indagação colocada sob o adágio bem conhecido

segundo o qual toda consciência é consciência de alguma coisa. Essa abordagem "objetal" levanta um problema específico no plano da memória. Não seria ela fundamentalmente reflexiva, como nos inclina a pensar a prevalência da forma pronominal: lembrar-se de alguma coisa é, de imediato, lembrar-se de si? Entretanto, insistimos em colocar a pergunta "o quê?" antes da pergunta "quem?", a despeito da tradição filosófica, cuja tendência foi fazer prevalecer o lado egológico da experiência mnemônica. A primazia concedida por muito tempo à questão "quem?" teve o efeito negativo de conduzir a análise dos fenômenos mnemônicos a um impasse, uma vez que foi necessário levar em conta a noção de memória coletiva. Se nos apressarmos a dizer que o sujeito da memória é o eu, na primeira pessoa do singular, a noção de memória coletiva poderá apenas desempenhar o papel analógico, ou até mesmo de corpo estranho na fenomenologia da memória. Se não quisermos nos deixar confinar numa aporia inútil, será preciso manter em suspenso a questão da atribuição a alguém e, portanto, a todas as pessoas gramaticais do ato de lembrar-se, e começar pela pergunta "o quê?".

Paul Ricouer. A memória, a história, o esquecimento. Campinas: Editora da Unicamp, 2007, p. 23 (com adaptações).

Se, na linha 18, a conjunção "Se" fosse substituída por Caso, deveria ser alterado o tempo e mantido o modo verbal empregado na oração condicional.

( ) Certo ( ) Errado

*Resposta:* Certo - A reescrita da sentença deve ser da seguinte maneira: "Caso nos apressemos a dizer que o sujeito". Trata-se de uma substituição comum em reescrita de trechos de texto.

# 3. A PALAVRA COMO

## 3.1. Advérbio de interrogação (identificação)

O advérbio interrogativo será empregado para introduzir perguntas diretas ou indiretas. A palavra "como", que se refere a modo", pode desempenhar função de advérbio interrogativo.

**APLICAÇÃO** DA REGRA:

**Como** você conseguiu alcançar aquele objetivo?

Note que o termo destacado se trata de um advérbio de interrogação na sentença, sua função é de adjunto adverbial.

**PEGADINHA** DA BANCA

**A banca examinadora afirmará que se trata de uma conjunção, a fim de confundir o candidato.**

**EXEMPLO** DE QUESTÃO

- **(Pablo Jamilk – inédita)** Assinale a alternativa que classifica morfologicamente a palavra destacada:

  **Como** posso saber a verdade sobre você?

  a) Substantivo.

  b) Pronome.

  c) Conjunção.

  d) Advérbio.

  e) Interjeição.

  *Resposta:* D

  Comentário: trata-se de um advérbio de interrogação, o qual introduz desempenha a função de adjunto adverbial na oração em que aparece.

## 3.2. Conjunção subordinativa integrante na derivação (identificação)

A palavra "como" pode deixar de ser advérbio de interrogação e desempenhar o papel de conjunção integrante em um período. Nesse caso, deve-se observar que houve uma derivação imprópria (que atribui características que não são próprias a um termo). Entretanto, alguns gramáticos não endossam a ideia de que houve – de fato – derivação, afirmando que se trata ainda de um advérbio.

**APLICAÇÃO** DA REGRA

- Joana não sabe **como** os bandidos entraram.

Por mais que esteja implícita a ideia de modo na sentença, a palavra "como" está conectando o complemento do verbo "saber" ao próprio verbo. Isso faz com que a palavra adquira o perfil de conjunção integrante.

**PEGADINHA** DA BANCA

O maior perigo é a banca tentar fazer o candidato pensar que se trata de um advérbio interrogativo na sentença e que a oração por ele introduzida é de natureza adverbial.

**EXEMPLO** DE QUESTÃO

- **(Pablo Jamilk – inédita)** Assinale a função sintática do termo destacado no período abaixo:

  **Como o meliante entrou na casa**, todos queriam saber.

  a) Oração subordinada substantiva subjetiva.
  b) Oração subordinada adverbial causal.
  c) Oração subordinada adverbial comparativa.
  d) Oração subordinada substantiva objetiva direta.
  e) Oração subordinada adverbial consecutiva.

  *Resposta:* D

  Comentário: a oração destacada (introduzida pela palavra "como" na função de conjunção) deve ser entendida como o complemento do verbo "saber". Logo, trata-se de oração subordinada com função de objeto direto.

## 3.3. Conjunção subordinativa adverbial (identificação)

As conjunções subordinativas adverbiais são caracterizadas pela sua semântica, ou seja, pelo sentido que apresentam. A palavra como pode possuir, dentre suas principais ocorrências, sentido de causa, conformidade ou comparação.

**APLICAÇÃO** DA REGRA

- **Causal – Como** não havia tempo, deixou a atividade para depois.
- **Conformativa** – Procedeu incorretamente **como** imaginamos.
- **Comparativa –** Fale com ele **como** uma pessoa despretensiosa.

**PEGADINHA** DA BANCA

A banca vai apostar na alteração de sentido das questões para sugerir uma troca que não é correta.

**EXEMPLO** DE QUESTÃO

- **(SIGMA ASSESSORIA - 2012 - Câmara de Jahu - SP – Advogado)** Assinale a opção em que a conjunção como estabelece o mesmo tipo de relação da seguinte frase:

  Tudo aconteceu **como** queríamos.

a) Como escorregou, caiu;
b) Subiu as escadas rápido como um foguete;
c) Andava devagar como uma tartaruga;
d) Como me atrasei, perdi o ônibus;
e) Ela ficou surpresa como supúnhamos.

*Resposta:* E

Comentário: a conjunção destacada estabelece um sentido de conformidade (pode ser permutada pela palavra "conforme"). Trata-se, desse modo, de uma conjunção subordinativa adverbial conformativa, exatamente igual à conjunção presente na alternativa E.

CAPÍTULO

5

Gramática

# Estilística

## 1. FIGURAS DE LINGUAGEM

São recursos que tornam as mensagens que emitimos mais expressivas. Subdividem-se em **figuras de som**, **figuras de palavras**, **figuras de pensamento** e **figuras de construção**.

## A. FIGURAS DE PALAVRA

As figuras de palavra consistem no emprego de um termo com sentido diferente daquele convencionalmente empregado, a fim de se conseguir um efeito mais expressivo na comunicação.

### 1.1. Metáfora

**APLICAÇÃO DA REGRA**

Um termo substitui outro através de uma relação de semelhança resultante da subjetividade de quem a cria. A metáfora também pode ser entendida como uma comparação abreviada, em que o conectivo não está expresso, mas subentendido.

**PEGADINHA DA BANCA**

Com o conectivo (como) expresso, temos uma comparação.

- Seus olhos são como luzes brilhantes. = **comparação** (como).
- Seus olhos são luzes brilhantes. = não há comparação (ausência da partícula comparativa), e sim uma **metáfora** (qualidade do que é semelhante).
- As luzes brilhantes olhavam-me. = há substituição da palavra **olhos** por **luzes brilhantes.** Exemplo, também, de **metáfora**.

**EXEMPLO DE QUESTÃO**

**(UFMT - 2015)** Sangrando espuma

Parou de chover e a baía de Angra está deserta. A superfície do mar é lâmina mesclada de verde e cinza onde a luz do sol, refletida, cria um céu cheio de estrelas. Ao fundo, ilhas e montanhas com suas escarpas cobertas, ainda, pela vegetação atlântica, formam um degradê que se esbate em direção ao infinito. Ouço o barulho de um motor. Surge no horizonte uma pequena lancha. Corta a superfície espelhada, que sangra espuma. A princípio aquilo me agride. Mas depois reconheço que há beleza nessa intervenção do homem. São os nossos rastros.

(SEIXAS, H. *Contos mais que mínimos.* Rio de Janeiro: Tinta Negra Bazar Editorial, 2010.)

O conto apresenta várias associações de sentido baseadas em semelhanças. Qual figura de estilo foi usada para a construção dessas associações?

a) Antítese
b) Metáfora
c) Paradoxo
d) Hipérbole

*Resposta:* "b"

Alguns trechos que evidenciam:

"A superfície do mar é lâmina mesclada de verde e cinza onde a luz do sol, refletida, cria um céu cheio de estrelas"; "Corta a superfície espelhada, que sangra espuma".

## 1.2. Metonímia

**APLICAÇÃO DA REGRA**

A metonímia consiste em empregar um termo no lugar de outro, havendo entre ambos estreita afinidade ou relação de sentido.

| | | |
|---|---|---|
| **Autor pela obra** | Gosto de ler **Machado de Assis.** | = Gosto de ler a **obra literária de Machado de Assis.** |
| **Inventor pelo invento** | **Édson** ilumina o mundo | = As **lâmpadas** iluminam o mundo. |
| **Símbolo pelo objeto simbolizado** | Não te afastes da **cruz.** | = Não te afastes da **religião.** |
| **Lugar pelo produto do lugar** | Fumei um saboroso **havana.** | = Fumei um saboroso **charuto.** |
| **Efeito pela causa** | Sócrates bebeu a **morte.** | = Sócrates tomou **veneno.** |

| | | |
|---|---|---|
| **Causa pelo efeito** | Moro no campo e como do **meu trabalho**. | = Moro no campo e como o **alimento que produzo.** |
| **Continente pelo conteúdo** | Bebeu o **cálice** todo. | = Bebeu todo o **líquido** que estava no cálice. |
| **Instrumento pela pessoa que utiliza** | Os **microfones** foram atrás dos jogadores. | = Os **repórteres** foram atrás dos jogadores. |
| **Parte pelo todo** | Várias **pernas** passavam apressadamente. | = Várias **pessoas** passavam apressadamente |
| **Gênero pela espécie** | Os **mortais** pensam e sofrem nesse mundo. | = Os **homens** pensam e sofrem nesse mundo. |
| **Singular pelo plural** | A **mulher** foi chamada para ir às ruas na luta por seus direitos. | = As **mulheres** foram chamadas, não apenas uma mulher. |
| **Marca pelo produto** | Minha filha adora **danone**. | = Minha filha adora o iogurte que é da marca Danone. |
| **Espécie pelo indivíduo** | O **homem** foi à Lua. | = Alguns **astronautas** foram à Lua. |
| **Símbolo pela coisa simbolizada** | A **balança** penderá para teu lado. | = A **justiça** ficará do teu lado. |

## PEGADINHA DA BANCA

Em "Calçoes negros corriam, pulavam durante o jogo.", há um exemplo de metonímia.

Calções negros corriam: os jogadores que usavam calções negros corriam.

## EXEMPLO DE QUESTÃO

**(CETRO /2014)** Em relação às figuras de linguagem, assinale a alternativa que apresenta uma metonímia.

a) Ouço Mozart desde criança.

b) Ele esperou muito tempo por seu doce abraço.

c) Sua boca é um túmulo.

d) A perna da mesa estava quebrada.

e) O ator famoso bateu as botas hoje.

*Resposta:* "a"

Ouço a música de Mozart.

## 1.3. Catacrese

### APLICAÇÃO DA REGRA

A catacrese é um tipo de especial de metáfora, "é uma espécie de metáfora desgastada, em que já não se sente nenhum vestígio de inovação, de criação individual e pitoresca. É a metáfora tornada hábito linguístico, já fora do âmbito estilístico." (Othon M. Garcia).

- Ele sentou-se no **braço** da cadeira.
- Limpou a boca com a **manga** da camisa.

### PEGADINHA DA BANCA

Nem se trata de pegadinha, mas sim de exemplos clássicos em provas: **asa** da xícara, **batata** da perna, **maçã** do rosto, **pé** da mesa, **dente** de alho, **coroa** do abacaxi.

### EXEMPLO DE QUESTÃO

▸ **(IPAD 2014** - adaptada) As figuras de linguagem são recursos estilísticos da língua portuguesa. Diante desta afirmação, em que consiste a catacrese?

a) Exagero nas ideias.
b) Combinação de diversas impressões sensoriais.
c) Contraste entre duas palavras gerando uma relação de oposição.
d) Caracteriza-se pela ausência de um termo adequado a um ser.
e) Omissão de um termo ou expressão.

*Resposta:* "d"

Por eliminação, chega-se facilmente à resposta. Se na metáfora existe um termo que substitui outro através de uma relação de semelhança e se a catacrese é tida por muitos como "uma metáfora pobre", só pode ser a alternativa D a correta.

## 1.4. Perífrase ou antonomásia

### APLICAÇÃO DA REGRA

Trata-se de uma expressão que designa um ser através de alguma de suas características ou atributos, ou de um fato que o celebrizou: A **Cidade Maravilhosa** (= Rio de Janeiro) continua atraindo visitantes do mundo todo.

Gramática

PEGADINHA DA BANCA

Se a perífrase indica uma pessoa, recebe o nome de **antonomásia.**

- O Poeta dos Escravos (= Castro Alves) morreu muito jovem.
- O Poeta da Vila (= Noel Rosa) compôs lindas canções.

EXEMPLO DE QUESTÃO

- **(FUNCAB)** Que figura de linguagem identifica-se em: "...porque correu pelas ruas da CIDADE ETERNA descalço."?
  a) Hipérbole
  b) Antítese
  c) Prosopopeia
  d) Pleonasmo
  e) Perífrase

  *Resposta:* "e"

  Claro que exige conhecimento de mundo. **Roma** é a cidade eterna.

## 1.5. Sinestesia

APLICAÇÃO DA REGRA

**Mescla, numa mesma expressão, as sensações percebidas por diferentes ór-**gãos do sentido.

PEGADINHA DA BANCA

Normalmente usam-se exemplos retirados de textos literários:

- indefiníveis músicas;
- supremas harmonias de cor e perfume;
- horas do acaso, trêmulas, extremas, réquiem do sol que a dor da luz resume;
- os carinhos de Godofredo não tinham mais o gosto dos primeiros tempos;
- o brilho macio do cetim;
- o doce afago materno;
- verde azedo;
- aroma gritante;
- o delicioso aroma do amor;
- beleza áspera.

**EXEMPLO** DE QUESTÃO

**(PR-4 Concursos)** Em *"E o que a tocha na mão de Manuelzão mais alumiou: que* ***todos tremiam mágoa nos olhos****"*, pode-se considerar a construção de uma figura de linguagem conhecida como:

a) antítese.
b) comparação.
c) eufemismo.
d) hipérbole.
e) sinestesia.

*Resposta:* "e"

Sensação percebida por diferente órgão do sentido: tremer água nos olhos.

## B. FIGURAS DE PENSAMENTO

### 1.6. Antítese

**APLICAÇÃO** DA REGRA

São dois termos que **contrastam** entre si. Há aproximação de palavras ou expressões de sentidos opostos.

- Os jardins têm **vida** e **morte**.
- O corpo é **grande** e a alma é **pequena**.

**PEGADINHA** DA BANCA

Diferença entre **antítese** (palavras opostas) e **paradoxo** (ideias contrárias).

**EXEMPLO** DE QUESTÃO

**(CESPE)**

Nasce o sol, e não dura mais que um dia.
Depois da luz se segua a noite escura,
Em tristes sombras morre a formosura
Em contínuas tristezas a alegria.

Gregório de Matos Guerra. **Obra poética de Gregório de Matos**. Rio de Janeiro: Record, 2ª ed. 1990

Assinale a opção que apresenta a figura de linguagem predominante no trecho do poema acima.

a) sinestesia
b) comparação
c) antítese
d) eufemismo
e) hipérbole

**Resposta: "c"**

Luz x escura / tristezas x alegria

## 1.7. Paradoxo

**APLICAÇÃO DA REGRA**

Proposição aparentemente absurda, resultante da união de **ideias contraditórias**.

O funcionário afirmou que o aluno quanto mais estuda mais tem dificuldades econômicas.

**PEGADINHA DA BANCA**

Como mencionado no item anterior: cuidado com diferença entre paradoxo e antítese.

**EXEMPLO DE QUESTÃO**

**(FGV)** Sobre o problema do desmatamento, um poeta francês, Jacques Prévert, dizia: "Tantas florestas arrancadas à terra / e trucidadas / acabadas / rotativizadas / Tantas florestas sacrificadas para a pasta de papel de bilhões de jornais chamando anualmente a atenção dos leitores sobre os perigos do desmatamento dos bosques e das florestas". A estrutura significativa do texto se baseia num tipo de linguagem figurada denominado:

a) sinestesia.
b) pleonasmo.
c) paradoxo.
d) antítese.
e) metonímia.

*Resposta:* "c"

Ideias opostas: os jornais que usam bilhões de papel chamam atenção dos leitores sobre os perigos do desmatamento.

Importante: Não há palavras opostas (antítese), apenas palavras.

## 1.8. Eufemismo

**APLICAÇÃO** DA REGRA

É o emprego de uma **expressão mais suave**, mais nobre ou menos agressiva, para comunicar alguma coisa áspera, desagradável ou chocante.

- doente dos pulmões = tuberculoso;
- mal de Hansen = lepra;
- deficiente visual = cego;
- moléstia pertinaz, mal cruel e prolongado, doença ruim, aquela doença = câncer;
- falecer, descansar, fechar os olhos para sempre, passar para o plano espiritual = morrer;
- desaparecido = assassinado;
- dama da noite = prostituta.

**PEGADINHA** DA BANCA

Eufemismos usados em textos literários:

Onde estão todos? Estão todos dormindo. Estão todos deitados. Dormindo. (Manuel Bandeira)

Significa que todos morreram.

**EXEMPLO** DE QUESTÃO

**(Questão retirada da Web. Disponível em <http://exercicios.brasilescola.com/)** O eufemismo está presente nos seguintes fragmentos, exceto:

a) "A mentira é uma verdade que se esqueceu de acontecer." Mario Quintana.

b) "Não chorem! que não morreu!/ Era um anjinho do céu/ Que um outro anjinho chamou!/ Era uma luz peregrina,/ Era uma estrela divina/ Que ao firmamento voou!". Álvares de Azevedo.

c) "Na chuva de cores/ da tarde que explode,/ a lagoa brilha./ A lagoa se pinta/ de todas as cores". Carlos Drummond de Andrade.

d) "Quando a Indesejada das gentes chegar/ (Não sei se dura ou caroável),/ talvez eu tenha medo./ Talvez sorria, ou diga:/ - Alô, iniludível!". Manuel Bandeira.

e) "Os amigos que me restam são de data recente; todos os antigos foram estudar a geologia dos campos santos." Machado de Assis.

*Resposta:* "c"

Ocorre hipérbole (exagero): chuva de cores.

## 1.9. Ironia

### APLICAÇÃO DA REGRA

É **dizer o contrário** do que se pretende ou em satirizar, questionar certo tipo de pensamento com a intenção de ridicularizá-lo, ou ainda em ressaltar algum aspecto passível de crítica.

- Como você foi bem na última prova, não tirou nem a nota mínima!
- Parece um anjinho aquele menino, briga com todos que estão por perto.

### PEGADINHA DA BANCA

Apenas através de um contexto a ironia torna-se perceptível.

### EXEMPLO DE QUESTÃO

▸ **(FGV)** Veja a charge a seguir, realizada por ocasião dos atentados terroristas de Paris contra um jornal humorístico:

Na frase do terrorista há uma figura de linguagem denominada

a) metáfora.
b) ironia.
c) hipérbole.
d) pleonasmo.
e) catacrese.

*Resposta:* "b"

Onde está a ironia? Fortemente armado = estudante (o lápis na mão demonstra isso).

## 1.10. Hipérbole

### APLICAÇÃO DA REGRA

**Expressão intencionalmente exagerada** com o intuito de realçar uma ideia.

- Rios te correrão dos olhos, se chorares! (Olavo Bilac)
- Um quarteirão de perucas para Clodovil Pereira. (José Cândido Carvalho)
- Na chuva de cores
  Da tarde que explode
  A lagoa brilha (Carlos Drummond de Andrade)

### PEGADINHA DA BANCA

- Em **IPAD**

As figuras de linguagem são recursos estilísticos da língua portuguesa. Em que consiste a hipérbole?

a) Omissão de um termo ou expressão.

b) Declarar o oposto do que se pensa/acredita.

c) Atribuição de características humanas a seres inanimados.

d) Inversão da ordem normal dos termos da frase.

e) Exagero nas ideias.

Se não ocorre omissão, nem declaração, nem atribuição ou inversão, indica exagero e por isso a resposta é a alternativa "e".

Entenda melhor:

– Omissão de um termo ou expressão = elipse

– Declarar o oposto do que se pensa/acredita = ironia

– Atribuição de características humanas a seres inanimados = prosopopeia ou personificação

– Inversão da ordem normal dos termos da frase = hipérbato

### EXEMPLO DE QUESTÃO

- **(CONSULPLAN)** Vi, há tempo, um conhecido meu, que se tornou muito rico, sofreu horrorosamente na hora de comprar um quadro."

Essa frase contém um exemplo de figura de linguagem denominada

a) catacrese.

b) hipérbole.

c) pleonasmo.

d) metonímia.

*Resposta:* "b"

"Sofrer horrorosamente" é um tremendo exagero. Exagerei na explicação para fixar.

## 1.11. Personificação

**APLICAÇÃO** DA REGRA

Atribui **ações ou qualidades de seres animados a seres inanimados**, ou características humanas a seres não humanos. Exemplos:

- As pedras **andam** vagarosamente.
- O livro é um mudo que **fala**, um surdo que **ouve**, um cego que **guia**.

**PEGADINHA** DA BANCA

Refere-se, sempre, a coisas - seres inanimados.

**EXEMPLO** DE QUESTÃO

- **(FUNIVERSA)** Diz-se que há personificação quando houver atribuição de sentimentos, traços psicológicos e(ou) comportamento humanos a seres inanimados e a animais. Assinale a alternativa que apresenta exemplo de personificação.

a) "de mãos dadas, marcharemos todos pela vida verdadeira".

b) "as janelas devem permanecer, o dia inteiro, abertas para o verde onde cresce a esperança".

c) "o homem confiará no homem como a palmeira confia no vento".

d) "o lobo e o cordeiro pastarão juntos".

e) "Fica decretado, por definição, que o homem é um animal que ama".

*Resposta:* "c"

A única alternativa em que há referência a um ser inanimado (palmeira): A palmeira confia no vento. Humanos podem confiar.

## 1.12. Apóstrofe

**APLICAÇÃO** DA REGRA

É a **"invocação"** de alguém ou de alguma coisa personificada. Caracteriza-se pelo chamamento do receptor da mensagem. A introdução da apóstrofe interrompe a linha de pensamento do discurso e se realiza por meio do vocativo.

- *Exemplo:* Rapaz, que fazes aí parado?

**PEGADINHA DA BANCA**

Existe vocativo.

**EXEMPLO DE QUESTÃO**

- **(Duda Nogueira – Questão inédita)** No trecho do Sermão pelo bom sucesso das armas de Portugal contra as da Holanda, de Padre Antônio Viera, há mais de um exemplo de apóstrofe.

  "... E será bem, supremo Senhor e Governador do universo, que às sagradas quinas de Portugal, e às armas e chagas de Cristo, sucedam as heréticas listas de Holanda, rebeldes a seu rei e a Deus?..."

  ( ) certo ( ) errado

  *Resposta:* "errado"

  Há apenas um exemplo de apóstrofe – interrupção de uma ideia, fazendo referência a seres reais ou não: **supremo Senhor e Governador do universo**.

## 1.13. Gradação

**APLICAÇÃO DA REGRA**

Consiste em **dispor as ideias** por meio de palavras, sinônimas ou não, **em ordem crescente (clímax) ou decrescente (anticlímax)**.

*Exemplos:*

- Havia o céu, havia a terra, muita gente e mais Joana com seus olhos claros e brincalhões...
- "Vive só para mim, só para a minha vida, só para meu amor". (Olavo Bilac)

**PEGADINHA DA BANCA**

- **Clímax** = ordem crescente
- **Anticlímax** = ordem decrescente

Atenção nos significados das palavras, pois exige conhecimento vocabular.

**EXEMPLO DE QUESTÃO**

- **(CESGRANRIO)** Que trio de palavras apresenta uma gradação no significado?

  a) louvar – vangloriar-se – jactar-se

b) encomenda – pacote – recortes
c) passageira – imaginário – enrolada
d) registrar – preservar – transformar
e) necessidades – medos – sonhos

*Resposta:* "a"

Clímax.

❶ **Louvar:** exaltar, glorificar.
❷ **Vangloriar-se:** encher-se de vanglória ou envaidecer-se.
❸ **Jactar-se:** demonstrar um orgulho excessivo sobre suas próprias qualidades.

## C. FIGURAS DE CONSTRUÇÃO OU SINTÁTICAS

### 1.14. Elipse

**APLICAÇÃO** DA REGRA

É a **omissão** de um ou mais termos numa oração que podem ser facilmente identificados. *Exemplos:*

- A cada um o que é seu. (Deve se dar a cada um o que é seu.)
- Tenho duas filhas, um filho e amo todos da mesma maneira. Nesse exemplo, as desinências verbais de tenho e amo permitem-nos a identificação do sujeito em elipse "eu".
- Regina estava atrasada. Preferiu ir direto para o trabalho. (Ela, Regina, preferiu ir direto para o trabalho, pois estava atrasada.)
- As rosas florescem em maio, as margaridas em agosto. (As margaridas florescem em agosto.)

**PEGADINHA** DA BANCA

Algumas bancas não separam elipse de zeugma, mas outras sim.

Para evitar recurso, fixe:

- **Elipse**: omissão de um termo.
- **Zeugma**: omissão de um termo **já mencionado**.

**EXEMPLO** DE QUESTÃO

▸ **(CESPE)** Trecho para a questão.

A proteção e a promoção da diversidade das expressões culturais pressupõem o reconhecimento da igual dignidade e o respeito por todas as culturas, incluindo-se as das pessoas pertencentes a minorias e as dos povos indígenas. (...)

Internet: (com adaptações).

Em "as das" e "as dos", subentende-se a elipse da palavra "culturas".

( ) certo ( ) errado

*Resposta:* "certo"

Eis um exemplo do que foi mencionado em "pegadinhas de bancas". Para CESPE, elipse e zeugma são a mesma coisa: omissão de termo, independente se já tenha sido mencionado, ou não.

Substituindo: igual dignidade e o respeito por todas as culturas, incluindo-se as culturas das pessoas pertencentes a minorias e as culturas dos povos indígenas.

## 1.15. Zeugma

**APLICAÇÃO** DA REGRA

Zeugma é uma forma de **elipse**. Ocorre quando é feita a omissão de um termo já mencionado anteriormente.

- Ele **gosta** de geografia; eu, de português.
- Falava de abóboras, melões, morangas, gilas e tantas cucurbitáceas, vibrava tanto com suas descobertas botânicas, que mal conseguia lembrar-se dos nomes depois. Então, se socorria falando da expansão das cucurbitáceas, todas com baraços: a abóbora se estende no chão, a moranga e o pepino (se estendem) também, mas a gila (se estende) pelas taipas e telhados.

**PEGADINHA** DA BANCA

Idem à pegadinha de elipse.

**EXEMPLO** DE QUESTÃO

- **(UPENET)** *"Os jurados possuem poder de decisão; os réus, incertezas e muitos conflitos".*

Na segunda oração do período acima, ocorreu a omissão do verbo *possuir*, modificando a estrutura sintática da frase. Tal desvio constitui uma figura de sintaxe, reconhecida como

a) Zeugma.
b) Assíndeto.

c) Elipse.

d) Hipérbato.

e) Pleonasmo.

*Resposta:* "a"

Em primeiro lugar, deve-se perceber que a banca distingue zeugma (a) de elipse (c). Agora sim temos de nos atentar se o termo foi mencionado ou não. Foi! Ocorre zeugma do verbo "possuem": *Os jurados **possuem** poder de decisão; os réus possuem incertezas e muitos conflitos.*

## 1.16. Silepse

**APLICAÇÃO** DA REGRA

É a **concordância** que se faz com o termo que não está expresso no texto, mas sim com a ideia que ele representa. É uma concordância anormal, psicológica, espiritual, latente, porque se faz com um termo oculto, facilmente subentendido.

**PEGADINHA** DA BANCA

Normalmente são exigidos os três tipos de silepse:

**1. Silepse de gênero**

- A bonita Porto Velho sofreu mais uma vez com o calor intenso.

  = o adjetivo **bonita** não está concordando com o termo **Porto Velho**, que gramaticalmente pertence ao gênero masculino, mas com a ideia contida no termo (a **cidade** de Porto Velho).

- Vossa Excelência está preocupado.

  = o adjetivo **preocupado**, que nesse caso é masculino, concorda com o sexo da pessoa e não com o termo Vossa Excelência.

**2. Silepse de número**

- A **procissão** saiu. **Andaram** por todas as ruas da cidade de Salvador.

- Como vai a **turma**? **Estão** bem?

- O **povo** corria por todos os lados e **gritavam** muito alto.

Os verbos **andaram**, **estão** e **gritavam** não concordam gramaticalmente com os sujeitos das orações (que se encontram no singular, **procissão**, **turma** e **povo**, respectivamente), mas com a **ideia** de pluralidade que neles está contida. Procissão, turma e povo dão a ideia de muita gente, por isso que os verbos estão no plural.

### 3. Silepse de pessoa

A silepse de pessoa ocorre quando há um desvio de concordância. O verbo, mais uma vez, não **concorda** com o sujeito da oração, mas sim com a **pessoa que está inscrita no sujeito**.

- O que não compreendo é como os **brasileiros persistamos** em aceitar essa situação
- Os **agricultores temos** orgulho de nosso trabalho

**EXEMPLO** DE QUESTÃO

- **(FUNRIO)** Esse conhecido provérbio exemplifica o uso de duas figuras de linguagem, a saber:

a) antítese e onomatopeia.
b) gradação e comparação.
c) hipérbato e silepse.
d) ironia e sinestesia.
e) metáfora e metonímia.

*Resposta:* "c"

b) **Hipérbato** (ou inversão) consiste na troca da ordem direta dos termos da oração(sujeito, verbo, complementos, adjuntos) ou de nomes e seus determinantes. Incide quando há demasia propositada num conceito. Assim expressando de forma muito dramática tudo aquilo que se ambiciona o vocabular.

**Ordem direta**: Todos temos um pouco de médico e louco.

c) **Silepse de pessoa**: o verbo concorda com a primeira pessoa do plural (nós) e não com o pronome indefinido.

## 1.17. Polissíndeto e assíndeto

**APLICAÇÃO** DA REGRA

- **Polissíndeto:** Ocorre **repetição enfática** dos conectivos.

- "Falta-lhe o solo aos pés: recua **e** corre, vacila **e** grita, luta **e** ensanguenta, **e** rola, **e** tomba, **e** se espedaça, **e** morre." (Olavo Bilac)
- "Deus criou o sol **e** a lua **e** as estrelas. **E** fez o homem **e** deu-lhe inteligência **e** fê-lo chefe da natureza.

▶ **Assíndeto:** Há ausência, pela **omissão das conjunções coordenativas**, resultando no uso de orações coordenadas assindéticas.

- Tens casa, tens roupa, tens amor, tens família.
- "Vim, vi, venci." (Júlio César)

## PEGADINHA DA BANCA

Basta fixar: **poli** = vários, muitos.

## EXEMPLO DE QUESTÃO

▶ **(FUNCEPE)** Leia abaixo um trecho do livro *Vidas Secas* e responda à questão.

Fabiano tomou a cuia, desceu a ladeira, encaminhou-se ao rio seco, achou no bebedouro dos animais um pouco de lama. Cavou a areia com as unhas, esperou que a água marejasse e, debruçando-se no chão, bebeu muito. Saciado, caiu de papo para cima, olhando as estrelas, que vinham nascendo. Uma, duas, três, quatro, havia muitas estrelas, havia mais de cinco estrelas no céu. O poente cobria-se de cirros – e uma alegria doida enchia o coração de Fabiano.

(RAMOS, Graciliano. *Vidas Secas.* São Paulo, Record, 2009)

No primeiro período do texto, a progressão textual é feita por meio de:

a) assíndeto
b) conectivo coordenativo
c) pronome relativo
d) conjunção integrante
e) conjunção adverbial

*Resposta:* "a"

Há ausência de conjunção.

Para facilitar, encaixe a conjunção "e": Fabiano tomou a cuia **e** desceu a ladeira **e**... **e**...

## 1.18. Pleonasmo

**APLICAÇÃO DA REGRA**

**Repetição** de um termo ou ideia, com as mesmas palavras ou não. A finalidade do pleonasmo é realçar a ideia, torná-la mais **expressiva**.

- O problema da violência, é necessário resolvê-**lo** logo.
- Aos funcionários, não **lhes** interessam tais medidas.

**PEGADINHA DA BANCA**

Como já visto em análise sintática, pleonasmo é repetição; não confundir com hipérbato - exagero.

**EXEMPLO DE QUESTÃO**

▸ **(VUNESP)** Assinale a alternativa em que está caracterizada a figura de sintaxe denominada pleonasmo.

a) Dizem que os brasileiros autênticos somos loucos por futebol.
b) Informaram que Sua Santidade continua adoentado.
c) Ao povo, nada lhe dão que não seja seguido de novos impostos.
d) Esperamos, sinceramente, você compreenda nossos motivos.
e) Ele que era forte e corajoso, ei-lo fraco e covarde.

*Resposta:* "c"

**Ao povo**, nada **lhe** dão.

## 1.19. Anáfora

**APLICAÇÃO DA REGRA**

É a **repetição** de uma ou mais palavras no início de várias frases, criando assim, um efeito de reforço e de coerência

*"Se você gritasse*
*Se você gemesse,*
*Se você tocasse*
*a valsa vienense*
*Se você dormisse,*
*Se você cansasse,*
*Se você morresse...*
*Mas você não morre,*
*Você é duro José!"*
*(Carlos Drummond de Andrade)*

## PEGADINHA DA BANCA

Não confundir com polissíndeto = repetição de conjunção e não de palavra ou expressão.

## EXEMPLO DE QUESTÃO

▸ **(FUNCAB)** Texto 2:

Se os senhores algum dia quiserem encontrar um representante da grande nação brasileira, não o procurem nunca na sua residência. Seja a que hora for, de manhã, ao amanhecer mesmo, à hora do jantar, quando quiserem enfim, se procurarem, o criado há de dizer-lhes secamente: Não está. Falo-lhes de experiência própria, porque, durante as inúmeras vezes, a toda a hora do dia, em que fui ao Hotel Términus procurar o Deputado Castro, apalpando a carta do coronel, tive o desprazer de ouvir estas duas palavras do porteiro indiferente. Nas últimas vezes, antes mesmo de acabar a pergunta, já o homenzinho respondia invariavelmente da mesma desesperadora forma negativa.

É bem fácil de imaginar com que sorte de cogitações eu ia passando esses dias. O meu dinheiro dentro em breve, pago o hotel, ficaria reduzido a alguns mil réis insignificantes. Não conhecia ninguém, não tinha a mínima relação que me pudesse socorrer, dar-me qualquer cousa, casa ao menos, até que me arranjasse. Saíra de meus penates, cheio de entusiasmo, certo de que aquela carta, mal fosse apresentada, me daria uma situação qualquer. Era essa a minha convicção, dos meus e do próprio coronel. Tinha-se lá, por aquelas alturas, em grande conta a força do doutor Castro nas decisões dos governantes e a influência do velho fazendeiro sobre o ânimo do deputado.

Não era ele o seu grande eleitor? Não era ele o seu banqueiro para os efeitos eleitorais? E nós, lá na roça, tínhamos quase a convicção de que o verdadeiro deputado era o coronel e o doutor Castro um simples preposto seu. As minhas idas e vindas ao hotel repetiam-se e não o encontrava. Vinham-me então os terrores sombrios da falta de dinheiro, da falta absoluta. Voltava para o hotel taciturno, preocupado, cortado de angústias. Sentia-me só, só naquele grande a imenso formigueiro humano, só, sem parentes, sem amigos, sem conhecidos que uma desgraça pudesse fazer amigos. Os meus únicos amigos eram aquelas notas sujas encardidas; eram elas o meu único apoio; eram elas que me evitavam as humilhações, os sofrimentos, os insultos de toda a sorte; e quando eu trocava uma delas, quando as dava ao condutor do bonde, ao homem do café, era como se perdesse um amigo, era como se me separasse de uma pessoa bem amada... Eu nunca compreendi tanto a avareza como naqueles dias [em] que dei alma ao dinheiro, e o senti tão forte para os elementos da nossa felicidade externa ou interna...

A minha ignorância de viver e falta de experiência quase deixavam transparecer a natureza das minhas preocupações. O gerente do hotel pareceu-me que as farejava. De quando em quando, procurava na conversação amedrontar-me com o seu poderio, proveniente de estreitas relações que mantinha com as autoridades. Assim entendi ser o sentido das anedotas que contava. Uma vez — narrou ele — depois de uma longa hospedagem, um hóspede quisera furtar-se ao pagamento. Não tivera dúvidas, fora ao delegado auxiliar, um seu amigo, o doutor Felicio, contara-lhe o caso e o homem teve que pagar, se quis tirar as malas. Com ele era assim; não dormia. Nada de justiça, de pretorias... Qual! Com a polícia a cousa vai mais depressa, a questão é ter amigos e ele tinha-os excelentes; e, em seguida, interrogando-me diretamente: O senhor não viu, ontem, aquele homem gordo que jantou na cabeceira? É o escrivão da "X". Os escrivões, fique o senhor sabendo, é que são as verdadeiras autoridades. Os delegados não fazem senão o que eles querem; tecem os pauzinhos e... E o italiano rematou com um olhar canalha aquela sua informação sobre a onipotência dos escrivães. (BARRETO. Lima. *Recordações do escrivão Isaías Caminha.* red.: São Paulo, Brasiliense, 1978. p. 55-6.)

Para enfatizar a situação de perplexidade e desamparo em que se encontra, o narrador insiste, no terceiro parágrafo, em recorrer à seguinte figura de sintaxe:

a) hipérbole.
b) anacoluto.
c) polissíndeto.
d) anáfora.
e) pleonasmo.

*Resposta:* "d"

**Não era,** ele o seu grande eleitor? **Não era** ele o seu banqueiro para os efeitos eleitorais? Sentia-me **só, só** naquele grande a imenso formigueiro humano, **só** (...) **sem** parentes, **sem** amigos, **sem** conhecidos que uma desgraça pudesse fazer amigos. Os meus únicos amigos **eram** aquelas notas sujas encardidas; **eram** elas o meu único apoio; **eram** elas que me evitavam as humilhações, os sofrimentos, os insultos de toda a sorte; e **quando** eu trocava uma delas, **quando** as dava ao condutor do bonde, ao homem do café, **era** como se perdesse um amigo, **era** como se me separasse de uma pessoa bem amada...

## 1.20. Anacoluto

### APLICAÇÃO DA REGRA

Ocorre **mudança da construção sintática** no meio da frase, ficando alguns termos desligados do resto do período.

✦ Esses alunos da escola, não se pode duvidar deles.

A expressão **"esses alunos da escola"** deveria exercer a função de sujeito. No entanto, há uma interrupção da frase e essa expressão fica à parte, não exercendo nenhuma função sintática. O anacoluto também é chamado de "frase quebrada", pois corresponde a uma interrupção na sequência lógica do pensamento.

- O **Alexandre**, as coisas não lhe estão indo muito bem.
- A **velha hipocrisia**, recordo-me dela com vergonha. (Camilo Castelo Branco)



**PEGADINHA** DA BANCA

O anacoluto deve ser usado com finalidade expressiva em casos muito especiais. Em geral, deve-se evitá-lo.

**EXEMPLO** DE QUESTÃO

▶ **(CESESP)** Leia atentamente os períodos:
Vários de nós ficamos surpresos.
Essa gente está furiosa e com medo; por consequência, capazes de tudo.
Tua mãe, não há idade nem desgraça que lhe transforme o sorriso.
Entre elas, alguém estava envergonhada.
Os períodos acima contêm, respectiva e sucessivamente, as seguintes figuras de sintaxe:

a) Silepse de pessoa, silepse de gênero, anacoluto, silepse de número.
b) Anacoluto, anacoluto, anacoluto, silepse de número.
c) Silepse de número, silepse de pessoa, anacoluto, anacoluto.
d) Silepse de pessoa, silepse de número, anacoluto, silepse de gênero.
e) Silepse de pessoa, anacoluto, silepse de gênero, anacoluto.

*Resposta:* "d"

**Vários** de nós ficamos = silepse de pessoa;

**Essa gente** capazes = silepse de número;

**Entre elas** = anacoluto: o adjunto adverbial está solto na frase, deveria estar no final;

**Alguém** envergonhada = silepse de gênero.

## 1.21. Hipérbato

**APLICAÇÃO** DA REGRA

É a **inversão** da estrutura frásica, isto é, a inversão da ordem direta dos termos da oração.

- Ao ódio venceu o amor. (Na ordem direta seria: O amor venceu ao ódio.)
- Dos meus problemas cuido eu! (Na ordem direta seria: Eu cuido dos meus problemas.)

## PEGADINHA DA BANCA

Não confundir com anacoluto.

- **Anacoluto** é o termo solto na frase, quebrando a estruturação lógica. Normalmente, inicia-se uma determinada construção sintática e depois se opta por outra:
    - Eu, parece-me que vou desmaiar. / Minha vida, tudo não passa de alguns anos sem importância (sujeito sem predicado) / Quem ama o feio, bonito lhe parece (alteraram-se as relações entre termos da oração)
- **Hipérbato** é alteração ou inversão da ordem direta dos termos na oração, ou das orações no período. São determinadas por ênfase e podem até gerar anacolutos:
    - Morreu o presidente, por: O presidente morreu.
    - "Aquela triste e leda madrugada" (Luís Vaz de Camões)
    - "Não a Ti, Cristo, odeio ou te não quero." (Fernando Pessoa)
    - "Do que a terra mais garrida / Teus risonhos, lindos campos têm mais flores" (Osório Duque Estrada, em Hino Nacional Brasileiro)
    - "Não é que o meu o teu sangue / Sangue de maior primor." (Alexandre Herculano)
    - Dança, à noite, o casal de apaixonados no clube.
      Aves, desisti de as ter!
      Das minhas coisas cuido eu!

## EXEMPLO DE QUESTÃO

► **(Orhion Consultoria)** Observe o trecho do hino nacional apresentado a seguir, e responda à questão.

*"Ouviram do Ipiranga as margens plácidas*
*De um povo heroico o brado retumbante"*

Assinale a alternativa que corresponde à figura de linguagem empregada no trecho.

a) Hipérbole.

b) Eufemismo.

c) Hipérbato.
d) Zeugma.

*Resposta:* "c"

**Observação**: questão 2015.

Ordem direta (já foi muito exigido em concursos): As margens plácidas do Ipiranga (sujeito) ouviram o brado retumbante de um povo heroico.

## D. FIGURAS DE SOM

### 1.22. Aliteração

**APLICAÇÃO** DA REGRA

É **repetição de consoantes** como recurso para intensificação do ritmo ou como efeito sonoro significativo.

- Três pratos de trigo para três tigres tristes.
- O rato roeu a roupa do rei de Roma.
- "Vozes veladas, veludosas vozes,
  Volúpias dos violões, vozes veladas
  Vagam nos velhos vórtices velozes
  Dos ventos, vivas, vãs, vulcanizadas."
  Cruz e Souza (Aliteração em "v")

**PEGADINHA** DA BANCA

Não confundir com assonância = repetição de vogal.

**EXEMPLO** DE QUESTÃO

**(FCC)** "Lula lê lauda lamentando". O editor de uma publicação conservadora não aceitaria um título construído dessa forma porque as redações condenam

a) a metáfora.
b) o hipérbato.
c) a aliteração.
d) o anacoluto.
e) a anáfora.

*Resposta:* "c"

Repetição da consoante "l": Lula lê lauda lamentando

## 1.23. Assonância

### APLICAÇÃO DA REGRA

É a **repetição ordenada de sons vocálicos idênticos.**

- "Sou um mulat**o** nat**o** no sentid**o** lato
mulat**o** democrátic**o** d**o** litoral."

### PEGADINHA DA BANCA

Não confundir com aliteração = repetição de consoante.

### EXEMPLO DE QUESTÃO

**(FIP)** Observe a sequência de frases abaixo e responda a seguir.

(1) E no dia lindo vi que vinhas vindo, minha vida. (Guilherme de Almeida)

(2) Conhecer as manhas e as manhãs. (Almir Sater e Renato Teixeira)

(3) E as cantilenas de serenos sons amenos fogem fluidas. (Eugênio de Castro)

Nas frases apresentadas em (1), (2) e (3), temos, respectivamente, as seguintes figuras de estilo que exploram a sonoridade das palavras:

a) assonância, paranomásia e aliteração.
b) onomatopeia, assonância e paranomásia.
c) aliteração, onomatopeia e assonância.
d) paranomásia, assonância e aliteração.
e) assonância, onomatopeia e paranomásia.

*Resposta:* "a"

1. repetição de consoante: **aliteração** =vi que vinhas vindo, minha vida;
2. sons parecidos: **paronomásia** = manhas e as manhãs;
3. repetição de vogais: **assonância** = E as cantilenas de serenos sons amenos fogem fluidas.

## 1.24. Onomatopeia

### APLICAÇÃO DA REGRA

É a reprodução na forma de palavras os **sons** da realidade.

- Os sinos faziam **blem, blem, blem, blem.**
- **Miau, miau.** (Som emitido pelo gato)

- **Tic-tac, tic-tac** fazia o relógio da sala de jantar.
- **Cócórócócó**, fez o galo às seis da manhã.

**PEGADINHA** DA BANCA

Obrigatoriamente, deve haver imitação de som em geral.

**EXEMPLO** DE QUESTÃO

- **(CONSULPLAN)** No trecho "Ou quando eu tchum no colchão/É quando ela tchan no cenário", as expressões "tchum" e "tchan" correspondem, respectivamente, a:

  a) Onomatopeia e onomatopeia
  b) Aliteração e aliteração
  c) Prosopopeia e prosopopeia
  d) Zeugma e zeugma

  *Resposta:* "a"

  Não há dúvida de que as palavras reproduzem os sons das ações. Fácil! Observação: CONSULPLAN elabora provas de bancos.

## 2. VÍCIOS DE LINGUAGEM

### 2.1. Pleonasmo vicioso ou redundância

**APLICAÇÃO** DA REGRA

Há repetição desnecessária de uma informação na frase.

**PEGADINHA** DA BANCA

- Caso no edital não se exijam figuras de linguagem, pode ser pedido em correspondência oficial.
- O pleonasmo é considerado vício de linguagem quando usado desnecessariamente, no entanto, quando usado para reforçar a mensagem, constitui uma figura de linguagem.

**EXEMPLO** DE QUESTÃO

- **(FCC)** A expressão que apresenta um pleonasmo na correspondência é

a) então.
b) além disso.
c) rogamos que.
d) reiterar outra vez.
e) casualmente.

*Resposta:* "d"

*Reiterar* significa *dizer ou fazer novamente; insistir, repetir, renovar.* Sendo assim, há redundância.

- **(CONSESP)** Em "Ele desceu para baixo agora mesmo.", o Vício de Linguagem expresso é

a) Solecismo.
b) Cacofonia ou cacófato.
c) Barbarismo.
d) Estrangeirismo.
e) Pleonasmo vicioso.

*Resposta:* "e"

Diferentemente do pleonasmo tradicional, tem-se pleonasmo vicioso quando há repetição desnecessária de uma informação na frase: se desceu, só pode ter sido para baixo.

Exemplos clássicos: Entrei *para dentro* de casa quando começou a anoitecer. Hoje fizeram-me uma surpresa *inesperada.* Encontraremos *outra* alternativa para esse problema.

## 2.2. Barbarismo

**APLICAÇÃO DA REGRA**

É o desvio da norma culta.

**PEGADINHA DA BANCA**

Pode ocorrer em:

- **Pronúncia**

| Silabada | Cacoépia | Cacografia |
|---|---|---|
| erro na pronúncia do acento tônico. Solicitei à cliente sua *rú*brica. (ru*bri*ca) | erro na pronúncia dos fonemas. Estou com *po*blemas a resolver. (*pro*blemas) | erro na grafia ou na flexão de uma palavra. Eu *ad*vinhei quem ganharia o concurso. (*adi*vinhei) |

- **Morfologia**
  - Se eu *ir* aí, vou me atrasar. (*for*)
  - Sou a aluna *mais maior* da turma. (*maior*)

- **Semântica**
  - José *comprimentou* seu vizinho ao sair de casa. (cumprimentou)

**EXEMPLO** DE QUESTÃO

- **(TJ-SC)** Assinale a alternativa que **NÃO** apresenta o vício de linguagem denominado barbarismo:

a) Os políticos terão de correr atrás do prejuízo inflingido à sua credibilidade.

b) Depois de receber o ouro, o atleta disse que outras medalhas ainda podem vim.

c) Para que não mais infrinjamos as normas de trânsito, basta querermos.

d) Somas vultuosas serão gastas em reforma e construção de estádios.

e) Quando o sol se pôr, eles estarão longe.

*Resposta:* "c"

***Infringir é não respeitar nem obedecer; violar uma lei e/ou uma norma; transgredir.***

Correções necessárias, ou seja, barbarismos:

a) **infligindo** = aplicar pena, castigo ou punição por alguma coisa.

b) ... podem **vir**.

c) Somas **vultosas** = consideráveis; de tamanho exagerado; em excesso.

d) Quando o sol se **puser** = verbo no futuro do subjuntivo.

## 2.3. Solecismo

**APLICAÇÃO** DA REGRA

É o desvio de sintaxe, podendo ocorrer nos seguintes níveis:

| | |
|---|---|
| **Concordância** | *Haviam* muitos alunos naquela sala. (Havia) |
| **Regência** | Eu assisti *o* filme em casa. (ao) |
| **Colocação** | Dancei tanto na festa que não aguentei-*me* em pé. (não *me* aguentei em pé) |

**PEGADINHA DA BANCA**

Pode ser exigido em questões de sintaxe, já que se trata de erro sintático.

**EXEMPLO DE QUESTÃO**

- **(OBJETIVA)** Em relação aos vícios de linguagem e seus respectivos exemplos, numerar a 2ª coluna de acordo com a 1ª e, após, assinalar a alternativa que apresenta a sequência **CORRETA**:

| | |
|---|---|
| (1) Barbarismo. | ( ) Eu assisti o filme em casa. |
| (2) Solecismo. | ( ) Solicitei à cliente sua rúbrica. |
| (3) Cacofonia. | ( ) Uma mão lava a outra. |

a) 2 - 3 - 1.

b) 3 - 2 - 1.

c) 1 - 2 - 3.

d) 2 - 1 - 3.

*Resposta:* "d"

**Observação:** questão 2015.

❶ Eu assisti ao filme = erro de regência verbal: solecismo (desvio de sintaxe).

❷ Solicitei à cliente sua **rubrica**= erro de acentuação (pronúncia): barbarismo

❸ Uma mão = um mamão: cacofonia.

## 2.4. Ambiguidade ou anfibologia

**APLICAÇÃO DA REGRA**

Ocorre duplicidade de sentido da frase.

- Ana disse à amiga que *seu* namorado havia chegado. (O namorado é de Ana ou da amiga?)
- O pai falou com o filho caído no chão. (Quem estava caído no chão? Pai ou filho?)

**PEGADINHA DA BANCA**

Não apresenta necessariamente dois sentidos, pode ser mais. Comum ocorrer em charge (quadrinhos) e no uso de pronome possessivo.

EXEMPLO DE QUESTÃO

▶ **(TJ-SC)** A frase "Este tribunal recebeu a informação de que a empresa Marca X estaria sendo vendida por volta das 21 horas de terça-feira" apresenta o vício de linguagem denominado:

a) Cacofonia.
b) Eco.
c) Pleonasmo.
d) Ambiguidade.
e) Barbarismo.

*Resposta:* "d"

Possui mais de um sentido:

❶ Este tribunal recebeu a informação por volta das 21 horas de terça-feira;

❷ A empresa Marca X estaria sendo vendida por volta das 21 horas de terça-feira.

## 2.5. Cacofonia

APLICAÇÃO DA REGRA

A junção de duas ou mais palavras na frase provoca som desagradável ou palavra inconveniente.

- U*ma mão* lava outra. (mamão)
- *Vi ela* na esquina. (viela)
- Dei um beijo na bo*ca dela*. (cadela)

PEGADINHA DA BANCA

Tente pronunciar as palavras rapidamente. Claro que na hora da prova, não é aconselhável falar, apenas pense.

EXEMPLO DE QUESTÃO

▶ **(UNIRIO)** Expressões como "nunca gostou", "conforme já", "vem sendo", "por cada" devem ser evitadas no texto radiofônico porque são exemplos de

a) aliteração.
b) hipérbole.

c) cacofonia.

d) onomatopeia.

e) eufemismo.

*Resposta:* "c"

Vamos aos novos sons:

❶ Nunca **go**stou;

❷ Confor**me já**;

❸ Vencendo;

❹ Porcada.

## 2.6. Eco

**APLICAÇÃO** DA REGRA

Palavras na frase com terminações iguais ou semelhantes, provocando dissonância.

- A divulgaç*ão* da promoç*ão* n*ão* causou comoç*ão* na populaç*ão*.

**PEGADINHA** DA BANCA

Ocorre em textos mal escritos.

**EXEMPLO** DE QUESTÃO

Como é raro ser pedido em prova, a questão foi criada.

- **(Duda Nogueira - Questão inédita)** Em "O garoto repetente mente alegremente", há eco e cacofonia.

( ) certo ( ) errado

*Resposta:* "errado"

Ocorre somente a repetição de palavras terminadas pelo mesmo som eco.

## 2.7. Hiato

**APLICAÇÃO** DA REGRA

Há uma sequência de vogais que provocam dissonância.

- *Eu a a*mo.
- *Ou eu ou a ou*tra ganhará o concurso.

PEGADINHA DA BANCA

Não se trata do hiato estudado em acentuação - fonética. Não confundir com assonância.

EXEMPLO DE QUESTÃO

▶ **(Duda Nogueira - Questão inédita)** Assinale a alternativa errada quanto aos vícios de linguagem.

a) Na pesquiza realizada ontem, não obtivemos bom resultado = barbarismo.
b) Fazem alguns anos que ele estuda para concursos = solecismo.
c) O policial deteve o assassino em sua casa = ambiguidade.
d) Ladrão que rouba ladrão tem cem anos de perdão = eco.
e) Eu o ouvirei amanhã = assonância.

*Resposta:* "e"
Em "o ouvirei" existe hiato e não assonância.

**Assonância**: repetição de sons vocálicos, em sílabas tônicas de palavras distintas ou na mesma frase **para obter certos efeitos de estilo**.

**Hiato:** sequência de vogais empregadas muito próximas e que provocam dissonância na frase.

## 2.8. Colisão

APLICAÇÃO DA REGRA

Há repetição de consoantes iguais ou semelhantes, provocando dissonância.

✦ *Su*a *sa*ia *su*jou.

PEGADINHA DA BANCA

Não confundir com aliteração – figura de som.

EXEMPLO DE QUESTÃO

▶ **(Duda Nogueira - Questão inédita)**

I. "Vozes veladas, veludosas vozes,
Volúpias dos violões, vozes veladas,
Vagam nos velhos vórtices velozes
Dos ventos, vivas, vãs, vulcanizadas" (Cruz e Souza)

II. "Minha mamãe me mandou mudar os meus modos."
III. "Boi bem bravo, bate baixo, bota baba, boi berrando" (Guimarães Rosa).
IV. "Saia sua sonsa de Salvador e sofra de saudade."

Há colisão em:

a) I e II
b) II e IV
c) I e III
d) III e IV
e) II e III

*Resposta:* "b"

I. Aliteração;
II. Colisão;
III. Aliteração;
IV. Colisão.

**DICA**

- A **colisão** é um vício de linguagem, isto é, ocorre quando há **dissonância** provocada pela repetição de consoantes iguais ou semelhantes.
- A **aliteração** é a **repetição de sons consonantais**, podendo ser eles iniciais, ou integrantes da sílaba tônica, ou mais distribuídos irregularmente em vocábulos próximos.

– Não são idênticas?

– Sim. A diferença está no uso: se o escritor usa a repetição voluntária como função poética da linguagem é aliteração, se o faz por falta de acuidade linguística, é colisão. Por isso o assunto é pouco exigido em provas de concursos públicos.

# PARTE II

# Interpretação de textos

# Interpretação de textos

## 1. IDENTIFICAÇÃO DA TESE

Um texto dissertativo possui uma tese que é defendida pelo autor. Em algumas questões de interpretação de texto, é comum que haja a necessidade de se identificar qual é a tese apresentada.

**APLICAÇÃO DA REGRA**

Apesar de não haver uma regra para identificar a tese em um texto dissertativo, há um lembrete que pode funcionar: usualmente, a tese vem apresentada logo nas primeiras linhas de um texto.

**PEGADINHA DA BANCA**

A pegadinha que a banca pode formular para o candidato consiste em inverter a tese apresentada. Nada difícil, basta ler com atenção.

**EXEMPLO DE QUESTÃO**

▸ **(FGV - 2010 - PC-AP - Delegado de Polícia)** O desafio da violência

A VIOLÊNCIA, em diversas formas, foi variável fundamental na constituição da sociedade brasileira. A ocupação europeia do hoje território brasileiro foi feita mediante a destruição de centenas de culturas indígenas e da morte de milhões de ameríndios.

Por outro lado, a instituição da escravidão, implicando uma dominação violenta, física e simbólica, atingiu os índios e depois, principalmente, a mão de obra africana que, durante quase quatro séculos, foi objeto do tráfico.

Portanto, a sociedade brasileira tradicional, a partir de um complexo equilíbrio de hierarquia e individualismos, desenvolveu o uso da violência, mais ou menos legítimo, por parte de atores sociais bem definidos. No entanto, o panorama atual apresenta algumas características que alteram e agravam o quadro tradicional.

A urbanização acelerada, com o crescimento desenfreado das cidades, as fortes aspirações de consumo, em boa parte frustradas, dificuldades no mercado de trabalho e conflitos de valores são algumas variáveis que concorrem para tanto. Ninguém mais se sente seguro: nem empresas nem indivíduos. Elites e classes médias têm suas casas assaltadas. O que dizer das camadas populares, secularmente vitimizadas? Nas favelas, nos conjuntos habitacionais, nas periferias, os criminosos fazem praticamente o que querem, seviciando, estuprando e matando. As pessoas são humilhadas e desrespeitadas de todos os modos. O poder público tem se mostrado, no mínimo, incapaz de enfrentar essa catástrofe.

Sem dúvida, a pobreza, a miséria e a iniquidade social constituem, historicamente, campo altamente propício para a disseminação da violência. No entanto, creio que não tem sido dada a devida atenção para a dimensão moral, ética e do sistema de valores como um todo, para a compreensão desse fenômeno. A perda de credibilidade e de referências simbólicas significativas destrói expectativas de convivência social elementares. A família, a escola e a religião não têm sido capazes, por sua vez, de resistir à deterioração de valores. Na sociedade tradicional, com sua violência constitutiva, existiam mecanismos de controle social que marcaram uma moralidade básica compartilhada. Sem dúvida, continuam existindo áreas e grupos sociais que preservam e se preocupam com essas questões. Certamente a maioria das pessoas não é violenta ou corrupta. No entanto, o clima geral de impunidade incentiva a utilização de recursos e estratégias criminosas.

Desenvolvem-se, inevitavelmente, soluções do tipo "justiça pelas próprias mãos", que aumentam ainda mais a violência e a insegurança. Policiais, bandidos, justiceiros e seguranças travam batalhas diárias matando e pondo em risco a segurança de toda a população. O fenômeno das "balas perdidas", expressão desses conflitos, é difícil de ser explicado para pessoas que não vivem nas cidades brasileiras. O fato de qualquer pessoa em qualquer de seus bairros estar exposta a esse tipo de perigo ilustra, de modo dramático, a intensidade da crise.

Como construir e sustentar um projeto nacional nessas circunstâncias? A sociedade civil, por si só, é insuficientemente organizada para enfrentar esses desafios e criar alternativas legítimas para o enfrentamento da violência. Só o Estado, reformado e renovado, incluindo o Legislativo e o Judiciário, poderá dispor de meios e recursos, articulado à opinião pública, para reverter essa ameaça de colapso. Estou falando, bem entendido, de regime democrático e não de ditaduras salvacionistas.

Hoje um projeto capaz de mobilizar a nação passa, inevitavelmente, pelo estabelecimento de uma política efetiva de segurança pública dentro da ordem democrática. Só assim poderemos implementar e consolidar nossa precária cidadania, condição básica para o futuro da nação brasileira.

(VELHO, Gilberto. Violência: faces e máscaras. In: www.scielo.br – com adaptações)

Uma das teses defendidas pelo autor é a de que:

a) a sociedade civil, embora seja desorganizada, pode barrar o avanço da violência se amparada pelos demais poderes do Estado.
b) ainda que a miséria e a pobreza possam contribuir para a propagação da violência, é a crise moral a grande responsável pelo seu agravamento.
c) um projeto nacional de combate à violência inclui a disponibilidade de verbas e a ampla liberdade de aplicação dos poderes repressivos reservados ao Estado.
d) no passado, mesmo que violenta, a sociedade era rigorosamente controlada; hoje, família, escola e religião são instituições imorais e/ou corruptas.
e) a corrupção como característica natural do brasileiro tem origem nas culturas ameríndia e africana que estão na base de nossa formação.

*Resposta:* B

Comentário: existe um trecho do texto que apresenta precisamente uma das teses defendidas pelo autor. Ele a desenvolve em um tópico frasal que é apenas reelaborado na sentença. Está no quinto parágrafo. Veja o trecho em questão: *Sem dúvida, a pobreza, a miséria e a iniquidade social constituem, historicamente, campo altamente propício para a disseminação da violência. No entanto, creio que não tem sido dada a devida atenção para a dimensão moral, ética e do sistema de valores como um todo, para a compreensão desse fenômeno.* Apesar de não aparecer nas primeiras linhas do texto, surgiu nas primeiras linhas do parágrafo e, na alternativa, aparece com uma pequena alteração na redação do trecho.

## 2. IDENTIFICAÇÃO DA ARGUMENTAÇÃO

Diversas questões exigem que o candidato identifique a estratégia argumentativa adotada pelo autor do texto. Mesmo que não seja necessariamente a estratégia adotada, eventualmente, há questões que exigem a identificação de qual balizador argumentativo foi empregado na construção do texto.

### APLICAÇÃO DA REGRA

No momento de buscar esses indícios, o candidato deve levar em consideração algumas das estratégias mais empregadas, tais como a inserção de citações de especialistas em algum assunto, o desenvolvimento por alusão história, por uma relação de causa e consequência e a simples enumeração de fatos. Eventualmente, a questão também pode exigir que o candidato perceba qual é o ponto de centralização da argumentação.

**PEGADINHA** DA BANCA

Não é comum haver pegadinhas com esse tipo de questão.

**EXEMPLO** DE QUESTÃO

▸ **(CESPE - 2009 - PC-PB - Delegado de Polícia)** As mudanças e transformações globais nas estruturas políticas e econômicas no mundo contemporâneo colocam em relevo as questões de identidade e as lutas pela afirmação e manutenção das identidades nacionais e étnicas. Mesmo que o passado que as identidades atuais reconstroem seja, sempre, apenas imaginado, ele proporciona alguma certeza em um clima que é de mudança, fluidez e crescente incerteza. As identidades em conflito estão localizadas no interior de mudanças sociais, políticas e econômicas, mudanças para as quais elas contribuem.

Tomaz Tadeu da Silva (Org.). Stuart Hall e Kathryn Woodward. Identidade e diferença – A perspectiva dos estudos culturais. Petrópolis: Vozes, 2004, p. 24-5 (com adaptações).

A argumentação textual se apoia na ideia de que

a) as transformações globais decorrem de conflitos de identidades nacionais e étnicas.
b) as lutas pela afirmação e manutenção das estruturas globais são necessárias.
c) as identidades atuais padecem de incerteza porque são apenas imaginadas.
d) as identidades não são fixas e integram as mudanças sociais e políticas.
e) as lutas pelas transformações sociais são o conflito de identidades.

*Resposta:* D

O trecho do texto que revela essa parte da argumentação é: *As identidades em conflito estão localizadas no interior de mudanças sociais, políticas e econômicas, mudanças para as quais elas contribuem.*

## 3. SEQUENCIAÇÃO DE TEXTO

Há algumas questões que exigem a sequenciação de parágrafos no texto. Trata-se da análise de progressão. É preciso um pouco de experiência em leitura para poder acertar esse tipo de questão com facilidade.

**APLICAÇÃO** DA REGRA

A sugestão é que o candidato tente perceber como os elementos que iniciam os parágrafos podem retomar os que encerram outros. Ou seja, perceber a entrada e a saída de cada parágrafo, a fim de identificar sua relação de coesão.

## PEGADINHA DA BANCA

A banca pode apostar no emprego de pronomes na introdução dos parágrafos para tentar confundir. Nessa situação, fique de olho no gênero dos pronomes e na forma de realizar a retomada.

## EXEMPLO DE QUESTÃO

- **(ESAF - 2016 - ANAC - Técnico Administrativo)** Os trechos abaixo constituem um texto, mas estão fora de ordem. Ordene-os nos parênteses e assinale a opção que traz a sequência correta, de modo que se obtenha um texto com coesão e progressão coerente de ideias.

( ) Até o ano 2000, 90% da receita da Embraer vinha do mercado de aeronaves comerciais. Naquele ano, no entanto, a empresa passou a diversificar sua produção.

( ) A Embraer deve seu sucesso, primeiro, ao fato de nunca ter abandonado o padrão de excelência que lhe deu origem.

( ) O resultado foi que, em pouco mais de uma década, as linhas Legacy, Phenom e Lineage venderam mais de 700 jatos executivos.

( ) No campo estratégico, a partir da privatização, em 1994, adotou princípios fundamentais: a diversificação de produtos e clientes, o estabelecimento de parcerias internacionais e a alocação contínua de investimentos pesados.

( ) A Embraer é, ainda hoje, a empresa privada que mais atrai estudantes do ITA, e só em cursos de treinamento e aprimoramento de seus profissionais investe 9 milhões de reais por ano.

Baseado em PieterZalis e Bela Megale, "Made in Brazil", Veja, 11/06/2014, p. 68/69.

a) 4, 1, 5, 3, 2
b) 1, 2, 3, 4, 5
c) 1, 3, 4, 2, 5
d) 5, 4, 2, 3, 1
e) 4, 3, 1, 5, 2

*Resposta:* A

Comentário: veja como fica a sequência correta do texto:

**A Embraer deve seu sucesso**, primeiro, ao fato de nunca ter abandonado o padrão de excelência que lhe deu origem.

**A Embraer** é, ainda hoje, a empresa privada que mais atrai estudantes do ITA, e só em cursos de treinamento e aprimoramento de seus profissionais investe 9 milhões de reais por ano.

**No campo estratégico**, a partir da privatização, em **1994**, adotou princípios fundamentais: a diversificação de produtos e clientes, o estabelecimento de parcerias internacionais e a alocação contínua de investimentos pesados.

**Até o ano 2000**, 90% da receita da Embraer vinha do mercado de aeronaves comerciais. Naquele ano, no entanto, a empresa passou a diversificar sua produção.

**O resultado foi que**, em pouco mais de uma década, as linhas Legacy, Phenom e Lineage venderam mais de 700 jatos executivos.

Observe os elementos destacados no texto: o primeiro é a abertura do tópico frasal do texto, ou seja, ele anuncia qual será o assunto abordado. Esse tópico é retomado no início do segundo parágrafo pelo sujeito da sentença. Abre-se uma especificação "no campo estratégico" para iniciar a progressão do assunto, que culmina em uma relação temporal – note-se a menção ao ano de 1994 e ao ano 2000. A conclusão do texto, evidente, começa com uma palavra que a posiciona no lugar correto – resultado.

## 4. IDENTIFICAÇÃO DE SENTIDO – SEMÂNTICA

Não raro, surgem questões sobre identificação do sentido de algumas palavras. Não há muito segredo nessa situação. Além de ser necessário um bom vocabulário, o sentido de alguns vocábulos pode ser percebido pela leitura dos elementos que estão no entorno da palavra.

### APLICAÇÃO DA REGRA

Como não há uma regra para isso, não há um exemplo de aplicação. Isso ficará a cargo da questão.

### PEGADINHA DA BANCA

Provavelmente, a banca apostará no emprego de um termo cognato (de mesma raiz) para tentar confundir a identificação do sentido.

### EXEMPLO DE QUESTÃO

**(CESPE - 2014 - Polícia Federal - Conhecimentos Básicos - Nível Superior)**

Polícia é um vocábulo de origem grega (*politeia*) que passou para o latim (*politia*) com o mesmo sentido: governo de uma cidade, administração, forma de governo. No entanto, com o decorrer do tempo, assumiu um sentido particular, passando a representar a ação do governo, que, no exercício de sua missão de tutela da ordem jurídica, busca assegurar a tranquilidade pública e a proteção da sociedade contra violações e malefícios.

Internet: (com adaptações).

Sem prejuízo da coerência textual, a palavra "tutela" (l.6) poderia ser substituída por proteção.

( ) Certo ( ) Errado

*Resposta:* Certo.

Comentário: tutelar é um sinônimo de proteger. Percebe-se isso pela leitura da sentença em que o vocábulo aparece: missão de tutela da ordem – missão de proteção da ordem.

## 5. REESCRITA DE SENTENÇA – MANUTENÇÃO DO SENTIDO

Nas questões cujo assunto é reescrita de sentenças, é preciso prestar muita atenção para a posição dos elementos e para as simples trocas de vocábulos. O maior destaque fica para os advérbios, para os adjetivos e para as preposições.

### APLICAÇÃO DA REGRA

Veja a reconstrução dessa sentença:

- Havia uma notificação sobre a mesa. (Em cima)
  Havia uma notificação sob a mesa. (Embaixo)
- Havia uma notificação para a mesa. (Destino)
  Havia uma notificação da mesa. (Relação)

Note que apenas as preposições foram trocadas, e isso já criou grande alteração de sentido.

### PEGADINHA DA BANCA

Em minha opinião, a maior pegadinha que a banca examinadora pode empreender é propor uma questão de reescrita e focalizar apenas a correção gramatical. Nesse sentido, o candidato fica preocupado com a mudança de sentido que pode ocorrer, à toa, pois não é o que está sendo avaliado. A recomendação é que você preste muita atenção na hora de ler o comando da questão, a fim de identificar o que está, de fato, sendo cobrado.

### EXEMPLO DE QUESTÃO

- **(CESPE - 2010 - INCA - INCA 2010 - Conhecimentos Básicos – PARTE I - Nível Médio)**

A disseminação do vírus H1N1, causador da gripe denominada Influenza A, ocorre, principalmente, por meio das gotículas expelidas na tosse e nos espirros, do contato com as mãos e os objetos manipulados pelos doentes e do contato com material gastrointestinal. O período de incubação vai de dois a sete dias, mas a maioria dos pacientes pode espalhar o vírus desde o primeiro dia de contaminação, antes mesmo do surgimento dos sintomas, e até aproximadamente sete dias após seu desaparecimento. Adverte-se, pois, que as precauções com secreções respiratórias são de importância decisiva, motivo pelo qual são recomendados cuidados especiais com a higiene e o isolamento domiciliar ou hospitalar, segundo a gravidade de cada caso.

Diário do Nordeste (CE), Editorial, 11/1/2010.

A substituição de "pelo qual" (l.11), pelo termo por que mantém a correção gramatical e o sentido do período.

( ) Certo ( ) Errado

*Resposta:* certo.

Comentário: a troca proposta foi a de um pronome relativo antecedido de preposição (em uma forma variável – pelo qual) por um pronome relativo antecedido de preposição (em uma forma invariável – por que), situação que não altera o sentido e não prejudica a correção gramatical do período.

## 6. INFERÊNCIA E DEPREENSÃO

Quando os termos "infere-se" ou "depreende-se" surgem em uma questão, muita gente fica desesperada, pois tem certeza de que vai errar a resposta. Calma! Apesar de você ter vontade de sempre pular esse tipo de questionamento, cabe fazer um esclarecimento a respeito, o qual talvez possa ajudar.

### APLICAÇÃO DA REGRA

Em regra, inferir ou depreender significa "concluir com base na leitura". Quero dizer que, nas questões de inferência, a banca examinadora exigirá que você encontre uma "âncora" para garantir a interpretação. Isso pode ser uma palavra, um segmento do texto, qualquer coisa que valide o seu raciocínio.

### PEGADINHA DA BANCA

Entenda que a banca não vai muito longe do texto, e que é comum a utilização de termos sinônimos ou de extensão de sentidos.

### EXEMPLO DE QUESTÃO

- **(CESPE - 2011 - AL-CE - Analista Legislativo - Língua Portuguesa – Gramática Normativa e Revisão Ortográfica)**

Os deputados e senadores devem ser eleitos para um período de cinco anos, tempo suficiente para que eles realmente tomem consciência dos problemas e soluções das regiões que representam e formulem projetos de interesse público dentro das leis vigentes. Um tempo menor pode dificultar os trabalhos dos representantes populares, e um maior pode consolidar no cargo a incompetência e a inutilidade de alguns senadores e deputados, o que frustraria a vontade e os interesses dos eleitores.

Figueiredo, 1999 (com adaptações)

Infere-se do texto que há deputados e senadores incompetentes.

( ) Certo ( ) Errado

*Resposta:* certo.

O elemento que ancora essa inferência é o verbo "consolidar", na seguinte passagem do texto: *Um tempo menor pode dificultar os trabalhos dos representantes populares, e um maior pode consolidar no cargo a incompetência e a inutilidade de alguns senadores e deputados.* Ora, se o tempo maior pode **consolidar** a incompetência, significa que é possível compreender que há deputados e senadores que são incompetentes, ainda que não tenha sido demonstrado completamente.



## 7. TRADUÇÃO DE SENTIDO

Abro um espaço para falar de uma questão particular de uma banca examinadora. Trata-se de uma questão de interpretação da banca FCC. Em algumas provas, a banca pede para que o candidato consiga identificar a tradução de sentido de uma sentença para outra. Muitos alunos sofrem com essas questões. Não vou mentir: algumas são bem chatas.

**APLICAÇÃO** DA REGRA

Não há uma regra para acertar essas questões, mas a dica é buscar a relação de sinônimos em todas as alternativas.

**PEGADINHA** DA BANCA

A banca não formula pegadinhas, na verdade, aposta em vocábulos menos conhecidos.

**EXEMPLO** DE QUESTÃO

▸ **(FCC - 2002 - TRE-CE - Analista Judiciário - Área Administrativa)** Considerando-se o contexto, o sentido de uma expressão do texto está corretamente traduzido em:

a) diz respeito ao interesse comum = relaciona-se com a vontade geral.

b) ingênuos seguidores = adeptos mais radicais.
c) é aí que se insere a sua famosa distinção = é aí que se contesta sua célebre equação.
d) visão essencialmente pessimista = perspectiva extremamente ambígua.
e) corrompem-se irremediavelmente = praticam a corrupção sem remorso.

*Resposta:* A

Comentário: veja que "diz respeito" é sinônimo de "relacionar-se"; que "ao interesse comum" é sinônimo de "com a vontade geral". Por isso, alternativa está correta. Aplique o mesmo princípios de análise aos outros elementos e verá como fica fácil acertar a questão.

## 8. SEMÂNTICA TOPOGRÁFICA

Semântica relaciona-se com sentido, topográfica relaciona-se com o lugar. Desse modo, temos um tipo de questão que se preocupa com a mudança do sentido de uma expressão com base na alteração da posição de um vocábulo.

**APLICAÇÃO** DA REGRA

Veja os pares:

- Grande amigo X Amigo grande.
- Simples pessoa X Pessoa simples.

Em todos os casos, houve alteração do sentido original da sentença. Isso pode ser alvo de questões.

**PEGADINHA** DA BANCA

Nem sempre há mudança de sentido, a exemplo de expressões como "bela casa X casa bela". Fique de olho para não errar.

**EXEMPLO** DE QUESTÃO

▶ **(CESPE - 2011 - SEDUC-AM - Professor - Língua Portuguesa)** O termo "velho" constitui exemplo de adjetivo cujo sentido é alterado conforme a posição em relação ao substantivo que modifica no sintagma — velho servidor / servidor velho.

*Resposta:* certo.

Comentário: na primeira forma de escrever o sintagma, o adjetivo significa "que possui experiência", "que o é há muito tempo"; na segunda forma, significa "de idade avançada". Ocorre mudança de sentido pela alteração da posição do adjetivo.

# PARTE III

# Redação oficial

# Redação oficial

## 1. QUEM COMUNICA NA REDAÇÃO OFICIAL?

Na redação oficial, há apenas um comunicador, o serviço público. O particular até pode redigir um documento como um requerimento, mas não tem valor legal.

**PEGADINHA** DA BANCA

A banca examinadora é taxativa e formula a pergunta de modo a tentar confundir o candidato, para que ele pense que é incorreto considerar o serviço púbico como o único comunicador.

**EXEMPLO** DE QUESTÃO

- **(CESPE - TA/ANATEL/Administrativo/2014)** Em relação às correspondências oficiais, julgue o seguinte item.

  As comunicações oficiais devem nortear-se pela uniformidade, pois há sempre um único comunicador: o serviço público.

  ( ) Certo ( ) Errado

  *Resposta:* Certo

  Comentário: inicialmente, vejamos a previsão "legal" que possuímos para analisar tal questao. O MRPR, em seu disposto 1.3 (a respeito de Formalidade e Padronização) doutrina que:

  A formalidade de tratamento vincula-se, também, à necessária uniformidade das comunicações. Ora, se a administração federal é una, é natural que as comunicações que expede sigam um mesmo padrão. O estabelecimento desse padrão, uma das metas deste Manual, exige que se atente para todas as características da redação oficial e que se cuide, ainda, da apresentação dos textos.

  Desse modo, fica evidente que na relação comunicativa, que envolve três pontos fundamentais (comunicador, mensagem e receptor). Uma vez que para expedientes oficiais, o caráter só é oficial em razão da comunicação ser feita pelo serviço público, a uniformidade da comunicação é critério fundamental. Essa questão também encontra respaldo no princípio da Impessoalidade comunicativa.

## 2. RELAÇÃO ENTRE REDAÇÃO OFICIAL E DIREITO ADMINISTRATIVO

Existe uma relação entre o Direito Administrativo e a redação de expediente: os princípios da impessoalidade e da formalidade são comuns para ambos, uma vez que os documentos têm finalidade pública e que devem ser acessíveis a toda a população.

### PEGADINHA DA BANCA

Não caia no erro de confundir os conceitos. Apenas dois princípios são comuns para o Direito Administrativo e para a redação oficial. Os demais que estão positivados no texto constitucional – legalidade, moralidade e eficiência – não são mencionados pelo Manual de Redação da Presidência.

### EXEMPLO DE QUESTÃO

- **(CESPE - TA/ANATEL/Administrativo/2014)** Em relação às correspondências oficiais, julgue o seguinte item.

  Os princípios da publicidade e da impessoalidade, que regem toda a administração pública, devem nortear a elaboração das comunicações oficiais.

  ( ) Certo ( ) Errado

  *Resposta:* Certo

  Comentário: a fundamentação dessa questão se encontra nos princípios do estudo do Direito Administrativo e na parte inicial do MRPR. Segundo o referido manual (seção 1 – sobre a definição de Redação Oficial):

  A redação oficial deve caracterizar-se pela impessoalidade, uso do padrão culto de linguagem, clareza, concisão, formalidade e uniformidade. Fundamentalmente esses atributos decorrem da Constituição, que dispõe, no artigo 37: "A administração pública direta, indireta ou fundacional, de qualquer dos Poderes da União, dos Estados, do Distrito Federal e dos Municípios obedecerá aos princípios de legalidade, impessoalidade, moralidade, publicidade e eficiência (...)". Sendo a publicidade e a impessoalidade princípios fundamentais de toda administração pública, claro está que devem igualmente nortear a elaboração dos atos e comunicações oficiais.

Com isso, entende-se claramente que os dois princípios da administração pública (impessoalidade e publicidade) devem nortear a elaboração dos documentos oficiais. Também seria lícito pensar que tais documentos serão públicos e que devem primar por uma comunicação ausente de impressões pessoais do comunicador.

## 3. LINGUAGEM DA REDAÇÃO OFICIAL

A linguagem na redação de expediente deve ser isenta de incorreções gramaticais, de regionalismos e de gírias. A linguagem técnica só pode ser empregada em situações necessárias. Jargões devem ser evitados a todo custo.

**PEGADINHA DA BANCA**

É bem provável que a banca examinadora tente abrir algum precedente na questão, afirmando que é possível aplicar jargões ou gírias.

**EXEMPLO DE QUESTÃO**

- **(CESPE - TA /ANATEL/Administrativo/2014)** Em relação às correspondências oficiais, julgue o seguinte item.

  Na elaboração das comunicações oficiais, deve-se empregar, sempre, o padrão culto da linguagem, admitindo-se o emprego dos jargões técnicos, mas não de regionalismos e gírias.

  ( ) Certo ( ) Errado

  *Resposta:* Errado

  Comentário: tomando como base o que o MRPR ensina a respeito da linguagem na Redação Oficial, torna-se cristalino o ensinamento a respeito do emprego do Padrão Culto de Linguagem. Nessa parte da doutrina, o Manual orienta que não se pode empregar jargão técnico ou burocrático de natureza alguma. Não se confunda tal informação com a noção relacionada ao emprego da linguagem técnica – pois, quando necessário, ela deve ser empregada. O termo que faz a questão ficar evidentemente incorreta é "jargão".

## 4. LINGUAGEM DA REDAÇÃO OFICIAL 2

A linguagem da redação oficial não deve conter rebuscamentos, prezando sempre pela simplicidade e pela clareza. Isso vale para todos os documentos.

**PEGADINHA DA BANCA**

O elaborador da prova pode afirmar que rebuscamento gramatical é reservado a documentos mais complexos – o que não é verdade, pois todos os documentos se pautam pela mesma regra.

**EXEMPLO DE QUESTÃO**

- **(CESPE - TJ/TJDFT/2013)** Acerca das correspondências oficiais, julgue o item seguinte.

O memorando, que se caracteriza pela rapidez e simplicidade de procedimentos burocráticos, deve ser redigido sem rebuscamentos acadêmicos e sem linguagem estritamente técnica, aspectos específicos da redação de documentos oficiais mais complexos, como a exposição de motivos.

( ) Certo ( ) Errado

*Resposta:* Errado

Comentário: a questão está correta até a parte em que fala a respeito do tipo de documento que exigiria linguagem estritamente técnica e rebuscamentos acadêmicos. Fique claro que rebuscamentos acadêmicos não devem ser empregados em momento algum na Redação Oficial, pois não há um documento que exija esse tipo de linguagem. Considere-se sempre a necessidade de compreensão da mensagem, a qual pode ser prejudicada caso a linguagem empregada esteja em desacordo com o princípio estabelecido, o da clareza.

## 5. PRINCÍPIOS DA REDAÇÃO OFICIAL – CLAREZA

O princípio da clareza exige que o texto oficial seja de entendimento comum a todo e qualquer leitor com o mínimo de instrução. Desse modo, não há restrição de linguagem condicionada a um público específico.

**PEGADINHA DA BANCA**

A banca pode afirmar que a linguagem da redação oficial é restrita apenas aos seus usuários. Isso está errado. Lembre-se do princípio da publicidade.

**EXEMPLO DE QUESTÃO**

- **(CESPE - TJ/TRT 10/Administrativa/2013)** No que se refere a aspectos gerais das correspondências oficiais, julgue o item que se segue segundo o **Manual de Redação da Presidência da República** (MRPR).

O tipo de linguagem empregado em comunicações oficiais é próprio do meio em que estas circulam e, portanto, seu entendimento costuma ficar restrito aos seus usuários.

( ) Certo ( ) Errado

*Resposta:* Errado

Comentário: um dos princípios da Redação Oficial é a clareza. Logo, não é possível conceber um documento cujo texto seja manifestamente escrito para privilegiar o entendimento de apenas um grupo. Isso quer dizer, qualquer texto oficial deve ter sua redação clara, de modo que qualquer indivíduo possa compreender a mensagem transmitida.

## 6. PRINCÍPIOS DA REDAÇÃO OFICIAL – MISTURA DE PRINCÍPIOS

Cada princípio concorre para uma finalidade específica da redação oficial, que vem descrita no Manual de Redação da Presidência da República. O aluno não deve confundi-las.

**PEGADINHA** DA BANCA

Normalmente, a banca examinadora usa dois ou mais princípios para afirmar que eles servirão de base para atingir a um propósito com que não se relaciona.

**EXEMPLO** DE QUESTÃO

- **(CESPE - TJ/TRT 10/Administrativa/2013)** No que se refere a aspectos gerais das correspondências oficiais, julgue o item que se segue segundo o **Manual de Redação da Presidência da República** (MRPR).

  A impessoalidade e o emprego do padrão culto de linguagem garantem a clareza textual, pois evitam que haja ambiguidade no texto.

  ( ) Certo ( ) Errado

  *Resposta:* Errado

  Comentário: não é possível afirmar que esses dois princípios apenas sejam responsáveis por garantir a clareza textual, uma vez que eles apenas contribuem para a clareza textual. A questão deveria fazer menção também ao emprego do padrão culto de linguagem, o que auxilia a evitar erros como o de ambiguidade.

## 7. COLOQUIALIDADE NA REDAÇÃO OFICIAL

Texto coloquial é aquele que é redigido como se fala, sem cuidado e sem atenção às regras gramaticais. Não pode haver coloquialidade na redação oficial.

**PEGADINHA** DA BANCA

A banca vai modificar o conceito de coloquialidade, a fim de confundir o candidato. Usualmente, a banca afirma que a linguagem simples é coloquial.

**EXEMPLO** DE QUESTÃO

- **(CESPE - AJ/TRT 10/Administrativa/"Sem Especialidade"/2013)** Com relação a aspectos gerais das correspondências oficiais, julgue o item a seguir segundo o **Manual de Redação da Presidência da República.**

O emprego de linguagem simples e vocabulário acessível denota coloquialidade, razão por que deve ser evitado em correspondências oficiais.

( ) Certo ( ) Errado

*Resposta:* Errado

Comentário: coloquialidade é um termo que pode ser traduzido como "forma semelhante à fala". Não é essa a situação imposta pelo emprego de linguagem simples e de vocabulário acessível. Esses fatores contribuem para o entendimento da mensagem, por isso a questão está incorreta. Lembre-se de que não se deve buscar linguagem rebuscada ou complexa na Redação Oficial.

## 8. EMPREGO DE IMPRESSÕES PESSOAIS

Não há espaço para impressões pessoais na comunicação oficial. Elas devem ser evitadas a todo custo.

### PEGADINHA DA BANCA

Usualmente, a banca examinadora afirma que e critério do indivíduo que redige a comunicação empregar ou não impressões pessoais no texto oficial.

### EXEMPLO DE QUESTÃO

- **(CESPE - AJ/TRT 10/Administrativa/"Sem Especialidade"/2013)** Com relação a aspectos gerais das correspondências oficiais, julgue o item a seguir segundo o **Manual de Redação da Presidência da República.**

Recomenda-se que o registro de impressões pessoais seja evitado na redação de correspondências oficiais, mas a decisão sobre seguir ou não essa recomendação cabe a quem expede o documento.

( ) Certo ( ) Errado

*Resposta:* Errado

O princípio da impessoalidade ensina que não se devem registrar impressões pessoais em qualquer tipo de documento oficial, ou seja, não é facultado ao emissor esse registro ou não. O termo "impressões pessoais" deve ser memorizado, uma vez que é muito incidente em provas. Ressalte-se que qualquer questão que sugerir o emprego de impressões pessoais estará errada. Em resumo: não empregue impressões pessoais em documentos oficiais. Não confunda a noção de "impressão pessoal" com a noção de "parecer opinativo". Uma opinião fundamentada pode constar de um parecer técnico, e isso não fere o princípio da impessoalidade.

## 9. PODE O PARTICULAR REDIGIR UM DOCUMENTO OFICIAL?

De acordo com o MRPR, não é possível que o particular seja emissor de comunicação oficial. Seu papel pode ser de destinatário do texto, mas nunca de produtor.

**PEGADINHA** DA BANCA

A banca examinadora costuma afirmar que o cidadão comum pode ser emissor de comunicação oficial, o que é errado.

**EXEMPLO** DE QUESTÃO

▶ **(CESPE - Tec/MPU/Apoio Técnico e Administrativo/Administração/2013)** Acerca das características gerais dos diversos tipos de comunicação oficial, julgue o item seguinte.

Comunicações oficiais, utilizadas para a comunicação entre órgãos do serviço público ou entre órgãos do serviço público e o público em geral, podem ser emitidas tanto pela administração pública quanto pelos cidadãos.

( ) Certo ( ) Errado

*Resposta:* Errado

Comentário: deve-se ter em mente que há sempre uma ordem para a comunicação oficial. Tal é a seguinte.

Emissor: serviço público.

Mensagem: matéria de interesse público.

Destinatário: serviço púbico / particular.

Isso quer dizer que particular não será o comunicador na Redação Oficial, pode ser – no máximo – o receptor da comunicação.

## 10. ESTRUTURAÇÃO DE DOCUMENTOS – UNIFORMIDADE

Há um ritual para a comunicação oficial que começa com a estruturação dos documentos. Esse ritual deve sempre ser repetido para cada documento que possua a mesma natureza – é o que se chama de uniformidade. Os padrões documentais são específicos para cada documento ou para cada grupo de documentos.

**PEGADINHA** DA BANCA

Normalmente, a banca examinadora afirma que todos os documentos devem ser diagramados segundo o mesmo padrão documental. Isso é errado pois não há apenas um padrão documental.

**EXEMPLO** DE QUESTÃO

- **(CESPE - Tec MPU/Apoio Técnico e Administrativo/Administração/2013)** Acerca das características gerais dos diversos tipos de comunicação oficial, julgue o item seguinte.

  Para atender à exigência de uniformidade, um dos atributos da redação oficial, os expedientes oficiais de qualquer tipo devem ser estruturados conforme o padrão ofício de diagramação.

  ( ) Certo ( ) Errado

  *Resposta:* Errado

  Comentário: a palavra que inviabiliza a correção para essa questão é "todos". Há muitos tipos de expedientes oficiais, e poucos deles são diagramados segundo o Padrão Ofício de diagramação. Apenas para citar, os diagramados de seguindo a premissa mencionada são o aviso, o ofício, o memorando e a exposição de motivos. Outros expedientes, a exemplo da mensagem, da ata, do parecer, são diagramados seguindo um padrão próprio, distinto do Padrão Ofício.

## 11. PRINCÍPIOS DA REDAÇÃO OFICIAL – IMPESSOALIDADE

O que confere impessoalidade a um documento oficial está associado a três pilares: impessoalidade de quem comunica (sem impressões pessoais); impessoalidade do assunto (matéria administrativa) e impessoalidade do destinatário (sem intimidade entre os comunicantes).

**PEGADINHA** DA BANCA

A banca pode restringir a impessoalidade a apenas um elemento, afirmando que os demais não são necessários.

**EXEMPLO** DE QUESTÃO

- **(CESPE - Deleg/PC BA/2013)** Com base no **Manual de Redação da Presidência da República**, julgue o item que se segue.

  O caráter impessoal das comunicações oficiais decorre da ausência de impressões individuais de quem comunica, da impessoalidade conferida ao destinatário da comunicação e do tratamento impessoal a ser dado aos assuntos tratados nas comunicações.

  ( ) Certo ( ) Errado

  *Resposta:* Certo

Comentário: em muitas situações, as bancas costumam retirar trecho do Manual de Redação da Presidência da República, a fim de verificar se os candidatos conhecem minimamente o assunto. Esse é um dos casos. Lê-se no MRPR, a respeito de impessoalidade:

Percebe-se, assim, que o tratamento impessoal que deve ser dado aos assuntos que constam das comunicações oficiais decorre:

a) da ausência de impressões individuais de quem comunica: embora se trate, por exemplo, de um expediente assinado por Chefe de determinada Seção, é sempre em nome do Serviço Público que é feita a comunicação. Obtém-se, assim, uma desejável padronização, que permite que comunicações elaboradas em diferentes setores da Administração guardem entre si certa uniformidade;

b) da impessoalidade de quem recebe a comunicação, com duas possibilidades: ela pode ser dirigida a um cidadão, sempre concebido como *público*, ou a outro órgão público. Nos dois casos, temos um destinatário concebido de forma homogênea e impessoal;

c) do caráter impessoal do próprio assunto tratado: se o universo temático das comunicações oficiais se restringe a questões que dizem respeito ao interesse público, é natural que não cabe qualquer tom particular ou pessoal.

## 12. REDUNDÂNCIAS NO TEXTO OFICIAL

Como a linguagem do texto oficial deve ser clara, as redundâncias (repetições desnecessárias) não podem ser empregadas.

**PEGADINHA DA BANCA**

A banca há de falar que a prolixidade e a redundância são características de textos mais elaborados – o que é um absurdo do ponto de vista da redação de expediente.

**EXEMPLO DE QUESTÃO**

**(CESPE - Inv/PC BA/2013)** Julgue o item subsequente, com base no que estabelece o **Manual de Redação da Presidência da República**.

Embora as redações oficiais devam ser **redigidas**, em regra, de forma clara e objetiva, há situações em que se recomenda a prolixidade, como nas exposições de motivos, nas quais a redundância é necessária.

( ) Certo ( ) Errado

*Resposta:* Errado

Comentário: jamais haverá um expediente em que redundância e prolixidade sejam características recomendáveis, uma vez que um dos princípios da Redação Oficial é o da concisão. Ser conciso, essencialmente, significa redigir de maneira breve, clara e objetiva. A redundância (repetição desnecessária) e a prolixidade (discurso informativamente inútil) devem, a todo custo, ser evitadas.

## 13. PRINCÍPIOS DA REDAÇÃO OFICIAL – EMPREGO DO PADRÃO CULTO DE LINGUAGEM

O emprego do padrão culto de linguagem se deve à necessidade de manter a clareza do texto.

**PEGADINHA** DA BANCA

A banca examinadora costuma afirmar que o padrão é OFICIAL e não padrão CULTO. Muito cuidado, pois não há padrão OFICIAL de linguagem. Também é possível que a banca subverta a justificativa para o emprego do padrão culto de linguagem.

**EXEMPLO** DE QUESTÃO

- **(CESPE - EPF/PF/2013)** Com relação à função e à linguagem das correspondências oficiais, julgue o item seguinte.

  O emprego do padrão culto da língua em expedientes oficiais é justificado pelo alto nível de escolaridade daqueles que os redigem e daqueles a quem se destinam.

  ( ) Certo ( ) Errado

  *Resposta:* Errado

  Comentário: justifica-se o emprego do padrão culto da língua em razão da necessidade de clareza dos expedientes oficiais. Não há previsão alguma relativa ao nível de escolaridade dos destinatários da comunicação oficial.

## 14. PRINCÍPIOS DA REDAÇÃO OFICIAL – CONCISÃO

A concisão decorre da eliminação de partes desnecessárias do texto, ou seja, da retirada daquilo que não é importante para a comunicação da mensagem.

PEGADINHA DA BANCA

O elaborador da prova pode afirmar que algumas partes fundamentais do texto podem ser omitidas sem prejuízo para a formatação do documento. Isso não pode ser feito, pois comprometeria sua integridade e seu entendimento.

EXEMPLO DE QUESTÃO

- **(CESPE - AnaTA MIN/MIN/2013)** Considerando as normas e as características da redação oficial, julgue o item a seguir.

  Em um documento oficial conciso, são eliminados termos desnecessários, o que permite transmitir um máximo de informação com um mínimo de palavras. A concisão, portanto, contribui para a clareza do texto oficial.

  ( ) Certo ( ) Errado

  *Resposta:* Certo

  Comentário: na seção 1.4 (sobre concisão) do MRPR, lê-se o seguinte: Conciso é o texto que consegue transmitir um máximo de informações com um mínimo de palavras. Para que se redija com essa qualidade, é fundamental que se tenha, além de conhecimento do assunto sobre o qual se escreve, o necessário tempo para revisar o texto depois de pronto. É nessa releitura que muitas vezes se percebem eventuais redundâncias ou repetições desnecessárias de ideias.

  Disso se entende que concisão é característica fundamental das correspondências oficiais.

## 15. PRINCÍPIOS DA REDAÇÃO OFICIAL – FORMALIDADE

A formalidade é um dos princípios da redação oficial e versa sobre a forma dos documentos. Por "forma", deve-se compreender a estrutura empregada na padronização de um documento. O nível de formalidade é sempre o mesmo, independentemente de seus comunicadores.

PEGADINHA DA BANCA

A banca examinadora pode tentar confundir o aluno despreparado, afirmando que há graus de formalidade no texto oficial.

EXEMPLO DE QUESTÃO

- **(CESPE - AA/ANTT/Administração/2013)** No que se refere a aspectos gerais das correspondências oficiais, julgue o item que se segue de acordo com o **Manual de Redação da Presidência da República** (MRPR).

Quanto mais distantes, hierarquicamente, estiverem o remetente e o destinatário de uma comunicação oficial, maior deverá ser o nível de formalidade empregado na correspondência.

( ) Certo ( ) Errado

*Resposta:* Errado

Comentário: para responder a essa questão, é necessário considerar o ensinamento a respeito de formalidade e de uniformidade na Redação Oficial. Note-se que formalidade consiste no emprego das estruturas e das fórmulas de cortesia necessárias para o estabelecimento de qualquer comunicação. Já a uniformidade doutrina que essas fórmulas devem ser as mesmas para qualquer situação, isso quer dizer que não há distinção de formalidade em função da distância hierárquica entre os comunicadores.

## 16. EM QUE NOME SE REMETE A COMUNICAÇÃO OFICIAL?

Só é possível remeter comunicação oficial em nome do Serviço Público, jamais em nome da pessoa que ocupa o cargo do serviço público.

**PEGADINHA** DA BANCA

A banca examinadora afirmará que os documentos podem ser remetidos em nome do serviço público ou em nome da pessoa que ocupa um cargo dentro do serviço público.

**EXEMPLO** DE QUESTÃO

- **(CESPE - APF/PF/2014)** Julgue o item que se segue, relativo a aspectos gerais da redação oficial.

As comunicações oficiais podem ser remetidas em nome do serviço público ou da pessoa que ocupa determinado cargo dentro do serviço público.

( ) Certo ( ) Errado

*Resposta:* Errado

Comentário: uma comunicação oficial não pode ser expedida em nome de pessoas, porque o propósito deve ser sempre oficial. Mesmo que o indivíduo ocupe cargo dentro do serviço público, é necessário considerar a normativa a respeito da impessoalidade, a fim de garantir a idoneidade das comunicações oficiais.

## 17. EMPREGO DE ESTRANGEIRISMOS EM TEXTOS OFICIAIS

O MRPR ensina que é possível empregar termos de natureza estrangeira na redação oficial, desde que não haja um correspondente em língua vernácula e que não haja abuso no emprego desses termos.

**PEGADINHA** DA BANCA

A banca examinadora dirá que não podem ser empregados estrangeirismos na redação oficial.

**EXEMPLO** DE QUESTÃO

- **(CESPE - APF/DEPEN/2013)** Com base no **Manual de Redação da Presidência da República**, julgue o próximo item.

  É vedado o emprego de estrangeirismos em comunicações oficiais.

  ( ) Certo ( ) Errado

  *Resposta:* Errado.

  Comentário: de acordo com o MRPR, os estrangeirismos não são vedados em comunicações oficiais. Eles podem ser empregados desde que de maneira não abusiva. Caso haja um correlato em língua vernácula para o estrangeirismo, opta-se pelo emprego da forma portuguesa. Do contrário, pode-se empregar o estrangeirismo.

## 18. EMPREGO DOS PRONOMES DE TRATAMENTO – CONCORDÂNCIA

Segundo o Manual de Redação da Presidência da República, ao estabelecer concordância com pronomes de tratamento, há dois elementos obrigatórios a serem observados:

a) a concordância deve ser feita com o gênero da pessoa, não da palavra.

b) a concordância deve ser de 3ª pessoa, jamais de segunda.

**PEGADINHA** DA BANCA

Desavisadamente, a banca examinadora propõe textos com a concordância incorreta em relação ao pronome de tratamento, para confundir o candidato.

**EXEMPLO** DE QUESTÃO

- **(CESPE - AJ TJDFT/TJDFT/Judiciária/"Sem Especialidade"/2013)**

Brasília – DF, 24 de outubro de 2012.

Assunto: **retificação do Relatório Justiça em Números no sítio do Conselho Nacional de Justiça**

Senhor Presidente,

Como é do conhecimento de Vossa Excelência, o Departamento de Pesquisas Judiciárias do Conselho Nacional de Justiça oferece aos tribunais a oportunidade de retificarem os respectivos dados após publicação dos relatórios do Sistema **Justiça em Números**. Em abril de 2012, o TJDFT promoveu, na base de dados desse sistema, a correção de seus indicadores relativos aos anos de 2009, 2010 e 2011.

Entretanto, no Relatório **Justiça em Números 2010**, publicado no sítio desse Conselho, não se considerou as correções efetuadas pelo TJDFT nos seus mencionados indicadores, o que implicou na apresentação, nesse referido relatório, de informações equivocadas a respeito desta Corte de Justiça.

Como o resultado apresentado não reflete a realidade da Justiça do Distrito Federal e dos Territórios, solicita-se a Vossa Excelência a republicação do Relatório Justiça em Números ou, caso não seja possível, a publicação de erratas com os dados corretos referentes ao TJDFT.

Respeitosamente,

Desembargador Fulano
Presidente do Tribunal de Justiça do Distrito Federal e dos Territórios

Considerando as disposições do **Manual de Redação da Presidência da República** (MRPR), julgue o seguinte item, relativo ao documento oficial acima, reproduzido, com adaptações, do sítio www.tjdft.jus.br.

De acordo com as disposições do MRPR, seria correto substituir a oração "Como é do conhecimento de Vossa Excelência" tanto por **Como Vossa Excelência foi informada** quanto por **Como Vossa Excelência foi informado**.

( ) Certo ( ) Errado

*Resposta:* Errado

Comentário: deve-se observar a concordância nominal do elemento em questão – o particípio do verbo "informar" (informado). De acordo com o MRPR, deve-se fazer a concordância dos termos nominais de acordo com o gênero da pessoa destinatária, não do pronome de tratamento. Como se trata de um desembargador, a forma correta seria apenas "Como Vossa Excelência foi informado".

## 19. PRINCÍPIO DA FORMALIDADE – POLIDEZ E PRONOMES DE TRATAMENTO

De acordo com o MRPR, empregam-se os pronomes de tratamento para atender ao princípio da formalidade, o princípio ritualístico de formatação dos documentos oficiais.

**PEGADINHA** DA BANCA

Caso a banca afirme que o emprego de pronome de tratamento seja devido para garantir a impessoalidade, a questão estará incorreta.

**EXEMPLO** DE QUESTÃO

- **(CESPE - TJ/TRT 10/Administrativa/2013)** No que se refere a aspectos gerais das correspondências oficiais, julgue o item que se segue segundo o **Manual de Redação da Presidência da República** (MRPR).

  Além da polidez com que o assunto deve ser tratado em uma comunicação oficial, o emprego adequado dos pronomes de tratamento é determinante para conferir formalidade ao texto.

  ( ) Certo ( ) Errado

  *Resposta:* Certo

  Comentário: a seção 1.3 do MRPR apresenta a seguinte orientação:

  As comunicações oficiais devem ser sempre formais, isto é, obedecem a certas regras de *forma*: além das já mencionadas exigências de impessoalidade e uso do padrão culto de linguagem, é imperativo, ainda, certa formalidade de tratamento. Não se trata somente da eterna dúvida quanto ao correto emprego deste ou daquele pronome de tratamento para uma autoridade de certo nível (v. a esse respeito *2.1.3. Emprego dos Pronomes de Tratamento*); mais do que isso, a formalidade diz respeito à polidez, à civilidade no próprio enfoque dado ao assunto do qual cuida a comunicação.

  Disso se entende que boa parte do princípio da formalidade comunicativa está associada ao emprego correto dos pronomes de tratamento.

## 20. EMPREGO DOS PRONOMES DE TRATAMENTO – VOSSA EXCELÊNCIA

De acordo com o MRPR, o pronome de tratamento Vossa Excelência deve ser empregado para:

*Vossa Excelência*, para as seguintes autoridades:



Redação oficial

a) **do Poder Executivo;**

Presidente da República;

Vice-Presidente da República;

Ministros de Estado;

Governadores e Vice-Governadores de Estado e do Distrito Federal;

Oficiais-Generais das Forças Armadas;

Embaixadores;

Secretários-Executivos de Ministérios e demais ocupantes de cargos de natureza especial;

Secretários de Estado dos Governos Estaduais;

Prefeitos Municipais.

b) **do Poder Legislativo:**

Deputados Federais e Senadores;

Ministro do Tribunal de Contas da União;

Deputados Estaduais e Distritais;

Conselheiros dos Tribunais de Contas Estaduais;

Presidentes das Câmaras Legislativas Municipais.

c) **do Poder Judiciário:**

Ministros dos Tribunais Superiores;

Membros de Tribunais;

Juízes;

Auditores da Justiça Militar.

**PEGADINHA** DA BANCA

Muita atenção para o fato de a banca sugerir o emprego desse pronome para particulares. Isso é um grave erro.

**EXEMPLO** DE QUESTÃO

- **(CESPE - Ana MPU/Apoio Jurídico/Direito/2013)** Acerca das características gerais dos diversos tipos de comunicação oficial, julgue o item a seguir.

  Em comunicações oficiais dirigidas a ministros de tribunais superiores, deve-se empregar o pronome de tratamento **Vossa Excelência.**

  ( ) Certo ( ) Errado

*Resposta:* Certo

Comentário: de acordo com a seção 2.1.3 "c" do MRPR, deve-se empregar o pronome de tratamento **Vossa Excelência** para as seguintes autoridades do Poder Judiciário: Ministros dos Tribunais Superiores; Membros de Tribunais; Juízes e Auditores da Justiça Militar.

## 21. VOCATIVOS EMPREGADOS NA REDAÇÃO OFICIAL

O MRPR estabelece dois vocativos que podem ser empregados para as autoridades tratadas pelo pronome Vossa Excelência:

- Excelentíssimo Senhor + cargo (para os chefes dos poderes)
- Senhor + cargo (para as demais autoridades)

**PEGADINHA** DA BANCA

O elaborador da prova apresenta questão correta quanto ao uso do pronome de tratamento, mas indica o vocativo incorreto. Deve-se ressaltar que apenas Presidente da República, do Congresso e do STF recebem esse vocativo.

**EXEMPLO** DE QUESTÃO

▸ **(CESPE - ATA MIN/MIN/2013)** No que se refere a aspectos gerais das correspondências oficiais, julgue o item com base no **Manual de Redação da Presidência da República.**

Em comunicações oficiais dirigidas ao ministro da Integração Nacional, devem-se empregar o pronome de tratamento "Vossa Excelência" e o vocativo "Excelentíssimo Senhor Ministro".

( ) Certo ( ) Errado

*Resposta:* Errado

O pronome de tratamento está correto (Vossa Excelência), entretanto, o vocativo a ser empregado deve ser "Senhor Ministro". Apenas os chefes dos poderes podem receber o vocativo "Excelentíssimo Senhor".

## 22. EMPREGO DE VOSSA EXCELÊNCIA E DE SUA EXCELÊNCIA

Há uma distinção no emprego dessas duas formas do pronome de tratamento. A forma Vossa Excelência é empregada para um tratamento direto, ou seja, quando se fala COM a autoridade. A forma Sua Excelência é empregada quando se faz REFERÊNCIA à autoridade.

**PEGADINHA** DA BANCA

Na questão, é possível que a banca examinadora aposta na inversão dessa regra.

**EXEMPLO** DE QUESTÃO

- **(CESPE - Tec/BACEN/Área 1 - Suporte Técnico-Administrativo/2013)** Julgue o item, que versam sobre correspondência oficial.

  No seguinte trecho de documento dirigido a ministro de Estado, está correto o emprego do pronome de tratamento.

  Encaminho a Sua Excelência esta carta aberta em cumprimento do estabelecido no Decreto n.º 3.088/1999, que instituiu o regime de metas para a inflação no Brasil. Como é do conhecimento de Sua Excelência, o parágrafo único do artigo 4.º do referido decreto reza que, em caso de descumprimento da meta de inflação estabelecida pelo Conselho Monetário Nacional (...)

  ( ) Certo ( ) Errado

  *Resposta:* Errado

  O emprego do pronome está equivocado. Quando se fala diretamente com a autoridade, a forma correta de emprego é Vossa Excelência. Emprega-se a forma Sua Excelência quando a autoridade é apenas mencionada no teor do documento, ou seja, quando não é ela o interlocutor da comunicação.

## 23. EMPREGO DA FORMA "DIGNÍSSIMO"

Não se emprega, em comunicações oficiais, o termo "Digníssimo", não importa a situação.

**PEGADINHA** DA BANCA

**A** banca examinadora irá contar uma história sobre o fato de haver um precedente de dignidade que necessite dessa forma de tratamento. Não caia nessa: está errado!

**EXEMPLO** DE QUESTÃO

- **(CESPE - APF (DEPEN)/DEPEN/2013)** Com base no **Manual de Redação da Presidência da República**, julgue o próximo item.

  A forma de tratamento Digníssimo deve ser utilizada apenas para parlamentares, como deputados federais, estaduais, distritais e senadores.

  ( ) Certo ( ) Errado

*Resposta:* Errado

Comentário: de acordo com o MRPR, não se emprega a forma "Digníssimo" em documentos oficiais, pois "a dignidade é pressuposto para que se ocupe qualquer cargo público, sendo desnecessária sua repetida evocação".

## 24. EMPREGO DE "DOUTOR" E DE "ILUSTRÍSSIMO" EM COMUNICAÇÕES OFICIAIS

De acordo com o MRPR, "doutor" não é forma de tratamento, mas sim título acadêmico e deve ser empregado para pessoas que tenham concluído um programa de pós-graduação no nível de doutorado. Ou seja, não há necessidade de empregar para qualquer pessoa que não possua tal título.

O mesmo manual ensina que não se emprega a forma "Ilustríssimo" em correspondências oficiais.

**EXEMPLO DE QUESTÃO**

▶ **(CESPE - Ag Adm/SUFRAMA/2014)**

Mem. 1/CGAPI

Em 30 de janeiro de 2014.

Ao Senhor Coordenador geral de Projetos Industriais da SUFRAMA

Assunto: Sugestão de novas reuniões com a Delegacia da Receita Federal do Brasil

Comunico que o encontro com os auditores da Delegacia da Receita Federal do Brasil, ocorrido em 27/1/2014, em Manaus, cumpriu o objetivo de demonstrar os principais passos adotados pela SUFRAMA, para a importação de insumos.

Como é do conhecimento de Vossa Senhoria, eventos como esse estreitam as relações entre os dois órgãos e visam, também, à melhoria do atendimento no serviço público, com benefício direto ao contribuinte. Assim, sugiro que novas reuniões com esse órgão sejam marcadas, a fim de se fortalecer o controle de entrada de insumos importados, o que garantirá também maior eficiência no atendimento ao público.

Respeitosamente,

Sicrano
Técnico da Coordenação-Geral de Acompanhamento de Projetos
Industriais da SUFRAMA

Com base no documento hipotético apresentado acima e nos preceitos do **Manual de Redação da Presidência da República**, julgue o item subsequente.

Caso quisesse conferir mais formalidade e polidez ao documento, o técnico deveria ter utilizado os tratamentos **Doutor**, **Ilustríssimo** ou **Digníssimo**, para se dirigir ao coordenador-geral.

( ) Certo ( ) Errado

*Resposta:* Errado

Comentário: de acordo com o MRPR, não se deve empregar as formas *Ilustríssimo* ou *Digníssimo* em correspondências oficiais. Além disso, a forma *Doutor* só pode ser empregada para quem tiver tal título acadêmico, pois não se trata de uma forma de tratamento.

## 25. EMPREGO DE VOSSA MAGNIFICÊNCIA

O pronome Vossa Magnificência deve ser empregado para reitores de universidades. O vocativo que lhe é correlato é o termo Magnífico Reitor.

### PEGADINHA DA BANCA

A banca dirá que essa forma deve ser empregada para outra autoridade que não reitor de universidade. Há outra pegadinha interessante – a banca pode sugerir o emprego de Vossa Excelência para um reitor, o que não é errado.

### EXEMPLO DE QUESTÃO

- **(CESPE - TA /ANS/2013)** Em relação às exigências da redação de correspondências oficiais, julgue o item que se segue.

A forma de tratamento **Magnífico** destina-se a autoridades do Poder Legislativo, principalmente ao presidente da Câmara dos Deputados e ao do Senado Federal.

( ) Certo ( ) Errado

*Resposta:* Errado

Comentário: a forma de tratamento **Magnífico** (um vocativo, na verdade) é destinada apenas para reitores de universidade.

## 26. EMPREGO DOS FECHOS DE COMUNICAÇÃO

Existem apenas dois fechos na comunicação oficial: respeitosamente – que deve ser empregado para autoridades de hierarquia superior à do remetente; atenciosamente, que deve ser empregado para autoridade de mesma hierarquia ou de hierarquia inferior à do remetente.

## PEGADINHA DA BANCA

O mais comum – em várias provas de concurso – é a banca inverter o emprego dos fechos.

## EXEMPLO DE QUESTÃO

▸ **(CESPE - AAmb /IBAMA/Tema 1/Licenciamento Ambiental/2013)**

Serviço Público Federal
Instituto Brasileiro do Meio Ambiente e dos Recursos Naturais Renováveis
SCEN – Setor de Clubes Esportivos Norte, trecho 02, Ed. Sede do Ibama, bloco I
Caixa Postal n.º 09566 – CEP 70818-900 – Brasília-DF – Tel.: 61 3316-1212
*Email*: cgaa@ibama.gov.br

_n.º 313/2012/CGAA

Brasília, 6 de janeiro de 2013.

A Sua Excelência o Senhor
Fulano de Tal
Chefe do Serviço de Proteção ao Patrimônio e ao Ambiente
Rua D, n.º 123,
34.100-100 – Goiânia – GO

Assunto: **Solicitação de serviço**

Senhor Chefe,

1. O Instituto Brasileiro do Meio Ambiente e dos Recursos Naturais Renováveis, por meio de sua Coordenação-Geral de Ações Ambientais, vem, respeitosamente, à presença de Vossa Senhoria solicitar cessão do espaço físico, bem como autorização para realização do X Congresso Brasileiro de Biodiversidade do Cerrado, nesta capital, no Espaço Aberto do Parque das Nascentes, no dia 12 de dezembro do corrente ano.

2. O evento destina-se à discussão das diretrizes do Programa de Meio Ambiente para o Cerrado brasileiro, que conta com a participação efetiva da sociedade civil organizada, sobretudo de ONGs e entidades de proteção ambiental, bem como das secretarias estaduais e municipais no entorno do bioma cerrado brasileiro, convidadas a oferecer sua contribuição para o evento.

Certos do deferimento do nosso pedido, aguardamos a autorização.

Respeitosamente,

Beltrano de Tal
Coordenação-Geral de Ações Ambientais

Em relação ao exemplo de correspondência oficial acima apresentado, julgue o item.

O fecho, "Respeitosamente", está corretamente empregado, visto que o documento em apareço é endereçado a autoridade de mesma hierarquia da do remetente.

( ) Certo ( ) Errado

*Resposta:* Errado

O vocativo que deve ser empregado a destinatário de mesma hierarquia do remetente é "Atenciosamente". Emprega-se "Respeitosamente" para destinatários de hierarquia superior à do remetente.

## 27. EMPREGO DOS FECHOS (2)

Alguns documentos possuem destinatários ou remetentes específicos. Isso pode afetar diretamente o emprego dos fechos. É o caso do Aviso, que possui apenas um fecho – atenciosamente.

### PEGADINHA DA BANCA

Tome cuidado, pois a banca examinadora pode tentar confundir você ao dizer que o fecho independe dos destinatários ou que em um aviso não se pode empregar a forma "atenciosamente".

### EXEMPLO DE QUESTÃO

- **(CESPE - Ag Adm/PF/2014)** Julgue o item subsequente, a respeito do padrão ofício em comunicações oficiais, conforme o Manual de Redação da Presidência da República.

O fecho Respeitosamente não é empregado no aviso; o fecho Atenciosamente é empregado tanto no aviso quanto no ofício.

( ) Certo ( ) Errado

*Resposta:* Certo

O aviso é um documento expedido exclusivamente por Ministros de Estado outros ministros ou para autoridades de mesma hierarquia, desse modo, não se emprega o fecho "Respeitosamente", visto que não há distinção de hierarquia entre os comunicantes. Nos demais documentos, é possível empregar as duas formas de fecho.

## 28. JARGÕES COMUNICATIVOS

Existem alguns jargões de comunicação que não devem ser empregados em Redação Oficial – a exemplo de:

- Renovo meus protestos de estima e consideração.

PEGADINHA DA BANCA

A banca examinadora pode afirmar que isso faz parte do padrão do emprego culto de linguagem, o que está incorreto e não deve ser empregado.

▸ **(CESPE - AJ/TRT 17/Apoio Especializado/Tecnologia da Informação/2013)**

**Assunto:** Fechos

Com base nas orientações do **Manual de Redação da Presidência da República**, julgue o item subsequente.

É recomendável para compor a redação de um ofício destinado a autoridade superior o seguinte fecho: Reitero meus mais altos protestos de estima e consideração à sua digníssima pessoa.

( ) Certo ( ) Errado

*Resposta:* Errado

Comentário: jargões jurídicos dessa natureza não devem ser empregados em comunicações oficiais, primando pelo princípio da objetividade.

## 29. IDENTIFICAÇÃO DO SIGNATÁRIO

De acordo com o MRPR, não é necessária a identificação do signatário em documentos assinados pelo presidente da República.

PEGADINHA DA BANCA

A banca costuma afirmar que todos os documentos devem possuir identificação do signatário, ou costuma criar uma exceção para a regra relativa aos documentos assinados pelo presidente da República. Entretanto, não há exceção.

EXEMPLO DE QUESTÃO

▸ **(CESPE - TJ TJDFT/TJDFT/2013)** Acerca das correspondências oficiais, julgue o item seguinte.

Em regra, as comunicações assinadas pelo presidente da República dispensam a identificação do signatário, à exceção da mensagem, cuja redação deve seguir a recomendação do padrão ofício, segundo a qual, em todas as comunicações oficiais, devem constar o nome e o cargo da autoridade remetente abaixo do local de sua assinatura.

( ) Certo ( ) Errado

*Resposta:* Errado

Comentário: de acordo com o MRPR, todas as comunicações assinadas pelo chefe do Poder Executivo dispensam a Identificação do Signatário, sem exceções.

## 30. ENDEREÇAMENTO DE CORRESPONDÊNCIA OFICIAL

O endereçamento da correspondência oficial está condicionado ao emprego do pronome de tratamento. Há duas formas tradicionais -

- A Sua Excelência, o senhor (para autoridades tratadas pelo pronome Vossa Excelência) e;
- Ao Senhor (para demais autoridades e particulares)

### PEGADINHA DA BANCA

É provável que seja apresentada uma forma de endereçamento trocada, ou seja, algo como o emprego de "Ao Senhor" para uma autoridade que exige "A Sua Excelência".

### EXEMPLO DE QUESTÃO

- **(CESPE - APF/DEPEN/2013)** Com base no **Manual de Redação da Presidência da República**, julgue o próximo item.

  O endereçamento de um comunicado dirigido a um juiz de direito deve ser redigido, no envelope, da seguinte forma:

  Ao Senhor
  Fulano de Tal
  Juiz de Direito da X.ª Vara Cível
  Rua ABC, n.º 123
  12345-000 – Brasília-DF

  ( ) Certo ( ) Errado

  *Resposta:* Errado

  Comentário: como se trata de documento expedido para autoridade tratada pelo pronome Vossa Excelência, deve-se empregar a forma "A Sua Excelência o Senhor" no início do endereçamento.

## 31. AVISO, OFÍCIO E MEMORANDO – FINALIDADES

Dito de uma forma bem simples:

- **Aviso** – correspondência empregada para tratar de assuntos relativos aos Ministérios.

- **Ofício** – correspondência empregada para tratar de generalidades administrativas.
- **Memorando** – correspondência empregada para tratar de assuntos internos de um órgão.

**PEGADINHA DA BANCA**

A banca usualmente afirma que essas três correspondências se diferenciam pela sua forma e não por sua finalidade. Na verdade, a finalidade é distinta, ao passo que a forma é semelhante, pois deve ser empregado o padrão ofício na diagramação.

**EXEMPLO DE QUESTÃO**

- **(CESPE - AFT/MTE/2013)** Considerando as orientações constantes do **Manual de Redação da Presidência da República**, julgue o item subsequente. O ofício e o aviso se diferenciam do memorando quanto a sua forma e finalidade.

  ( ) Certo ( ) Errado

  *Resposta:* Errado

  Ofício e aviso diferenciam-se fundamentalmente do memorando por sua finalidade, pois sua forma é semelhante – a estrutura do Padrão Ofício.

## 32. FORMATAÇÃO DE OFÍCIO

O ofício é um documento do padrão ofício que deve ser acrescido de cabeçalho ou rodapé, que deve conter as informações essenciais do remetente do documento.

**PEGADINHA DA BANCA**

Nesse caso, há várias. Uma delas é afirmar que não deve ser acrescentado o cabeçalho; outra é que o cabeçalho deve ser empregado em todos os documentos do padrão ofício; outra é afirmar que as informações do cabeçalho são as do destinatário, não as do remetente.

**EXEMPLO DE QUESTÃO**

- **(CESPE - AAmb/IBAMA/Tema 1/Licenciamento Ambiental/2013)**

Serviço Público Federal
Instituto Brasileiro do Meio Ambiente e dos Recursos Naturais Renováveis
SCEN – Setor de Clubes Esportivos Norte, trecho 02, Ed. Sede do Ibama, bloco I
Caixa Postal n.º 09566 – CEP 70818-900 – Brasília-DF – Tel.: 61 3316-1212
Email: cgaa@ibama.gov.br

_n.º 313/2012/CGAA

Brasília, 6 de janeiro de 2013.

A Sua Excelência o Senhor
Fulano de Tal
Chefe do Serviço de Proteção ao Patrimônio e ao Ambiente
Rua D, n.° 123,
34.100-100 – Goiânia – GO

Assunto: **Solicitação de serviço**

Senhor Chefe,

1. O Instituto Brasileiro do Meio Ambiente e dos Recursos Naturais Renováveis, por meio de sua Coordenação-Geral de Ações Ambientais, vem, respeitosamente, à presença de Vossa Senhoria solicitar cessão do espaço físico, bem como autorização para realização do X Congresso Brasileiro de Biodiversidade do Cerrado, nesta capital, no Espaço Aberto do Parque das Nascentes, no dia 12 de dezembro do corrente ano.

2. O evento destina-se à discussão das diretrizes do Programa de Meio Ambiente para o Cerrado brasileiro, que conta com a participação efetiva da sociedade civil organizada, sobretudo de ONGs e entidades de proteção ambiental, bem como das secretarias estaduais e municipais no entorno do bioma cerrado brasileiro, convidadas a oferecer sua contribuição para o evento.

Certos do deferimento do nosso pedido, aguardamos a autorização.

Respeitosamente,

Beltrano de Tal
Coordenação-Geral de Ações Ambientais

Em relação ao exemplo de correspondência oficial acima apresentado, julgue o item.

As informações do remetente constantes do cabeçalho do documento respeitam a normatização da redação oficial para o tipo de expediente em questão.

( ) Certo ( ) Errado

*Resposta:* Certo

O documento em apreço é um Ofício. Segundo o MRPR, o Ofício deve possuir – no cabeçalho ou no rodapé – as informações do remetente, a saber: órgão em que trabalha, endereço, telefone e endereço de correio eletrônico.

## 33. IDENTIFICAÇÃO DE DOCUMENTO DO PADRÃO OFÍCIO

De acordo com o MRPR, deve ser feita a identificação da seguinte maneira: com alinhamento à esquerda do documento, devem ser colocados o **tipo** do documento, o **número do documento** e o **órgão expedidor** do documento. Rigorosamente nessa ordem.

**PEGADINHA** DA BANCA

O mais comum dessa regra é a banca examinadora inverter a ordem desses elementos, ou dizer que eles são opcionais.

**EXEMPLO** DE QUESTÃO

- **(CESPE - AJ/CNJ/Judiciária/2013)**

Ofício GC/EAS n.º 265

Brasília, 15 de janeiro de 2013.

À Senhora
Fulana de Tal
Secretária de Gestão de Pessoas
Setor de Autarquias Sul
70000-000 – Brasília, DF

Assunto: **Certificados de especialização**

Senhora Secretária,

Em resposta ao Ofício n.º 005/2012/SGP, de 30/11/2012, encaminhamos os Certificados de Especialização em Direito Público, bem como a relação dos servidores dessa Instituição que se matricularam no referido curso, mas não o concluíram.

Atenciosamente,

José Sicrano
Gerente de Capacitação
Escola de Aperfeiçoamento de Servidores

Para que o ofício hipotético acima esteja de acordo com os padrões estabelecidos no **Manual de Redação da Presidência da República**, a identificação do tipo e do número do expediente deve ser alterada para: Ofício n.º 265/2013/GC-EAS.

( ) Certo ( ) Errado

*Resposta:* Certo

Comentário: segundo o MRPR, a ordem de identificação do documento deve ser TIPO + NÚMERO + ÓRGÃO EXPEDIDOR. No exemplo em apreço, a identificação está invertida.

## 34. NUMERAÇÃO DE PARÁGRAFOS

De acordo com o MRPR, nos documentos do Padrão Ofício, é necessário empregar a numeração de parágrafos do texto, somente, a partir do primeiro parágrafo.

**PEGADINHA** DA BANCA

Diz-se, nas questões incorretas, que não é necessário numerar os parágrafos, ou que todos devem ser enumerados, inclusive os do fecho e os da identificação.

**(CESPE - AJ/CNJ/Administrativa/"Sem Especialidade"/2013)**

Ofício GC/EAS n.º 265

Brasília, 15 de janeiro de 2013.

À Senhora
Fulana de Tal
Secretária de Gestão de Pessoas
Setor de Autarquias Sul
70000-000 — Brasília, DF

Assunto: **Certificados de especialização**

Senhora Secretária,

Em resposta ao Ofício n.º 005/2012/SGP, de 30/11/2012, encaminhamos os Certificados de Especialização em Direito Público, bem como a relação dos servidores dessa Instituição que se matricularam no referido curso, mas não o concluíram.

Atenciosamente,

José Sicrano
Gerente de Capacitação
Escola de Aperfeiçoamento de Servidores

Para que o ofício hipotético acima esteja de acordo com os padrões estabelecidos no **Manual de Redação da Presidência da República**, o parágrafo e o fecho devem ser numerados.

( ) Certo ( ) Errado

*Resposta:* Errado

Comentário: só pode ocorrer a numeração dos parágrafos. Não se numera o fecho de comunicação.

## 35. FONTES DA DOCUMENTAÇÃO OFICIAL

De acordo com o MRPR, deve-se empregar a fonte Times New Roman de corpo 12 no texto em geral, 11 nas citações e 10 nas notas de rodapé, com espaçamento simples entre as linhas.

### PEGADINHA DA BANCA

A confusão mais comum é a banca afirmar que só deve ser empregada a fonte de tamanho 12 e 11.

### EXEMPLO DE QUESTÃO

- Considerando as normas e as características da redação oficial, julgue o item a seguir.

Os documentos do padrão ofício devem ser redigidos na fonte do tipo Times New Roman de corpo 12 no texto em geral, 11 nas citações e 10 nas notas de rodapé. Além disso, deve-se empregar espaçamento simples entre as linhas.

( ) Certo ( ) Errado

*Resposta:* Certo

Comentário: de acordo com o MRPR, na seção 3.2 (Formato de diagramação), alínea "a" - deve ser utilizada fonte do tipo *Times New Roman* de corpo 12 no texto em geral, 11 nas citações, e 10 nas notas de rodapé nos documentos do Padrão Ofício.

## 36. NUMERAÇÃO DE PÁGINAS

As páginas de um documento do padrão ofício devem ser numeradas, a partir da segunda página, evidentemente, se houver mais de uma página no documento.

**PEGADINHA DA BANCA**

A banca poderá afirmar que a primeira página deve ser numerada.

**EXEMPLO DE QUESTÃO**

- **(CESPE - APF /DEPEN/2013)** No item a seguir, é apresentada uma situação hipotética, seguida de uma assertiva que deve ser julgada com base nas disposições do **Manual de Redação da Presidência da República**.

  Após ter redigido um memorando, já no momento da impressão, um servidor percebeu que as páginas do documento não haviam sido numeradas. Nessa situação, a fim de sanar o problema, o servidor deve proceder à numeração a partir da segunda página do documento, devendo a primeira ser mantida sem a numeração.

  ( ) Certo ( ) Errado

  *Resposta:* Errado

  Comentário: de acordo com o MRPR, não há obrigação de a primeira página ser mantida em branco. Quando essa questão foi publicada, originalmente a banca examinadora optou pelo gabarito como certo. Após os recursos, em função dessa justificativa, a banca decidiu alterar o gabarito.

## 37. EMPREGO DE MARGENS ESPELHO

Margens espelho (a inversão das distâncias das margens direita e esquerda nas páginas pares) podem ser empregadas para imprimir ofícios, memorandos e seus anexos em ambas as faces do papel.

**PEGADINHA DA BANCA**

Normalmente, a banca diz que não é possível imprimir textos em ambas as faces do papel.

**EXEMPLO DE QUESTÃO**

- **(CESPE - AJ /STF/Administrativa/2013)**
  Assunto: Partes e Diagramação (Padrão Ofício)

Mem. 123/DJ

Em 10 de novembro de 2013.

Ao Sr. Chefe do Departamento de Materiais

Assunto: Solicitação de impressora

1. Consulto Vossa Senhoria a respeito da possibilidade de instalação de uma nova impressora neste departamento.

2. A solicitação deve-se ao fato de que, desde a oportuna nomeação de três novos servidores para este Departamento, no mês passado, a quantidade de impressoras em uso tornou-se insuficiente para atender a demanda, que, aliás, tem crescido nos últimos meses.

3. A título de acréscimo, devo mencionar que a instalação de mais uma impressora no departamento será positiva e bem-vinda, pois conferirá maior agilidade ao trabalho dos servidores.

Atenciosamente,

Fulano de Tal
Chefe do Departamento de Atendimento ao Público

Tendo como referência a comunicação hipotética acima, julgue o item a seguir à luz do **Manual de Redação da Presidência da República**.

Caso ocupe mais de uma página, o memorando poderá ser impresso no anverso e no verso do papel, utilizando-se a denominada margem espelho.

( ) Certo ( ) Errado

*Resposta:* Certo.

Comentário: de acordo com o MRPR, seção 3.2, alínea "d", d) os ofícios, memorandos e anexos destes poderão ser impressos em ambas as faces do papel. Neste caso, as margens esquerda e direta terão as distâncias invertidas nas páginas pares (*"margem espelho"*).

## 38. ENCAMINHAMENTO DE DOCUMENTAÇÃO

Quando se procede ao encaminhamento de um documento oficial, há duas maneiras de executar a ação:

a) Caso o pedido tenha sido solicitado, deve-se fazer menção ao expediente que solicitou o documento.

b) Caso o pedido não tenha sido solicitado, deve-se especificar com qual finalidade se faz o encaminhamento.

**PEGADINHA** DA BANCA

A banca examinadora costuma inverter os conceitos ou mesmo mencionar que não é necessário fazer menção ao expediente que solicitou o encaminhamento.

**EXEMPLO** DE QUESTÃO

- **(CESPE - AnaTA/SUFRAMA/Geral/2014)** Com base nos preceitos do **Manual de Redação da Presidência da República,** julgue o item a seguir.

  O texto a seguir está adequado, quanto ao conteúdo, para compor, como introdução, um expediente do padrão ofício cuja finalidade seja apenas o encaminhamento de documentos:

  Encaminho, para análise e parecer, a anexa cópia do memorando n.º 1, de 30 de janeiro de 2014, da Coordenação Geral de Recursos Humanos, acerca da contratação de novos analistas técnico-administrativos para a SUFRAMA.

  ( ) Certo ( ) Errado

  *Resposta:* Certo

  Comentário: de acordo com o MRPR, em introduções de documentos de mero encaminhamento, é necessário fazer menção ao expediente que solicitou a remessa de documentação encaminhada.

## 39. AVISO

**EXEMPLO** DE QUESTÃO

- **(CESPE - TL (CAM DEP)/CAM DEP/Agente de Polícia Legislativa/2014)** Com base nas regras de redação de correspondências oficiais, julgue o item que se segue.

  Nos avisos, o fecho adequado é Atenciosamente, visto que tal documento é emitido por ministros para autoridade de mesma hierarquia.

  ( ) Certo ( ) Errado

  *Resposta:* Certo

  Comentário: não se pode empregar o fecho "Respeitosamente" em avisos, de acordo com o MRPR.

## 40. ASSINATURA DE DOCUMENTO

Segundo o MRPR, não é possível deixar a assinatura do documento em página insolada da comunicação.

**PEGADINHA DA BANCA**

A banca pode dar uma explicação absurda dizendo que – por alguma razão – deve ser empregada em outra página a assinatura do documento. O que é formalmente incorreto, de acordo com os princípios da redação oficial.

**EXEMPLO DE QUESTÃO**

- **(CESPE - ATA MIN/MIN/2013)** No que se refere a aspectos gerais das correspondências oficiais, julgue o item com base no **Manual de Redação da Presidência da República.**

  Por constituírem parte indispensável do ofício, a identificação e a assinatura do signatário devem constar em página isolada do expediente, o que lhes confere o devido destaque.

  ( ) Certo ( ) Errado

  *Resposta:* Errado

  Comentário: jamais se deve deixar a assinatura de algum expediente em página separada.

## 41. CARÁTER FLEXÍVEL DE ALGUNS DOCUMENTOS

Quando se fala que algum documento pode possuir caráter flexível, significa que não há uma estrutura padronizada estabelecida pelo Manual de Redação da Presidência da República. São exemplos desses documentos o telegrama e a mensagem de correio eletrônico.

**PEGADINHA DA BANCA**

Ela pode mencionar que esses documentos, por serem componentes da redação oficial, devem possuir linguagem e diagramação rígidas.

**EXEMPLO DE QUESTÃO**

- **(CESPE / PF / 2012)** Com relação ao formato e à linguagem das comunicações oficiais, julgue o item que se segue com base no **Manual de Redação da Presidência da República.**

  A estrutura do telegrama e da mensagem por correio eletrônico de caráter oficial é flexível.

  ( ) Certo ( ) Errado

  *Resposta:* Certo

Comentário: quando se lê que a estrutura é "flexível" significa que o MRPR não definiu estruturas para sua diagramação. O mesmo acontece com o telegrama.

## 42. USO DE FAX

Apesar de ser uma tecnologia extremamente ultrapassada, ainda é possível enviar documentos por meio da tecnologia de *fac-símile* – ou fax – simplesmente. Caso seja necessário arquivar o documento, deve-se fazer uma fotocópia do documento, devido à perecibilidade do papel empregado no fax.

**PEGADINHA** DA BANCA

A banca examinadora vai afirmar que o fax não deve mais ser empregado nas comunicações oficiais.

**EXEMPLO** DE QUESTÃO

- **(CESPE - AnaTA MIN/MIN/2009)** Com base nas normas que regem a redação de comunicações oficiais no Poder Executivo, julgue o item subsequente.

  O fax foi abolido do serviço público devido à perecibilidade da tinta da impressão: ela não se conserva pelo tempo necessário ao arquivamento dos documentos enviados por esse sistema.

  ( ) Certo ( ) Errado

  *Resposta:* Errado

  Comentário: aboliu-se o uso do fax na comunicação oficial pelo fato de ser tecnologia atualmente superada. O arquivamento de fax nunca é feito com a folha original, portanto a perecibilidade da tinta não seria impeditivo para seu uso.

## 43. VALOR DOCUMENTAL DO E-MAIL

As mensagens de correio eletrônico possuem valor documental desde que seu remetente apresente certificação digital que ateste a sua identidade.

**PEGADINHA** DA BANCA

A banca examinadora há de afirmar que o e-mail não possui valor documental.

EXEMPLO DE QUESTÃO

▶ **(CESPE - ATA MIN/MIN/2009)** Julgue o item subsequente com base nas prescrições que regem a redação de documentos oficiais.

Por ser suscetível a falsificações, o correio eletrônico *(e-mail)* não tem valor documental nos órgãos do Poder Executivo, sendo usado apenas nas comunicações de caráter particular entre servidores.

( ) Certo ( ) Errado

*Resposta:* Errado

Comentário: as comunicações enviadas por meio de correio eletrônico possuem valor documental desde que haja certificação digital que ateste a identidade do remetente.

## 44. USO DO TELEGRAMA

O telegrama, devido ao seu alto custo, deve ser empregado apenas em caso de extrema urgência.

PEGADINHA DA BANCA

A banca examinadora pode afirmar que o telegrama é empregado regularmente, devido a baixo custo e celeridade – o que está errado.

EXEMPLO DE QUESTÃO

▶ **(CESPE - TJ TRE RJ/Apoio Especializado/Programação de Sistemas/2012)** Julgue o item seguinte, relativo ao formato e à linguagem de correspondências oficiais, de acordo com as normas do **Manual de Redação da Presidência da República**.

O telegrama segue um padrão rígido de formatação, é bastante utilizado na administração pública, especialmente em casos urgentes, e não pode ser substituído pelo correio eletrônico.

( ) Certo ( ) Errado

*Resposta:* Errado

O telegrama não possui formatação rígida estabelecida pelo MRPR. Além disso, o telegrama é usado apenas em casos urgentes, devido ao fato de ser um documento muito oneroso aos cofres públicos.

## 45. ANEXOS DE E-MAILS

Quando um e-mail possuir um anexo, ele deve ser enviado em formato *RichText*.

**PEGADINHA** DA BANCA

A banca irá afirmar que o texto do anexo deve ser enviado em PDF.

**EXEMPLO** DE QUESTÃO

- **(CESPE - Ag Adm (MTE)/MTE/2014)** Machado, chefe de setor do MTE, encaminhou uma mensagem de correio eletrônico a Alencar, chefe de patrimônio do mesmo ministério, solicitando-lhe o envio, com urgência, de material de expediente para a sua seção, conforme lista anexa à mensagem. Machado não acrescentou ao *e-mail* certificação digital nem utilizou o recurso "confirmação de leitura", apesar de disponível.

  Com base na situação hipotética acima e no que dispõe o **Manual de Redação da Presidência da República**, julgue o seguinte item.

  Na mensagem eletrônica enviada, para facilitar a organização documental, Machado deveria ter dado informações detalhadas acerca do arquivo anexado, e tê-lo encaminhado preferencialmente no formato pdf.

  ( ) Certo ( ) Errado

  *Resposta:* Errado

  Comentário: as informações acerca do documento enviado não devem ser detalhadas, apenas suficientes para identificar a natureza do documento. O arquivo anexado deve ser enviado no formato RichText, não em pdf.

## 46. CONFIRMAÇÃO DE LEITURA EM E-MAIL

Um dos detalhes mais importantes, no quesito "envio de e-mail", é o recurso de confirmação de leitura – o qual deve (obrigatoriamente, caso esteja disponível) ser solicitado.

**PEGADINHA** DA BANCA

O elaborador da questão pode afirmar que a confirmação de leitura não é necessária para documentos enviados por e-mail.

**EXEMPLO** DE QUESTÃO

- **(CESPE - AA/ICMBio/2014)**

  Em resposta aos recorrentes pedidos, tratando de solicitação de materiais para uso interno, informamos que a Sessão de Compras e Materiais disponibiliza formulários para preenchimento das demandas de cada setor, com as respectivas justificativas para compras de material para uso interno.

Cordialmente,

Maria Silva

Supervisora da Sessão de Compras e Materiais

Considerando esse texto e as normas do **Manual de Redação da Presidência da República**, julgue o item subsequente.

Caso o texto de Maria Silva fosse enviado por meio de correio eletrônico, estaria correto constar da mensagem um pedido de confirmação de recebimento.

( ) Certo ( ) Errado

*Resposta:* Certo

Comentário: de acordo com o MRPR, sempre que estiver disponível, é necessário requerer a confirmação de recebimento de mensagem por correio eletrônico.

## 47. CELERIDADE DA DOCUMENTAÇÃO

Celeridade quer dizer "agilidade". Alguns documentos são caracterizados pela celeridade e pela fácil tramitação, a exemplo do memorando, do correio eletrônico e do telegrama.

**PEGADINHA DA BANCA**

O mais comum é que a banca examinadora insira documentos que não são céleres em uma enumeração de outros que possuem tal característica.

**EXEMPLO DE QUESTÃO**

▶ **(CESPE - Adm (PF)/2014)** A respeito das correspondências oficiais, julgue o próximo item.

Tanto o memorando quanto o telegrama caracterizam-se pela celeridade.

( ) Certo ( ) Errado

*Resposta:* Certo

Os dois documentos são de tramitação rápida e são céleres. A única distinção repousa sobre o custo: o memorando é de baixo custo; ao passo que o telegrama é de custo elevado.

## 48. IDENTIFICAÇÃO DO TIPO DE DOCUMENTO

Algumas questões exigem que o candidato identifique o tipo de documento por meio da análise do texto apresentado na comunicação. Para acertar esse tipo de questão, o mais importante é atentar para o conteúdo do texto: se for um pedido, trata-se de um ofício ou um requerimento; se for a manifestação de uma decisão, trata-se de um parecer; caso faça menção à atividade de algum ministério, trata-se de um aviso.

**PEGADINHA** DA BANCA

A banca examinadora colocará um trecho de texto e há de afirmar que se trata de um tipo de documentação distinto do correto. Não se trata de uma questão difícil, principalmente se o candidato tiver a mínima noção de documentação oficial.

**EXEMPLO** DE QUESTÃO

▸ **(CESPE - TJ/STJ/2012)** O próximo item apresenta um fragmento de correspondência oficial – adaptado da Internet: <www.stj.gov.br> —, seguido de uma proposta de classificação (entre parênteses) desse fragmento quanto ao tipo de correspondência a que ele pertence. Julgue-o quanto à adequação da linguagem e do formato à classificação proposta.

Manifestamo-nos no sentido de que deve ser negado o pedido de Mara, candidata ao cargo de professora de inglês. Ela pretendia tomar posse apresentando documento diverso do exigido no edital do concurso em que foi aprovada. No caso, o edital exigia diploma de licenciatura plena em língua inglesa, que a candidata alegou não poder apresentar devido a greves ocorridas na instituição em que estudava. Aceitar outro documento no lugar do exigido pelo edital seria uma forma de privilegiar a candidata, ferindo o princípio da igualdade entre todos os concorrentes. (Parecer)

( ) Certo ( ) Errado

*Resposta:* Certo

Comentário: pelo teor do documento, evidencia-se a manifestação de uma opinião, seguida de um fundamento para tal ato. Isso é um parágrafo característico de um parecer.

## 49. ESCRITA DE NUMERAIS EM ATAS

Apesar de haver um ensinamento a respeito da grafia de numerais em atas (a indicação é a de que é necessário grafar os numerais por extenso), há casos em que se deve preservar a grafia do numeral na forma de algarismo – a exemplos de datas específicas ou demonstrativos de escores.

**PEGADINHA DA BANCA**

A banca poderá afirmar que a única forma correta de grafar os numerais em atas é por extenso.

- **(CESPE - AUFC/TCU/Controle Externo/Auditoria Governamental/2007)** O 29 de julho de 2007 será lembrado como o dia em que os iraquianos usaram suas armas para comemorar. Após mais de quatro anos vivendo em meio ao caos sob a malsucedida ocupação norte-americana, eles tiveram finalmente um dia de alegria. Em todos os cantos do Iraque, a população festejou a histórica vitória de sua seleção na final da Copa da Ásia de futebol - com receita brasileira do técnico Jorvan Vieira, que comemorou como "do Brasil" a vitória por 1 a 0 sobre a Arábia Saudita, comandada por Hélio dos Anjos, outro brasileiro.

  **Correio Braziliense**, 30/7/2007, p. 18 (com adaptações).

  A respeito das ideias e das estruturas do texto acima e também considerando aspectos da geopolítica do mundo nos dias atuais, julgue.

  Se a data constante do texto fosse usada para integrar uma ata, deveria ser assim escrita: O vinte e nove de julho de dois mil e sete.

  ( ) Certo ( ) Errado

  *Resposta:* Errado

  Comentário: eis o ensinamento do Manual de Redação da Câmara dos Deputados acerca do emprego de numerais (algarismos) em redação oficial:

  f. Na indicação de escores de jogos, vereditos, contagem de votos e assemelhados:

  *O Brasil venceu a Alemanha por 2 x 0 na final da Copa de 2000.*

  *O réu foi condenado por 5 a 2.*

  O projeto foi aprovado por 300 votos a favor, 125 contra e 13 abstenções.

  g. Sempre que a referência for ao número em si (e não a quantitativos), como em numerações, códigos, etc. Incluem-se neste caso números de endereços, telefones, páginas, documentos, caixas postais, etc.:

  *Foi sorteado o número 7.*

  *Av. Brasil, 1240, ap. 1402, C.P. 23683*

  *CEP: 70160-900;*

  *CPF: 123.456.789-00; Telefone: 318-5555*

  Portanto, como no exemplo não se faz alusão à data de redação da ata, deve-se empregar sob forma de algarismos.

## 50. FORMATAÇÃO DAS ATAS

O início de uma ata deve ser caracterizado pela identificação da data (dia, mês, ano e horário) e do local da sessão realizada que resultou na ata.

**PEGADINHA** DA BANCA

A banca pode dizer que não é necessário colocar algum desses elementos na identificação da ata.

**EXEMPLO** DE QUESTÃO

- **(CESPE - APF/PF/2000)** O item abaixo identifica possíveis inícios ou fechos de textos de caráter oficial. Julgue se há correspondência correta entre a identificação do tipo de texto e o respectivo trecho dentro do quadro. Início de ata:

| Aos oito dias do mês de outubro do ano de um mil novecentos e noventa e nove, com início às vinte horas, em primeira convocação, realizou-se, na sede da companhia, situada à rua Gonçalves Dias, 298, terceiro andar, São Paulo, capital, a terceira Assembléia Geral Ordinária da Companhia XYZ. |
|---|

( ) Certo ( ) Errado

*Resposta:* Certo

O início de uma ata deve ser marcado pela grafia por extenso da data em que ocorreu a sessão em questão, seguida pela localização da sessão.

## 51. EXPOSIÇÃO DE MOTIVOS

Na exposição de motivos, de caráter propositório (ou seja, aquele em que se busca propor um projeto ou submeter algum projeto a análise), é necessário incluir (apensar) um formulário detalhado a respeito do projeto.

**PEGADINHA** DA BANCA

A banca examinadora costuma afirmar que não é necessário empregar o formulário apensado para a exposição de motivos propositória, fazendo confusão com a de caráter informativo – que não necessita de qualquer formulário.

## EXEMPLO DE QUESTÃO

- **(Pablo Jamilk – inédita)** Na exposição de motivos de caráter propositório, dispensa-se o emprego de formulário apensado com a descritiva do projeto a ser avaliado.

    *Resposta:* errado.

    O formulário é obrigatório, pois não se trata de exposição de motivos de caráter informativo.

# PARTE IV

# Redação discursiva

## 50 DICAS

# Redação discursiva – 50 dicas

Prezado aluno, esta seção foi elaborada a partir de dúvidas surgidas em aula. Nas aulas online e nas aulas presenciais, os alunos possuem sempre as mesmas dúvidas e, mesmo depois de esclarecidas, elas podem voltar a assombrar nos momentos de angústia ou nervosismo, afinal, quem é que nunca teve um apagão num momento de tensão? Não pretendemos aqui, portanto, ensinar você a elaborar um texto argumentativo ou expositivo, até porque um texto de excelência só é aprendido com muito treinamento. A nossa intenção é que você tenha sempre em mãos um guia rápido que possa trazer aquela luz quando você estiver em dúvida sobre produção de textos para concursos. Reunimos as dúvidas mais recorrentes e não todas as existentes e, por esse motivo, pode ser que você tenha alguma dúvida que não tenha sido elencada aqui. Achamos isso pouco provável, mas se ocorrer, você já sabe – pode me enviar sua dúvida.

## 1. O que é um texto dissertativo argumentativo?

O texto dissertativo argumentativo é aquele em que o autor apresenta fatos e/ou opiniões sobre determinado assunto com o objetivo de defender uma tese sobre o tema apresentado na prova.

## 2. Elaborar um texto em prosa é o mesmo que elaborar um texto dissertativo argumentativo?

O texto em prosa e o texto argumentativo são os mesmos textos. Em ambos, você precisará elaborar uma tese e defendê-la dando sua opinião.

## 3. Qual a diferença entre texto dissertativo argumentativo, estudo de caso e questão discursiva?

No texto argumentativo é essencial que você dê a sua opinião sobre o tema proposto pela banca. No estudo de caso e na questão discursiva, o examinador quer que você demonstre conhecimento sobre outras disciplinas constantes no edital. Veja os comandos abaixo:

- **(Prova de Analista Judiciário – Oficial de Justiça – TRT 14- 2016 / FCC)** O ônus da prova em face do princípio da continuidade da relação de emprego
- **(Prova de Analista Judiciário – Tecnologia da Informação – TRT 14- 2016 FCC).** Segundo afirmou o neurocientista brasileiro Miguel Nicolelis, "as grandes empresas adoram a noção de que o ser humano vai se tornar obsoleto. É a terceira onda do capitalismo, em que o valor do trabalho humano é zero. Porém, o cérebro humano não pode ser reduzido a um algoritmo, portanto não pode ser copiado por um computador. Jogar xadrez é um algoritmo. Já apreciar Bach... Então, por definição, não se pode repetir o cérebro. Não há como recapitular, num computador, a história coletiva da espécie e a história individual de cada um de nós. É uma impossibilidade matemática". (Adaptado de: *http://blogs.estadao.com.br/alexandre-matias/2012/04/01/por-uma-ficcao-cientifica-menos-pessimista-e-apocaliptica/*)
  **Considerando o que se afirma acima, redija um texto dissertativo-argumentativo, justificando seu ponto de vista.**

Observe que, no comando da prova de Oficial de Justiça, o examinador não solicita a opinião do candidato sobre o tema jurídico. O candidato, nesse caso, deverá expor seu conhecimento, amparado pelo conhecimento técnico que tem sobre o assunto. Já na prova de Tecnologia da Informação, o examinador deixa claro que o candidato deverá expor sua opinião sobre o tema apresentado no texto.

## 4. No texto dissertativo argumentativo é necessário apresentar introdução, desenvolvimento e conclusão?

Todo texto argumentativo precisa ter introdução, desenvolvimento e conclusão. Cada parte dessa, no texto, tem uma função extremamente importante e, por isso, é fundamental dominar a técnica argumentativa.

## 5. Nos textos dissertativos é possível usar a primeira pessoa do singular e a primeira pessoa do plural?

A primeira pessoa do singular nunca deve ser utilizada. O recomendado é que você também não utilize a primeira pessoa do plural, mesmo algumas bancas aceitando tal uso, porque não sabemos quando as bancas podem mudar de posicionamento de novo.

## 6. Como fazer a impessoalização do discurso, já que não posso usar a primeira pessoa?

Você pode fazer a impessoalização da seguinte forma:

**(a) Verbo + SE**

✦ **Sabe-se** que as discussões políticas no país são acompanhadas de discurso de ódio, o que é lamentável para a evolução do comportamento social.

- **Percebe-se** que as discussões políticas no país são acompanhadas de discurso de ódio, o que é lamentável para a evolução do comportamento social.

**(b) SER + adjetivo**

- **É evidente** que as discussões políticas no país são acompanhadas de discurso de ódio, o que é lamentável para a evolução do comportamento social.
- **É fato** que as discussões políticas no país são acompanhadas de discurso de ódio, o que é lamentável para a evolução do comportamento social.

## 7. É possível fazer referências diretas ao leitor?

Não. Você não deve usar expressões como "prezado leitor," "você", "amigo" etc. Também não pode fazer uso do imperativo "acredite: você pode mudar seu país", "encontre a solução", "cuide do seu planeta".

## 8. O que é introdução?

A introdução é o momento do texto em que você deverá apresentar de forma objetiva a sua tese. Geralmente esse parágrafo tem em média 5 linhas, podendo ter mais ou menos linhas. A orientação é a de que, no primeiro período, você apresente uma ambientação sobre o assunto e, no segundo período, apresente, de forma clara e objetiva, sua tese.

## 9. Não apresentar a tese na introdução é ruim?

Não apresentar a tese na introdução é péssimo, porque, provavelmente, você irá se perder ao longo do texto. Um texto argumentativo é a defesa da tese por meio de argumentos. Se você não apresentar a sua tese logo no início, não terá o que defender ao longo do texto. Você pode até não colocar sua tese na introdução, mas não é estratégico.

## 10. Qual é o melhor tipo de introdução para as redações de concursos públicos?

O melhor tipo de introdução é aquele em que você parte do geral para o específico. Veja o exemplo:

- "As leis fundamentadas nos costumes do povo, que estará a elas subordinado, são mais efetivas que aquelas impostas em detrimento da vontade da maioria. Diz-se, por isso, que as leis devem se originar de baixo para cima e não de cima para baixo, ou seja, devem atender a vontade soberana do povo, visando suas necessidades, e não serem feitas em prol do desejo individualista de um soberano ou para legitimar interesses de uma classe, inobservando os valores objetivados pela maior parte da sociedade."

No exemplo dado, é possível observar que, no primeiro período, há uma ideia geral " As leis fundamentadas nos costumes do povo (...) são mais efetivas". Depois, essa ideia é especificada no período seguinte - "as leis devem atender a vontade soberana do povo (...)"

## 11. O que é tese?

Tese é uma proposição que precisa ser defendida sobre o tema proposto. No exemplo da pergunta 7, a tese apresentada defende que "(...) as leis devem atender a vontade soberana do povo, visando suas necessidades (...)". Essa tese deve ser comprovada no desenvolvimento do texto.

## 12. É possível elaborar uma introdução já com os argumentos que comprovarão a tese?

Sim, esse tipo de introdução é possível. Você pode apresentar uma abordagem geral sobre o tema no primeiro período e, no segundo período, os argumentos. O indicado é que você utilize no máximo dois argumentos para um texto de 30 linhas.

## 13. É possível apresentar na introdução a definição sobre o tema?

Esse tipo de introdução por definição é a mais adequada para as redações de concursos públicos, porque apresentamos no primeiro período uma definição sobre o assunto ou sobre uma palavra-chave do tema e, em seguida, apresentamos a nossa tese, deixando os argumentos para os parágrafos de desenvolvimento. A definição pode ser um conceito de dicionário ou uma definição sua, em que você possa orientar o raciocínio do leitor.

## 14. Posso fazer uma pergunta na introdução?

É possível elaborar introduções com perguntas, mas o risco de você perder ponto, nesse tipo de introdução, é muito grande, já que as perguntas no texto argumentativo precisam ser respondidas de forma clara e objetiva. Perguntas retóricas sem uma resposta objetiva podem prejudicar a consistência da sua argumentação. A orientação é a de que você tenha objetividade e a clareza, nesse sentido, entendemos que as introduções devem ser feitas por abordagem padrão ou por definição.

## 15. Posso colocar uma citação na introdução?

Claro que é possível utilizar uma citação na introdução, podemos utilizá-la até na conclusão. Entretanto, no texto argumentativo, o melhor lugar para colocar uma citação é no desenvolvimento, porque, estrategicamente falando, devemos comprovar nossas ideais. A citação, nesse caso, é um excelente recurso argumentativo.

## 16. Posso fazer uma introdução com ideias opostas?

A introdução com ideias opostas é excelente, porém, você precisa ter atenção para não entrar em contradição. O ideal, nesse tipo de introdução, é começar colocando uma ideia que seja contrária ao que você vai defender. Depois, no período seguinte, você deverá colocar sua opinião sobre essa ideia, posicionando-se contra ela, e deverá manter seu posicionamento até o final do texto. O grande problema é que, na maioria das vezes, os candidatos acabam se contradizendo. Por esse motivo, se você optar por esse tipo de introdução, fique bem atento ao que de fato você defende na sua tese.

## 17. Posso fazer uma alusão histórica na introdução?

É possível, mas não recomendado, porque você pode acabar fazendo uma narração.

## 18. Quais informações devem constar nos parágrafos de desenvolvimento?

No desenvolvimento, você deverá aprofundar seu conhecimento sobre o tema cobrado pela banca. É nessa parte do texto que você deverá comprovar sua tese usando argumentos de autoridade e/ou dados que comprovem que suas ideias são verdadeiras e coerentes com a defesa da tese que você propôs.

## 19. Os parágrafos de desenvolvimento do texto expositivo são iguais ao do texto argumentativo?

Não. Os parágrafos têm naturezas distintas. Nos parágrafos expositivos, você aprofundará o tema de um conteúdo específico do seu edital. Demonstrará que você domina o assunto em termos técnicos. Esses parágrafos são mais simples de elaborar, porque você não precisará pensar em argumentos que defendam sua tese. Além disso, mesmo sendo um texto expositivo, você não deverá fazer esquemas ou enumerações de itens. É necessário, portanto, desenvolver um texto em que os aspectos gramaticais e linguísticos sejam obedecidos. Já nos parágrafos argumentativos, apesar de você ter de colocar sua opinião sobre o tema e defender sua tese, será preciso tomar cuidado para não usar frases de efeito, de carga emocional, figuras de linguagem, palavras coloquiais demais, gírias, pontos de exclamação etc. Ah, não pode colocar *emojis* também (para quem não sabe "*emojis*" são aquelas carinhas que servem para mostrar nossas emoções... sei que você pode estar pensando que eu escrevi uma bobagem, mas é melhor avisar, né?). Nos parágrafos argumentativos, você deve tomar cuidado em especial com a seleção do argumento. Você não precisa usar muitos argumentos no seu texto, basta um argumento que comprove sua tese.

## 20. Como eu posso selecionar meus argumentos?

A seleção dos argumentos vai depender da sua estratégia argumentativa e das ideias que você escolheu para defender. Você pode usar argumentos relacionados pelas ideias de causa e consequência, pode usar argumento de autoridade, exemplificação, dados estatísticos e usar a contra-argumentação.

## 21. Desses tipos de argumentos qual é o melhor?

O melhor argumento é aquele que você sabe usar. O melhor argumento é aquele que você tem certeza de que vai comprovar sua tese. O melhor argumento é aquele que vai deixar você seguro para elaborar seu texto.

## 22. Se eu quiser utilizar dados estatísticos, mas não me lembrar deles, poderei inventar?

Não. Nunca invente dados. É melhor usar um exemplo geral do que inventar um dado.

## 23. Na argumentação por exemplificação, eu tenho que colocar muitos exemplos ou fazer uma enumeração?

Não. Ultimamente, as bancas têm preferido textos com um argumento bem fundamentado do que uma lista de exemplos que não comprova a tese. Toda vez que você for utilizar um exemplo na argumentação tem de pensar na consistência argumentativa dele e mostrar, no texto, como esse argumento comprova sua tese. Outra boa dica é não usar exemplos comuns, pense num exemplo original, que fuja do senso comum. Não se esqueça de que argumentar é mostrar os motivos que comprovam a sua tese.

## 24. O que eu devo fazer, se eu quiser utilizar um argumento de autoridade, mas não me lembrar exatamente das palavras do trecho que desejo reproduzir?

Se você não se lembrar exatamente das palavras que a fonte utiliza, não tem problema. Explique com suas próprias palavras e cite a fonte. O importante não é a exatidão da informação, mas o entendimento dela. Se as informações são importantes para comprovar sua tese, você deve utilizá-las. As únicas coisas que você não deve fazer é inventar trechos ou não citar as fontes.

## 25. É estratégico utilizar a argumentação por contra-argumentação?

Esse tipo de argumentação é muito bom, mas muito perigoso, porque você pode se contradizer. Como nesse tipo de argumentação você precisa apresentar uma ideia favorável à sua tese e outra contrária, você precisa tomar cuidado para não valorizar a ideia contrária à sua e acabar invalidando a sua própria tese.

## 26. O que devo fazer na conclusão se já apresentei a tese na introdução e a comprovei no desenvolvimento?

A conclusão é o parágrafo mais simples. Na conclusão você constata que sua tese é verdadeira e foi comprovada. As expressões mais utilizadas para iniciar esse parágrafo são: **pode-se, pois, perceber que, em suma, infere-se que, portanto, cabe concluir que.** Não utilize: **conforme foi dito acima, como visto anteriormente, segundo discutido neste texto, dado o exposto.**

## 27. O que é coesão textual?

Segundo a linguista Ingedore Koch, no livro *A coesão textual*, "o conceito de coesão textual diz respeito a todos os processos de sequencialização que asseguram (ou tornam recuperável) uma ligação linguística significativa entre os elementos que ocorrem na superfície textual". A esses processos de sequencialização damos o nome de coesão referencial e coesão sequencial. A coesão é, portanto, a forma de se recuperar uma sentença.

## 28. O que é coesão referencial?

A coesão referencial é a antecipação ou recuperação de um termo presente no texto.

## 29. Como eu faço a coesão referencial pronominal?

Veja os exemplos:

- (a) Pegue três maçãs, coloque-**as** sobre a mesa.
- (b) E, por falar em cortar, todo mundo já deve ter ouvido a célebre história do não menos célebre rei Salomão, mas permitam-me recontá-**la**.

Veja que os pronomes oblíquos átonos 'as' e "la" recuperam 'três maçãs' e 'uma célebre história', evitando assim a repetição dos termos substituídos. Esse recurso é importante na elaboração das redações de concursos públicos, uma vez que a repetição vocabular é critério avaliado e penalizado. Você também precisa ter atenção às referências endofóricas e exofóricas para que seu texto não tenha problemas de coesão.

## 30. O que é a referência exofórica?

A referência exofórica é também conhecida como referência dêitica. É aquela que o leitor só consegue recuperar se compartilhar do mesmo conhecimento/informação que o autor do texto. Veja os exemplos que se seguem:

- (a) O chefe solicita que a funcionária vá **hoje** ao escritório.
- (b) **Neste país** não se sabe ao certo quando reclamar.

Em (a) e (b), 'hoje' e 'Neste país' são expressões adverbiais não recuperáveis nas sentenças. Observe que os seus referentes não estão explícitos e isso, nas redações de concursos públicos, é extremamente prejudicial para o candidato, que perderá pontos no critério de coesão.

## 31. O que é referência endofórica?

A referência endofórica é aquela em que o elemento retomado está no próprio texto. Em outras palavras, os elementos de coesão retomam termos constantes no próprio texto. Dependendo da posição do elemento recuperado, a referência poderá ser endofórica catafórica ou endofórica anafórica.

## 32. O que é referência endofórica catafórica?

Na referência endofórica catafórica (catáfora), o referente aparece depois do termo que o substitui.

Veja os exemplos a seguir:

- (a) **Esta** foi e sempre será a melhor solução: estudar bastante.

O pronome demonstrativo **esta** substitui um referente citado depois: a oração **estudar bastante.**

- (b) Os alunos querem e precisam que **alguém** apareça: pode ser o diretor ou o dono do curso.

O pronome indefinido **alguém** substitui os referentes citados depois: pode ser **o diretor ou o dono do curso.**

## 33. O que é referência endofórica anafórica?

Na referência endofórica anafórica (anáfora), o referente aparece antes do termo que o substitui.

Veja os exemplos a seguir:

- (a) Não consegui falar com **a professora**, porque, quando cheguei, **ela** já estava em reunião.

O pronome pessoal **"ela"** retoma o termo **"professora"** expresso anteriormente.

- (b) A violência cresce a cada dia no Brasil. **Esse** é um problema sério que deve ser combatido com políticas públicas eficazes.

O pronome demonstrativo **"Esse"** retoma a ideia expressa na oração anterior, ou seja, **"o crescimento da violência no Brasil"**.

## 34. O que é coesão referencial por elipse?

A coesão referencial por elipse ocorre quando há supressão de um termo subentendido e recuperável pelo contexto.

Vejamos os exemplos a seguir:

- (a) Os jogadores chegaram há dois dias. Amanhã, **treinarão** para o próximo campeonato.
- (b) Com certeza, se essa situação não se reverter, os alunos não ficarão satisfeitos. **Sairão** da universidade e **buscarão** condições melhores.

Os sujeitos não estão explícitos diante dos verbos destacados, só conseguimos, portanto, identificá-los por causa das informações apresentadas anteriormente. Outro fator importante é estar atento às regras de concordância verbal que garantem a recuperação da relação coesiva. Nos exemplos apresentados, a flexão da forma verbal **"treinarão"** indica que o sujeito da forma verbal destacada é "Os jogadores". Assim como **"os alunos"** é sujeito das formas verbais **"sairão"** e **"buscarão"**.

## 35. O que é coesão referencial lexical?

A coesão referencial lexical ocorre por meio da relação de sentido entre os termos inseridos no mesmo contexto.

Vejamos o exemplo:

- **O goleiro do flamengo** senta a mão nas mulheres e **o presidente da República** pisa na bola como se fosse um homem comum. Cartão vermelho para os dois. Não foi uma boa semana para **Bruno** e **Lula**. Por que não se calaram **o capitão do time mais popular do país** e **o presidente mais popular da história**? (Ruth de Aquino. Por qué no te callas?, *Época*, 11.03.2010.)

As expressões destacadas no exemplo funcionam como sinônimas no contexto além de inserirem novas informações. Sabemos que **"Bruno"** é o **"goleiro do flamengo"** e **"capitão do time mais popular do país"** e que **"Lula" é "o presidente da República"** e **"o mais popular da história"**.

## 36. O que é coesão referencial sequencial?

A coesão sequencial é aquela que garante as relações semânticas entre as ideias como as de causa, tempo, consequência, adição etc. Essas relações são basicamente realizadas por conjunções e preposições (conectivos).

## 37. O que é a relação semântica de oposição?

É a relação em que a articulação se faz por meio da coordenação adversativa, que implica o uso dos articuladores **mas, porém, contudo, todavia, entretanto, no entanto** e **por outro lado**.

Vejamos os exemplos

- O atleta não treinou o suficiente, **porém** foi aprovado.
- O atleta não treinou o suficiente; foi, **porém**, aprovado.
- O atleta não treinou o suficiente; foi aprovado, **porém**.

De todos os conectores adversativos, apenas o "mas" não tem essa mobilidade descrita com o 'porém'. Vale destacar também que todos esses conectores expressam uma ideia contrastante com a ideia da oração anterior.

## 38. O que é a relação semântica de adição?

Nessa relação de sentido, a oração introduzida pelo conector de soma adiciona uma nova ideia à oração anterior.

Veja que no exemplo seguinte o **"Além disso"** introduz uma ideia que deve ser somada à ideia ao período anterior.

Todo mundo sabe que o mundo passa por momentos políticos e econômicos complicados. **Além disso**, a relação entre as pessoas parece piorar a cada nova crise econômica o que dificulta o diálogo entre os povos.

A maneira mais comum de manifestar adição é pela conjunção **e**. Entre os outros articuladores de adição, destacam-se: **além disso, da mesma forma, ademais, em adição a isso.**

## 39. O que é a relação semântica de conclusão?

Essa relação semântica de conclusão demonstra uma dedução óbvia a que os interlocutores são capazes de chegar por causa das informações compartilhadas no texto. Veja os exemplos que se seguem:

- O atleta conseguiu vencer a corrida, **portanto** poderá comemorar.
- O atleta conseguiu vencer a corrida, **logo** poderá comemorar.
- O atleta conseguiu vencer a corrida; **em vista disso**, poderá comemorar.

Os principais articuladores de conclusão são **logo, portanto, então, assim, por isso, por conseguinte, pois** (posposto ao verbo), **de modo que, em vista disso, dessa forma, enfim.**

## 40. O que é a relação semântica de causa e consequência?

A relação semântica de causa e consequência é contínua, isto é, toda vez que há causa, há também consequência e vice-versa. A oração causal sempre ocorre primeiro e provoca a situação/o fato da outra oração chamada de oração consecutiva. Veja os exemplos abaixo:

- (a) As pessoas não conseguiram chegar à festa, **porque** a rua estava alagada.

A oração subordinada, introduzida pela conjunção **"porque"**, tem a ideia de causa (fato 1), ou seja, o fato de a rua estar alagada faz com que as pessoas não consigam chegar à festa. Por sua vez, a oração principal "As pessoas não conseguiram chegar à festa" tem a ideia de consequência (fato 2), é, na verdade, o resultado da causa. Perceba que as ideias de causa e consequência são cíclicas, sempre que houver uma, haverá a outra. Há, dessa forma, uma extrema dependência sintática e semântica.

Termos outros conectores causais como **porque, porquanto, dado que, pois, uma vez que, visto que, já que, por causa de, em vista de, em virtude de, por motivo de, devido a** etc.

**41. Algumas bancas usam em seu espelho de correção o critério 'progressão textual', o que isso significa?**

A progressão textual é a evolução das informações do texto. Em outras palavras, um texto com progressão textual é, na verdade, um texto em que novas ideias vão sendo acrescentadas com o objetivo de aprofundar o que foi dito anteriormente. Essa progressão evita que os textos sejam repetitivos ou circulares. Um texto que diz a todo momento a mesma coisa de forma diferente é um texto sem progressão textual.

**42. Posso no meu texto usar exemplos ou citar fatos que nunca existiram?**

Não. De forma alguma você deverá citar exemplos ou fatos inexistentes, porque o examinador pode perceber que você inventou dados para defender sua tese. Você vai correr o risco?

**43. Quais os erros gramaticais mais recorrentes nas provas de redação?**

Os erros mais comuns são relacionados à ortografia, à concordância verbal, à regência, à crase, à colocação pronominal e à pontuação.

**44. Nas redações é possível utilizar as regras ortográficas vigentes até dezembro de 2015?**

Não. O candidato, obrigatoriamente, nos concursos realizados a partir de 2016, deverá utilizar as novas regras de ortografia. É muito importante conhecer bem as novas regras para não incorrer em erro nas provas e perder pontos sem necessidade.

**45. Em relação às regras de concordância, quais os erros mais comuns?**

Os erros mais comuns são os relacionados a:

a) **Sujeito oracional:** o verbo da oração principal ficará sempre na terceira pessoa do singular.

*Exemplo:*

- Será interessante que eles compareçam à reunião.

b) **Verbo + se**

– verbo transitivo direto + **se** = voz passiva sintética. O verbo concorda com o sujeito paciente;

*Exemplos:*

- Viram-se os filmes.
- Viu-se o filme.

Redação discursiva

– verbo transitivo indireto/verbo de ligação/verbo intransitivo + **se** = voz ativa. O sujeito desse tipo de oração é indeterminado e o verbo deverá ficar na terceira pessoa do singular.

*Exemplos:*

- Precisa-se de enfermeira.
- Precisa-se de enfermeiras.
- Vive-se bem nas cidades.
- Está-se feliz nas aulas.

## 46. Em relação às regras de regência, quais os erros mais comuns?

Nos textos argumentativos, os verbos mais recorrentes são: **implicar** e **visar**. Vejamos a forma correta de usá-los.

**a) Implicar**

– no sentido de **ter implicância**: verbo transitivo indireto com a preposição **com**;

*Exemplo:*

- Todos as alunas implicam **com** os meninos que lutam

– no sentido de **acarretar:** verbo transitivo direto. Apesar de o mestre Evanildo Bechara já admitir esse verbo sendo utilizado com a preposição **em**, as bancas, nas provas de redação, não aceitam tal posicionamento. Por essa razão, não utilize a preposição "em" com o verbo implicar nos seus textos de concursos.

*Exemplo:*

- A conversa implicou muita confusão depois do café.

**b) Visar**

– no sentido de **dar visto**: verbo transitivo direto;

*Exemplos:*

- O dono da loja visou **o** documento.
- A professora visou **os** testes.

– no sentido de **mirar**: verbo transitivo direto;

*Exemplos:*

- O atirador visou **o** alvo.

– no sentido de **desejar:** verbo transitivo direto (forma aceita pela minoria dos gramáticos) ou verbo transitivo indireto com a preposição **a** (forma consensualmente considerada correta). Esse é um outro caso polêmico, procure utilizar o verbo, nesse sentido, como verbo transitivo direto.

Exemplos:

- Visei **o** cargo público.
- Visei **ao** cargo público.
- Visei **a** carreira pública.
- Visei **à** carreira pública.

## 47. Em relação às regras de crase, quais os erros mais comuns?

Parece mentira, mas os candidatos erram, quase sempre, as regras mais básicas de uso do acento grave. Utilizam, por exemplo, acento grave em 'a' no singular antes de palavra no plural e antes de palavra com valor indefinido. É preciso ter muita atenção, porque o examinador não perdoa esse tipo de erro e o candidato acaba perdendo ponto desnecessariamente. Os erros mais comuns estão relacionados aos seguintes casos de proibição do uso do acento grave:

Os casos de proibição do uso do acento grave: antes de palavras masculinas, antes de verbos, antes de pronomes indefinidos, antes de pronomes pessoais, antes de pronomes demonstrativos (exceto **aquele**, **aquela** e **aquilo**) e antes de 'a' no singular com palavra no plural.

## 48. Em relação às regras de colocação pronominal, quais os erros mais comuns?

Os candidatos erram com mais frequência as regras de atração do pronome oblíquo átono. Para não errar também, você não pode se esquecer de que as conjunções subordinativas, os advérbios, os pronomes interrogativos, os pronomes relativos e os pronomes indefinidos atraem o pronome oblíquo átono. Atenção também ao uso do pronome oblíquo átono com o futuro do pretérito e com o futuro do presente, nesses casos, ocorrerá a mesóclise.

## 49. Em relação às regras de pontuação, especificamente em relação ao uso da vírgula, quais os erros mais comuns?

A primeira regra básica é a que os candidatos menos acertam. Saber que não se devem separar os termos de uma sequência lógica sintática por vírgula é uma obrigação de todo candidato que almeja uma vaga no serviço público. Você não pode se esquecer de que sujeito, verbo, complementos verbais e nominais não podem ser separados por vírgula. Também é importante não se esquecer de que os advérbios, quando deslocados, precisam ser isolados por vírgulas, apesar da facultatividade da regra.

## 50. Em relação às regras de pontuação, é indicado usar 'etc.'?

Não há indicação para o uso do etc. nos textos argumentativos. O melhor mesmo é evitar, porque, num texto argumentativo, precisamos ter objetividade na hora de defender a tese. Quando conhecemos a função das reticências (marcar uma interrupção do pensamento, indicar uma ironia ou marcar uma continuidade), entendemos que o texto argumentativo não as comporta.

# Anotações

EDITORA
JusPODIVM
www.editorajuspodivm.com.br

Impressão e Acabamento
Bartira
Gráfica
(011) 4393-2911